Sana tus raíces ancestrales

Libera los patrones familiares que te frenan

Anuradha Dayal-Gulati, Ph. D.

Traducción por Mercedes Rojas

Inner Traditions en Español
Rochester, Vermont

Inner Traditions en Español
One Park Street
Rochester, Vermont 05767
www.InnerTraditions.com

Inner Traditions en Español es un sello de Inner Traditions International

Copyright © 2023 de Anuradha Dayal-Gulati, Ph. D.

Traducción © 2025 de Inner Traditions International

Título original: *Heal Your Ancestral Roots: Release the Family Patterns That Hold You Back*, publicado por Findhor Press, sello de Inner Traditions International.

Aviso legal
La información contenida en este libro se ofrece de buena fe y no pretende diagnosticar ninguna enfermedad física o mental, ni sustituir la atención o indicaciones médicas. Por favor, póngase en contacto con su profesional de salud para recibir asesoramiento y tratamiento médico. Ni el autor, ni la editorial podrán ser considerados responsables por cualquier pérdida ni daño que pueda derivarse del uso de este libro o de cualquier información contenida en el mismo.

Las historias de las personas fueron modificadas para proteger la confidencialidad.

ISBN 979-8-88850-192-4 (impreso)
ISBN 979-8-88850-193-1 (libro electrónico)

Impreso y encuadernado en China por Reliance Printing Co., Ltd.

10 9 8 7 6 5 4 3 2 1

Diseño por Liz Schreiter. Maquetacion por Michele Guilarte.
Este libro fue tipografiado en Kepler Std y Minion Pro.

Para enviar correspondencia a la autora de este libro, envíe una carta por correo a Inner Traditions • Bear & Company, One Park Street, Rochester, VT 05767, y le remitiremos la comunicación. También puede contactar a la autora directamente a través de **healyourancestralroots.com**.

Escanea el código QR y ahorra un 25 % en InnerTraditions.com. Explora más de 2.000 títulos en español e inglés sobre espiritualidad, ocultismo, misterios antiguos, nuevas ciencias, salud holística y medicina natural.

*Este libro está dedicado a mi linaje espiritual, a mis
antepasados y a mis maravillosos y extraordinarios
padres: mi madre, Pramoda,
y mi padre, Moni. Ustedes son el viento en mis velas.
Las palabras no hacen justicia a todo
lo que he recibido de ustedes.*

Índice

Prefacio   **11**

Introducción: Vivir la vida a plenitud   **15**

    ¿Tienes el poder de cambiar algo?   18

Parte I: Sanar mis raíces

1 ¿Por qué sanar tus raíces?   **25**

    ¿Puedes heredar el destino de tus antepasados?   26

    Detectar patrones   28

    Llenar el vacío   32

    ¿Qué sucede cuando tus antepasados no avanzan?   38

    Qué esperar de este libro: el camino por recorrer   40

2 El poder de lo invisible   **44**

    La dispensación de la esperanza   50

    La llegada de Haripriya   52

    Dejar la India   57

3 De la suerte al destino   **63**

    Descubrir las esencias florales   65

    El umbral de la vida y la muerte   71

    Mi salvavidas   73

    Encontrar mi propósito   75

4 Descubrir los campos energéticos familiares   **77**

    ¿Qué son las constelaciones familiares?   79

    ¿De quién son las emociones que traemos a cuestas?   83

    Karma: la ley de causa y efecto   88

Parte II: Herramientas para sanar

5 Sanar con esencias florales   **95**

    Cómo actúan las esencias   101

    Esencias de transformación   104

    ¿Por cuánto tiempo se deben tomar las esencias florales?   106

6 Cómo honrar a tus antepasados   **110**

    Cómo crear un altar ancestral   114

    El poder de la oración   118

    Oraciones para liberar el pasado   118

    Tus antepasados también quieren conectar contigo   120

    Cómo hacer el *tarpanam*   122

Parte III: Comprender el campo energético de tu familia

7 Reescribir la historia de tus padres   **127**

    La deuda de la vida: los padres dan y los hijos reciben   128

    Cómo afectan los traumas a tus raíces   129

    Comprender las heridas de tus padres   133

    Reescribir la historia de tus padres   137

    Liberar la lealtad inconsciente a tus padres   139

    Conectar con el amor universal incondicional   145

8 Los padres dan y tú recibes   **150**

    La reina de las fortalezas   151

    Tus bloqueos inconscientes para recibir   153

    Honrar a nuestros padres   160

    La energía del amor materno   161

9 Todos pertenecemos a una familia   **170**

    ¿Por qué ocurre esto?   173

    Nuestros legados ocultos   176

    Los elefantes en la habitación   177

    Hacer espacio para todos   179

Parte IV: El viaje a casa

10 El camino de vuelta a ti — **189**

El karma y la gracia — 190

La fe te lleva más allá de la sincronicidad — 194

El reto de construir la fe — 196

11 Conectar con la madre Tierra — **201**

¿Qué significa estar enraizado? — 204

El poder sanador del agua — 207

12 Deja florecer tu vida — **213**

¿Qué significa honrar tu vida o a ti mismo? — 214

Cambiar de perspectiva — 214

Autocuidado y autocompasión — 217

Bendiciones para florecer — 220

Llenar el vacío interior — 221

13 Los cuatro pilares — **229**

El precio de pertenecer — 230

El camino de la transformación — 233

Conectar con el flujo del amor y la vida — 235

De la visión a la intuición — 237

Apéndices

A: Preguntas frecuentes sobre las esencias florales — 241

B: Esencias florales y aceites esenciales — 245

C: Kit de iniciación de esencias florales — 247

D: Cinco fórmulas de esencias florales — 250

Fórmula #1: una fórmula de optimismo — 250

Fórmula #2: límites — 251

Fórmula #3: amor propio y autoestima — 252

Fórmula #4: ¿necesitas orientación? — 254

Fórmula #5: dejar ir — 255

Glosario   257

Recursos   275

Lista de ejercicios   277

Agradecimientos   279

Índice analítico   282

Sobre la autora   286

Prefacio

La escuela de posgrado era un lugar deprimente. En cuanto acababan las clases, mi esposo y yo tomábamos las mochilas y nos trasladábamos al destino internacional al que nos llevaran los boletos más económicos. La primera opción solía ser Europa. Aquellos pocos veranos gloriosos los pasamos bajo el sol cálido, comiendo pan fresco, tomates maduros y haciendo amistades espontáneas. Me había casado con un trotamundos, un alma extrovertida y gregaria. Mientras escuchábamos conciertos al aire libre, comíamos en pueblecitos alejados de las rutas turísticas y dormíamos en ferris para no golpear más nuestras escasas finanzas, conocimos a otras parejas y, a veces, viajamos con ellas. Entrábamos y salíamos de los grupos como olas que se juntan y luego vuelven a adentrarse en el mar. Si mi esposo se hubiera salido con la suya, nos habríamos pasado la vida atravesando el mundo con nuestras mochilas. Pero el verano terminaba, el dinero se acababa y las entregas de las tesis doctorales se avecinaban.

Con el paso de los años, la pasión por los viajes de mi esposo no disminuyó, y yo di a luz a dos hijos que compartían el amor de su padre por los viajes. Cada destino al que íbamos era recibido por ellos con asombro y deleite. Pero yo estaba cambiando. Aunque participé en la decisión del destino al que iríamos, mientras trabajaba con la sanación energética (usando esencias florales y a través de

11

constelaciones familiares), algo en mí estaba transformándose. La persona que volvía del viaje no era la misma que se había ido. Me di cuenta de que el universo quería guiarme a cada destino en función de lo que necesitaba aprender en ese momento. En el pasado había viajado para escapar, de alguna manera, de mi vida cotidiana. Ahora viajaba para volver a casa conmigo misma. Escuchaba con atención, observaba con cuidado y dejaba que mi ego descansara. Este era el viaje de mi alma; cada experiencia, cada persona, cada historia o la historia del lugar visitado, tenían un mensaje para mí. Una fuerza mayor guiaba mi viaje. Fui captando el carácter sagrado de la tierra, la universalidad de nuestras historias, sueños y aspiraciones, así como de nuestros retos. Empecé a fijarme en los ángeles y en los trabajadores de la luz que vivían entre nosotros.

Con cada viaje emprendido, quería traerme algo conmigo y experimentar esa sensación de estar en la plena expresión de mí misma, sin miedo y alineada con mi propósito. Sin embargo, hacerlo mientras estaba enredada, era muy difícil. Estaba enredada con mis antepasados, las historias del colonialismo y el capitalismo y mis propias historias. ¿Por dónde podía empezar? Gracias a las esencias florales y a la terapia de constelaciones familiares, me di cuenta de las fuerzas que actuaban sobre mí y pude soltar las garras de las ideas y emociones que hasta entonces me tenían bajo su hechizo.

En la escuela de posgrado teníamos un amigo llamado Joe, un tipo fornido de risa profunda y ojos que se arrugaban cuando nos saludaba con su cálida sonrisa. Hablaba sin parar de estar en una carrera de ratas. Siempre decía: "Aunque ganes la carrera, sigues siendo una rata". Entre nosotros discutíamos sobre la posibilidad de seguir en el curso humano para ganarse la vida, sin tener que ser una rata que tan solo existe para sobrevivir. Yo tenía miedo de que, si me tomaba tiempo para escuchar a mi alma, podría abandonar la carrera de ratas y, en consecuencia, no sobreviviría. Para una gran parte de la población india, la vida consiste en sobrevivir: satisfacer las necesidades de agua, comida y un techo. Pero, para una parte significativa de la población estadounidense, la vida también consiste en sobrevivir, ya que la gente trabaja, a veces incluso en varios empleos, para pagar la comida, el alquiler y la atención sanitaria. ¿Cómo podemos pasar de sobrevivir a prosperar? Esta fue la pregunta que me asaltó, cuando vi la pobreza y las penurias en las calles. La pregunta con la que luchaba no había cambiado con los años, pero el campo en el que buscaba respuestas era diferente. La carrera de las ratas giraba en torno a los logros cuantificables en indicadores visibles y, posiblemente, a expensas de la propia salud mental y física, así como de la conexión humana. Y, sin embargo, descubrí que el dinero y las trampas del poder no parecían tener relación alguna con los sentimientos de seguridad interna, abundancia, generosidad y autoestima.

Cuando estás dentro de un sistema y empiezas a cuestionarlo, te abres a experimentar la libertad, la expansión y el crecimiento. Esta es la llamada de tu alma. Para responder a la llamada de mi alma, tuve que dejar lo familiar y lo conocido. Hubo momentos en los que pensé que no podría hacerlo. Prefería escabullirme en el olvido y morir insatisfecha, que escribir y compartir lo que había aprendido. Si no vivimos con intención y valentía, es probable que nos encontremos a nosotros mismos y nuestros días secuestrados por otros, incluidos nuestros antepasados.

INTRODUCCIÓN

Vivir la vida
a plenitud

*E*star *rodeado de relaciones enriquecedoras, trabajando creativamente en tu zona de genialidad, con tiempo suficiente para el autocuidado, disfrutando conscientemente y sin esfuerzo de los límites saludables y lleno de sentimientos de gratitud, satisfacción, plenitud, confianza interior y armonía.*

¿Qué te parece? ¿Se parece a tu vida? ¿Sientes que estás viviendo tu vida a plenitud?

¿O te sientes estancado en una o más áreas de tu vida? Sabes lo que quieres, incluso crees que sabes cómo conseguirlo, pero de alguna manera no lo consigues. Ves tus propias limitaciones y bloqueos, pero no eres capaz de superarlos.

Sally, la menor de seis hermanos, era cariñosa, simpática y extrovertida. Tenía un trabajo que le ayudaba a obtener los ingresos necesarios y también le daba la oportunidad de viajar de vez en cuando, algo que le encantaba. Aunque disfrutaba de su buen sueldo y de los viajes, se sentía agotada por las exigencias de su tiempo. Cuando su hija mayor tuvo problemas de salud, empezó a sentir que su vida se salía de control y recuperar la normalidad le pareció todavía más inalcanzable. Cuando hubo una reorganización del departamento en el que trabajaba, se vio obligada a asumir más tareas y, al final, dejó su empleo, sintiéndose frustrada. En busca de ayuda y orientación, empezó con el reiki, y luego con otras terapias complementarias y sanadoras para obtener el apoyo que necesitaba.

Al igual que Sally, es posible que hayas probado varios enfoques diferentes, como cambiar de trabajo, mudarte, apartar de tu vida a las personas que consideras tóxicas o incluso contratar los servicios de un *coach*. Puede que hayas probado métodos de sanación alternativos, como la acupuntura, la meditación u otras modalidades, y que incluso hayas sentido que las cosas estaban cambiando.

Sin embargo, a pesar de haber iniciado el viaje hacia la sanación y el cambio, Sally sentía como si algunas partes de su vida estuvieran "estancadas". Su situación familiar era tensa por el tiempo y el coste de los tratamientos médicos, y sus relaciones personales con algunos de sus familiares la dejaban disgustada y agotada. Después de la muerte de sus padres, ya no se hablaba con algunos de sus hermanos. Se sentía impotente y como si, pasara lo que pasara, algunas cosas no cambiaran. ¿Tú también sientes que la vida tiene un techo que se manifiesta de diferentes maneras?

¿Y si Sally se diera cuenta de que esa sensación de "estancamiento" puede no haberse originado en ella, sino en sus raíces que se remontan a mucho antes de lo que pensaba?

La sensación de estar estancado es como encontrarse en una situación en la que las cosas no cambian, a pesar de tus esfuerzos. Si te fijas bien, notarás que detrás de todo esto hay un patrón. Puede que algunos de estos patrones sean obvios para ti, pero otras veces puede que no los veas. Por ejemplo, puede que te des cuenta de que, como tú, tus padres estaban desconectados de sus hermanos o de sus padres.

La madre de Sally había dejado de hablar con sus hermanos por una serie de malentendidos mucho tiempo antes de su muerte. Cuando las historias o anécdotas familiares se narran una y otra vez,

¿cuál es la conclusión de la historia? ¿Hay un hilo conductor? ¿Es el personaje clave una víctima, alguien que ha sufrido por incidentes ocurridos en su familia, por injusticias cometidas contra él, cometidas por alguien de la comunidad o de la familia extendida? ¿O es un héroe? La madre de Sally sentía que sus hermanos se habían aprovechado de ella porque ella cargó con la responsabilidad de cuidar de su madre, sin recibir mucho apoyo económico de parte de ellos. Sally también había hecho lo mismo.

Algunas veces, los temas reaparecen en una familia durante varias generaciones seguidas: problemas económicos, bancarrota, fracaso empresarial, rivalidad entre hermanos, divorcio o, por el contrario, matrimonios largos y felices, buena salud, bromas constantes y buen humor. Es posible que siempre hayas notado estos temas o patrones, sin darles mucha importancia o considerándolos tan solo una coincidencia. O puede que hayas sentido la influencia de estos patrones con tanta fuerza, que creas que se trata de un destino sobre el que tienes menos poder. Pero, ¿y si esta sensación de "estancamiento" es más de lo que parece?

¿Y si estos patrones de acontecimientos, experiencias y emociones, que se repiten en tu vida y en tus relaciones, están ahí para indicarte que algo en tu vida necesita sanación? ¿Y si el origen de estos patrones es tu familia, pero no tal y como la conoces? ¿Y si la familia no es solo una entidad nuclear compuesta por tus padres, hermanos o incluso abuelos, sino un campo de energía que incluye a los que ya no están vivos? Al igual que las historias de los personajes de una novela, las experiencias de tus antepasados afectan tu vida, aunque no seas consciente de ello. Este campo de energía o karma familiar intenta seguir llamando tu atención a través de la repetición de patrones, acontecimientos y emociones. Si te fijas bien, puede que incluso sientas que los mismos patrones y las emociones que los acompañan, aparecen una y otra vez mediante las personas que entran en tu vida y los acontecimientos que se repiten, dejándote siempre con los mismos sentimientos. Si el "estancamiento" no tuviera emociones asociadas, no sentirías su carga. La tierra es un plano emocional y un plano energético kármico. Te sientes frustrado atado a un trabajo que te disgusta, o desesperado porque tus relaciones familiares no funcionan, o triste porque tus sueños han caducado. Tal vez te sientes desilusionado porque hay un límite para tu prosperidad o sigues esperando a tu alma gemela, y terminas cada cita desanimado y con el corazón roto. Mantienes a raya los sentimientos de frustración, desesperación, desesperanza e ira que siguen dando vueltas en tu interior, pero a veces estos sentimientos se escapan, hiriendo a otros a su paso.

¿Y si las emociones que te mantienen prisionero no son propias? Las emociones son el elemento de conexión entre dos mundos, el mundo físico, en el que vives, y el mundo invisible, que no puedes ver.

¿Tienes el poder de cambiar algo?

Cuando comencé a trabajar con Sally, llamé su atención hacia los patrones que notaba, ofreciéndole la posibilidad de que fuera su campo energético familiar lo que le estaba impidiendo conseguir lo que ella quería. Fue así como Sally comenzó a hablar de su familia, y me compartió que su hermano mayor había muerto antes de que ella naciera; dentro de la familia, nadie hablaba de él. Utilizando algunos de los ejercicios descritos en este libro, Sally honró su muerte y la de sus padres y abuelos. Al conectar con sus antepasados, empezó a dejar atrás el resentimiento y la sensación de ser ignorada e invisible dentro de su familia, que era numerosa. Estos eran sentimientos que su madre también había experimentado cuando se había hecho cargo del cuidado de su propia madre.

Trabajar con el campo energético familiar puede suscitar muchas emociones. Es posible que te resistas a dejar atrás el pasado, las heridas, los agravios, la vergüenza, el dolor de la traición, la ruptura del corazón y muchas otras cosas más. ¿Hay alguna forma de trabajar con estas emociones, escuchar su mensaje y, lo que es más importante, reconocer que son portadoras del campo energético familiar? Cuando Sally empezó a explorar su historia familiar, pudo reparar su relación con sus hermanos y su familia extendida.

Al trabajar con tu campo energético familiar, tú también podrás transformar estos patrones o el karma familiar, para que ya no estés cargando con ellos y condenado a repetirlos. Puede que seas tú a quien tus antepasados han estado esperando: quien traerá la sanación y la reparación del campo energético familiar. Cuando empiezas a hacerlo, levantas el techo de tu propia vida y también el de los que vengan después de ti.

Sally encontró apoyo para su viaje de sanación y así pudo cambiar las emociones que parecían retenerla con tanta fuerza, y pudo cambiar su vida utilizando diferentes herramientas de sanación, entre ellas las esencias florales (que son una forma de medicina energética). Mientras que los aceites esenciales son bastante conocidos y utilizados, las esencias florales existen desde hace miles de años y fueron redescubiertas apenas cien años atrás. Son ecológicas, silvestres, naturales y seguras. En este libro, aprenderás sobre las esencias clave que pueden cambiar tus emociones para lograr el cambio que deseas.

Comentarios de mis clientes:

"Las esencias ayudan a eliminar obstáculos emocionales y te hacen la vida más feliz y fácil".

"Las cosas que antes parecían un reto, de repente, parecen factibles".

"Siento gratitud por mi vida y, por fin, puedo dejar atrás al pasado".

Con la ayuda de las esencias florales, las emociones cambian para que puedas encontrar la calma y la confianza interior. Al trabajar con tu campo energético ancestral, puedes comprender en dónde se originaron esas emociones y cómo influyen en ti.

Lo que este libro te mostrará es que las raíces de tu desconexión no se originaron contigo. Puede que intentes llenar este vacío buscando conexiones con otros (amigos, familia, comunidad), pero que sientas que esto, de igual forma, te deja decepcionado e insatisfecho. A pesar de que esta desconexión no se haya originado en ti, vive dentro de ti, porque tus antepasados viven en ti. Cuando se les olvida, no se les quiere o no se les respeta, ellos proyectan su sombra para poder ser vistos. A cambio, nunca te liberarás de los patrones o sentimientos de infelicidad, insatisfacción o desconexión que actúan como un techo en tu vida. Sin embargo, no necesitas conocer a tus antepasados para hacer este trabajo.

Eres la flor de tu árbol genealógico y debes plantearte cómo encontrar la manera de florecer.

Este libro te mostrará los cuatro pilares que te ayudarán a conseguirlo. Además de conectar con tus antepasados, necesitas conectar con el poder del universo que te apoya. Cuando no estás alineado con este poder latente, estás desconectado de ti mismo. Por mucho que lo intentes, no podrás cambiar esta sensación de desconexión desde fuera de tu ser. Para cambiar tus emociones, también necesitas conectarte con la energía sanadora de la tierra, la energía a la que tus antepasados estuvieron ligados hasta no hace mucho tiempo. La energía que también está disponible a través del poder de las flores. Cuando conectes con estas fuentes en tu interior (la energía sanadora de tus antepasados, la tierra y el poder que apoya y guía), entonces podrás conectar contigo mismo (el cuarto pilar) y sentir el santuario que existe en tu interior. Sentirás gratitud, armonía, satisfacción, amor y conexión. A través de este proceso, recuperarás tu autoestima y tu confianza.

Hoy, Sally está mucho más conectada con sus sentimientos y con ella misma. Se siente más feliz, agradecida y acoplada con su familia. Pasa tiempo en la naturaleza, lo que nutre su alma. El viaje hacia sus antepasados y hacia ella misma encontró su expresión en el trabajo que hace: ayuda a la gente a expresarse trabajando como *coach* vocal para profesionales y enseñando teatro a niños pequeños.

Cuando restableces la conexión contigo mismo, puedes encontrar relaciones enriquecedoras, establecer límites sanos y volver a darle sentido y plenitud a tu vida cotidiana. La desconexión que sentías se transforma en un sentimiento de conexión con el mundo y la humanidad que te rodea y tu vida se despliega como una flor. Cuando logras liberar la forma en que el pasado vive en ti, puedes crear la vida que deseas. Puedes presentarte como la persona que siempre has querido ser.

En este libro, describo los principios que rigen el campo energético familiar y cómo sus transgresiones pueden afectar tu vida. A través de ejercicios sencillos y rituales que te muestran cómo trabajar con tu campo energético ancestral de forma energética y fácil, podrás cambiar la carga de este campo en tu vida y puedes aprender a ver los patrones y temas que se manifiestan en tu vida y el efecto de tu historia pasada.

Rituales como estos existen en casi todas las tradiciones del mundo, pero en este libro verás cómo se han adaptado a la vida moderna, para que no te resulten onerosos ni te lleven mucho tiempo. Para realizar este trabajo, no es necesario que estés en contacto con tus antepasados, ni que sepas nada sobre ellos.

Las esencias florales también te ayudarán a identificar y cambiar las emociones que te impiden liberarte de la carga de estos patrones. En este libro enumero las esencias necesarias para emprender el viaje de sanación y explico cómo utilizarlas. La naturaleza está ahí para apoyarnos y sanarnos, solo nos queda aprender cómo las esencias son una ayuda para que la vida florezca.

Este libro está dividido en cuatro partes.

La primera parte describe mi propio viaje de sanación y cómo aprendí sobre el campo energético familiar y su resonancia con las tradiciones con las que fui criada. Te muestro de qué manera los rituales descritos en este libro encajan con mis propias tradiciones espirituales.

La segunda parte detalla cómo utilizar las herramientas de sanación de modo que sean prácticas y fáciles de aplicar.

La tercera parte enseña cómo se manifiestan las transgresiones del campo energético familiar en tu vida, para que aprendas a identificarlas e inicies el camino hacia la liberación.

Por último, la cuarta parte muestra cómo puede florecer tu vida. Al igual que las flores que brotan en todo tipo de condiciones (pantanos, desiertos y aceras) tú también puedes encontrar la capacidad de vivir la vida en plenitud. Honrar tus raíces te permite volver a la conexión y a ti mismo, levantando las barreras inconscientes e invisibles que te están alejando de una vida plena.

PARTE I

Sanar mis raíces

UNO

¿Por qué sanar tus raíces?

I magina que asistes a una fiesta. Una vez en el lugar, puede que te sientas indeciso o te resistas; tal vez te haya llevado un amigo. O puede que estés entusiasmado y seas el alma de la fiesta. La forma en que llevas tu historia por dentro determinará tu experiencia en la fiesta. La vida es la celebración a la que has venido, tanto si te sientes invitado como si no. Te mostraré cómo llevar tu historia internamente para que puedas mostrarte como tu auténtico yo, con gratitud y aprecio por estar aquí.

Pertenecemos a un campo energético familiar y este campo es tu historia personal. Mientras que un personaje de una novela puede tener solo una historia, tú tienes múltiples tramas de fondo. Sin embargo, al igual que los lectores de una novela, no las conoces todas al principio, y puede que algunas no las conozcas nunca. Pero, las conozcas o no, esas historias habitan en ti. Llegas al escenario de tu vida habiendo aceptado participar en la obra, aunque no sepas cómo va a desarrollarse la trama.

Como colectivo, llevamos el peso de equilibrar la balanza transgeneracional de la justicia, en donde cada miembro asume su parte individual de esta carga. Por fortuna, también recibimos el beneficio de las acciones positivas de nuestros linajes, sin importar si estás agradecido o si eres consciente de todo lo que has recibido.

A veces, los patrones o legados familiares heredados pueden influir en tu vida con tanta fuerza, que te hacen sentir que lo que estás experimentando es el destino. Sin embargo, es a través de estos patrones y legados que tu campo energético familiar se comunica contigo, en busca de sanación, y puedes escapar de repetirlos si encuentras la manera de hacer las paces con tus antepasados y progenitores.

¿Puedes heredar el destino de tus antepasados?

Los miembros de tu familia, vivos o fallecidos, cercanos o lejanos, así como sus emociones y experiencias, crean tu campo energético familiar. La repetición de sucesos y las emociones que los acompañan, a menudo sirven como mensajeros de nuestros campos energéticos familiares, llamándonos a sanar el dolor que arrastramos.

Carol acudió a mí para que la ayudara con los problemas emocionales a los que se enfrentaba. En nuestras sesiones, hablaba de lo que ella se planteaba y a menudo compartía noticias sobre su hija, Marianna.

Una vez, sentada frente a mí, me dijo: "Acaban de despedir a Marianna del trabajo".

Me quedé muy sorprendida. Los ojos marrones claros de Carol se llenaron de lágrimas, por lo que le ofrecí un pañuelo desechable de la caja que tenía en mi escritorio.

Por lo que pude deducir, Marianna era una pensadora audaz y original. Sin embargo, su proyecto más reciente dentro de la organización sin fines de lucro para la que trabajaba era controvertido. Carol me contó que algunos de los jefes y compañeros de Marianna se opusieron a sus iniciativas. "Pero ella no se rindió y su proyecto sigue adelante", dijo Carol la última vez que la vi. Podía sentir el orgullo que sentía por su hija y la determinación que ambas tenían.

Marianna y Carol eran dos mujeres creativas que no temían exponer sus ideas al mundo y asumir riesgos profesionales. Carol dirigió el departamento de un hospital local hasta que, al presionar a médicos y administradores para que introdujeran lo que ella consideraba cambios muy necesarios, no la ascendieron. Carol cambió de trabajo, aceptando un salario inferior, porque se dio cuenta de que salvar su puesto sería una batalla casi imposible. El estrés le había provocado ansiedad e incluso algunos ataques de pánico, lo que la inició en un viaje de sanación que la llevó a encontrarme.

"¿Crees que la situación de Marianna es similar a lo que te sucedió a ti en el hospital? ¿Crees que presionó demasiado para que se produjeran cambios y que eso sacó a la gente de su zona de confort?", le pregunté.

Carol pensó su respuesta por un momento: "No había hecho esa conexión, pero tienes razón. Supongo que lo aprendió de mí".

Yo ya había escuchado suficientes historias sobre su familia como para detectar un patrón. ¿Lo vería ella también?

"¿De dónde lo aprendiste, Carol? ¿Quién en tu familia, entre tus padres o abuelos, intentó cambiar las normas existentes?", la increpé.

Carol hizo una pausa larga. "Los socios de mi padre lo sacaron del negocio que él había fundado, porque no querían llevarlo hacia la dirección que él proponía. Mi padre era demasiado previsor para ellos. Supongo que esa parte de su personalidad nos llegó a Marianna y a mí", dijo por último.

A medida que avanzaba nuestra conversación, escuché a Carol explicar cómo los planes de cambio de su padre se habían visto frustrados y cómo su amargura por el fracaso marcó su infancia y sus primeros años. Él llevó esa tristeza consigo hasta el final, hasta que murió a una edad relativamente temprana de un fallo cardíaco, o, como lo describió Carol, de un corazón roto. Aun así, su hija y su nieta estaban repitiendo su patrón de presionar demasiado a las personas para lograr un cambio, lo que se traducía en un patrón familiar de sufrimiento.

"El otro día estaba pensando en mi padre. Era su cumpleaños y Marianna llamó por casualidad. Podía oír en su voz que estaba disgustada y luego me dio la mala noticia", dijo Carol.

Era el cumpleaños de él. ¿Habría sido una coincidencia que Marianna perdiera su trabajo por ser demasiado enérgica con los cambios, el mismo día del cumpleaños de su abuelo que había sufrido la misma pérdida?

El universo intenta llamar tu atención de muchas maneras, incluso a través de coincidencias y patrones. En 1960, el psicólogo Carl Jung escribió, en su obra *Sincronicidad: Un principio de conexiones acausales*, que la sincronicidad es una "coincidencia significativa de dos o más sucesos en los que interviene algo distinto de la probabilidad del azar". En otras palabras, aunque estos sucesos puedan parecer resultado del azar, al examinarles más de cerca tendrán un significado mayor. He descubierto que merece la pena prestar atención a las "coincidencias" porque son una forma que tiene el universo de transmitirnos su mensaje. Los patrones de los acontecimientos que se repiten en tu vida o en la de los miembros de tu familia suelen ser sutiles y pueden alertarte sobre cómo influyen en ti los campos energéticos de tu familia. Estos campos existen dentro de la matriz energética que los seres humanos comparten entre sí, con el planeta y con toda la vida en la tierra, y contienen los recuerdos y las emociones de los miembros de la familia del pasado y del presente.

Detectar patrones

Cuando ocurren acontecimientos desafortunados en tu vida, los patrones pueden llamar tu atención de forma repentina. Además de revelar creencias arraigadas, los acontecimientos también exponen patrones emocionales de rechazo, traición y aislamiento que se transmiten de generación en generación. Reconocer los patrones, incluidos los emocionales, es un primer paso para descubrir las raíces de por qué actúas, sientes y piensas como lo haces, y por qué los mismos temas y tipos de sucesos siguen apareciendo en tu vida, incluso cuando reniegas del pasado. Como refleja la historia de Marianna y Carol, experimentas emociones que podrían haber experimentado tus antepasados, a través de patrones repetitivos. Las emociones son el elemento que conecta los dos mundos: el mundo físico (en el que vives) y el mundo invisible (que no puedes ver). Trabajando con tu campo energético familiar, puedes transformar estos patrones o karma familiar para que ya no caigas en repeticiones.

Carol nunca había pensado en las conexiones entre las tres generaciones de su familia hasta que yo las mencioné. Sabiéndolo, ahora podía decidir si quería romper este patrón. Ambas mujeres eran pensadoras decididas, creativas e innovadoras y ahora, en su próximo trabajo, Marianna podría decidir esforzarse más por captar estas señales que podrían sugerirle que está impulsando un cambio demasiado fuerte y rápido. Así podría responder de una forma novedosa y eficiente, que le permitiera alcanzar sus objetivos dentro de una estructura organizativa. Al trabajar con su modelo familiar, el coraje, la determinación y la creatividad de Carol y Marianna podrían convertirse en auténticos activos que las lleven a puestos satisfactorios y a cambios significativos en sus lugares de trabajo.

Los patrones energéticos ancestrales adoptan muchas formas y se manifiestan de diferentes maneras. Por ejemplo, los patrones de comportamiento pueden ser vistos con facilidad. Por mucho que no te guste admitirlo, tu comportamiento refleja el de tus padres y el de generaciones anteriores. Algunos somos frugales, otros nos enfadamos con rapidez, algunos somos demasiado desconfiados. También es posible que seas generoso o que te apasionen distintos asuntos. A veces, los temas se mantienen en una relación tras otra y en las familias se repiten a través de varias generaciones seguidas. La "maldición familiar" es real porque es la repetición de un viejo patrón energético transmitido a través del árbol genealógico. Tal vez hayas conocido a alguien quien juró que nunca más se involucraría con cierto tipo de pareja romántica y viste que, a pesar de enamorarse de alguien que en apariencia era muy diferente a su pareja anterior, en la nueva relación de esta persona apareció la misma dinámica vieja. Puede que tú también lo hayas experimentado. Tal vez digas que nunca volverás a relacionarte con alguien que es demasiado crítico, y terminarás con una pareja que no te critica abiertamente, pero que te demuestra con sus acciones que te desaprueba. O tal vez estés en una relación con alguien que te respeta y te apoya, pero se queja de que eres muy crítico con él. Es como si estuvieras en la misma relación que antes, solo que los papeles ahora se han invertido.

Existen otros tipos de patrones y dentro de ellos están los que yo llamo "patrones experienciales". Se trata de casos en los que los mismos tipos de experiencias se repiten a través de las generaciones. Un abuelo fue traicionado por su socio y lo mismo le vuelve a ocurrir a su hijo y a su nieto; o alguien se enfrenta a constantes adversidades en su vida profesional y el patrón se repite. A pesar de las "maldiciones familiares", también hay patrones positivos, a los que se les llaman "bendiciones familiares" o, más ampliamente, esto se podría denominar "karma familiar".

Muchos aceptamos estos patrones como kármicos, como algo con lo que hay que vivir. Pero, ¿y si hay algo más de lo que parece? ¿Y si hay un mensaje detrás de estos patrones? A esto es a lo que llamo "lo que quiere ser visto". ¿Y si necesitas desbloquear algo para poder liberarte a ti mismo, y a los que vengan detrás de ti, de la repetición de patrones?

Como lo han demostrado décadas de investigación sobre la psicología de las emociones, cada uno de nosotros tiene un sistema de respuesta que se activa gracias a una serie de desencadenantes. ¿Y si tu sistema de respuesta emocional es una ventana para comprender algunos de esos patrones en los que estás atrapado? ¿Y si, al desarrollar una comprensión de este sistema y de estos patrones familiares subyacentes, puedes empezar a desbloquear los ciclos de comportamiento y experiencias en los que puedes haberte encontrado? ¿Tu frugalidad proviene de honrar a la tierra o se debe al miedo a la carencia? ¿Tu preocupación por no tener lo suficiente se manifiesta en que te reprimes y no asumes ningún riesgo, poniéndole así un techo a tu vida profesional? ¿O esta emoción y este comportamiento se manifiestan por tener demasiadas posesiones que abarrotan tu casa (acaparamiento), o por exigir el control financiero de tu pareja? ¿Sientes que no eres suficiente? ¿Quién más de tu familia se ha sentido así? ¿Cuál es el origen de esta historia que te cuentas a ti mismo? Te animo a que empieces a anotar en tu diario algunas de las respuestas a estas preguntas, pero también las exploraremos más a fondo en los siguientes capítulos.

Si te detienes a observar cómo influye tu campo energético familiar en tu vida, podrás ser más consciente de cualquier decisión que tomes en ese momento de elección. ¿Harás lo que siempre has tendido a hacer, o darás un giro que rompa un viejo patrón de acción y reacción?

Mi propia experiencia me ha demostrado que abandonar viejos hábitos y establecer otros nuevos puede ser muy difícil. Si no eliges conscientemente una nueva forma de pensar, sentir o actuar, tu inconsciente terminará por elegir siempre el camino conocido. Cuando empecé a darme cuenta y a trabajar con patrones, no me daba cuenta de que me resistía a hacer planes a largo plazo; planificar vacaciones o acontecimientos sociales con demasiada antelación me producía ansiedad. A mis padres tampoco les gustaba planificar con demasiada antelación, quizá por el imprevisible calendario de viajes de mi padre. Pero como adulta, con mis propios hijos, no tuve que lidiar con esto a la hora de hacer planes; consultar sitios web de hoteles para comparar y contrastar alojamientos me generaba una desagradable inquietud que no tenía sentido. Tardé mucho en darme cuenta de que estaba repitiendo un viejo patrón familiar.

Al trabajar con los clientes, observo que el conocimiento de los patrones, aunque importante, a menudo no basta para lograr una transformación personal significativa. Alguien puede estar bien decidido a dejar atrás viejos hábitos y trabajar duro para cambiarlos, solo para encontrarse una y otra vez en las garras de sus patrones familiares. Cuando toman una decisión pueden volver a caer en sus viejas costumbres, a menudo sin darse cuenta. Si son conscientes de que se encuentran en una bifurcación del camino, capaces de tomar una nueva dirección, pueden encontrarse inconscientemente resistiéndose al cambio que se comprometieron a hacer y volviendo al territorio familiar. Viene la procrastinación, la repetición de errores, el saboteo accidental y negación de una verdad importante y que resulta obvia para las personas del entorno, que no están atrapadas en el patrón. La verdad es que se están colocando de nuevo en la misma posición en la que estaban antes.

Llenar el vacío

Detrás de los patrones están las emociones. Yo veo las emociones como una señal de transmisión que cada uno de nosotros envía sin estar conscientes de ello. Este fenómeno fue estudiado por la neurocientífica Candace Pert, Ph. D., y constituyó la tesis de su innovador libro *Molecules of Emotion*. En una entrevista con SixSeconds. org, describe este proceso: "A medida que cambian nuestros sentimientos, esta mezcla de péptidos viaja por todo el cuerpo y el cerebro, cambiando literalmente la química de cada célula de tu cuerpo y enviando vibraciones a otras personas. No somos solo pequeños trozos de carne, estamos vibrando como un diapasón y enviamos una vibración a otras personas. Emitimos y recibimos. Así, las emociones orquestan las interacciones entre todos nuestros órganos y sistemas para controlar eso. Tienes receptores en cada célula de tu cuerpo que, en realidad, son pequeñas bombas eléctricas. Así que lo cierto es que estamos enviando varias señales eléctricas, llamadas vibraciones. Todos estamos familiarizados con un tipo de vibración: cuando hablamos, enviamos una vibración a través del aire que otra persona percibe como sonido... Estás conectado a todo el mundo. Tus emociones son clave y estás dejando una estela, cambiando el mundo que te rodea de una manera enorme".

Los seres humanos se han regido por las mismas emociones durante miles de años, a pesar de que nuestras vidas se han vuelto más complejas con los cambios en la ecología, la tecnología, la sobrecarga de información y el cambio de estilo de vida. Es posible que conectes y te identifiques con esas emociones, bien sea que aparezcan en libros de historia, fantasías de ciencia ficción, portales de noticias o hasta películas animadas. Puede que incluso funciones dentro de un estrecho abanico emocional: la ansiedad, el agobio, el cansancio, la impaciencia, el enojo, la crítica, hacia otros o hacia ti mismo, y la ofensa. Tus señales emocionales pueden ser verbales o pueden expresarse a través de tu comportamiento y, cuando estas te dominan, pueden hacerte llorar, comer en exceso, despertar tu ira o causarte sensación de agotamiento y estrés. Puede que incluso esperes que la gente reciba tus mensajes y responda a tus señales inconscientes de angustia: "Estoy enfadado y no entiendes por lo que estoy pasando" o "Estoy dolido y necesito ayuda".

Las emociones negativas pueden verse como mensajeras de tus necesidades ocultas y, por lo tanto, tienen un gran valor. Incluso puedes ver tu tristeza y tu desesperación como una invitación a una exploración más profunda de tu conexión oculta con una consciencia superior. Cuando no puedes más, cuando estás desesperado, puedes recurrir al mundo espiritual en busca de esperanza y alivio. Tus emociones pueden verse entonces como una puerta de entrada a la construcción de la fe y la conexión espiritual, un reino invisible. Por otra parte, emociones como la satisfacción, la aceptación, la compasión y el entusiasmo pueden ser menos frecuentes y quedar sepultadas bajo las exigencias de la vida y las relaciones. Pero estas son las emociones que pueden hacerte cantar, bailar, sonreír, amar, tender la mano a los demás y asumir riesgos.

Puede que quieras explorar un abanico más amplio de emociones para no quedarte atrapado siempre en las mismas sensaciones negativas, como la frustración, la tristeza, la ira, la impotencia o la desesperación. Pero, ¿cómo puedes ampliar tu espectro emocional y, quizá, operar desde una frecuencia emocional diferente de manera más coherente?

En su libro *La vida que florece*, Martin Seligman, Ph. D., comparte cómo, después de treinta y cinco años de práctica como psicoterapeuta, notó que ayudar a sus pacientes a deshacerse de la ansiedad, la tristeza y la ira no los hacía necesariamente felices y que, por el contrario, obtenía "pacientes vacíos". La ausencia de emociones negativas no garantiza la felicidad. Seligman señala que experimentar emociones positivas es un indicador de salud mental positiva; las habilidades para ser feliz son completamente distintas de aquellas para evitar la ansiedad, la tristeza o el enfado.

Al trabajar con sanadores energéticos a lo largo de los años, me he dado cuenta de que cuando liberas las emociones negativas, es importante reemplazarlas con positivas. ¿Cómo puedes llenar el vacío que dejan las emociones negativas que has liberado? Una forma de hacerlo es a través del poder de las flores.

Durante siglos, las flores han tocado nuestros corazones. Puedes ofrecerlas como símbolo de tu amor, tu dolor, tu devoción o en una celebración, o puedes comprarlas cuando necesites levantar el ánimo.

Hablan con más elocuencia que las palabras, con su color, su aroma, sus delicados pétalos, su impermanencia y su silencioso movimiento hacia la plenitud. Son un símbolo universal y atemporal del corazón. Imaginar un mundo sin flores es visualizar un mundo sin amor ni belleza.

Más allá de esta cualidad, cada flor tiene una resonancia emocional positiva que depende de dónde crece, de cómo esparce sus semillas, de su color y de la estructura de sus hojas y tallos. Las flores son portadoras de la fuerza vital de la planta, mediante la cual se produce la polinización y la reproducción de la especie, y son la forma más gloriosa, colorida y creativa en la que se expresa la planta.

Las esencias florales, a través de la impronta energética de la flor en el agua, elevan y transforman los patrones de pensamiento y sus emociones asociadas, cambiando los juicios negativos, creando calma y claridad, y permitiéndonos ver un problema de manera diferente. Por ejemplo, la esencia de sauce puede cambiar y transformar la amargura en perdón y gratitud. El mímulo ayuda a las personas tímidas abriéndoles la puerta a un sentimiento de valentía. La mostaza, al igual que las flores de color amarillo dorado, puede deshacerse de la melancolía que, de repente, hace que tu ánimo se sienta decaído. Las esencias florales actúan a través del conocimiento de la polaridad; al tomarlas, puedes darte cuenta de que estás deprimido, pero también de que tu espíritu se eleva. De este modo, se produce una transformación a través del conocimiento de las polaridades de las emociones.

Como dijo el doctor Bach, a quien se atribuye el redescubrimiento y desarrollo de un sistema de esencias florales, en su escrito "Some Fundamental Considerations of Disease", publicado en *Homeopathic World* (1930), cuando uno se deshace de las emociones negativas, "una fuerza adversa se ha ido, pero existe un espacio donde se ha situado". Hay un vacío que necesita ser llenado. Las esencias nos ayudan a llenarlo.

Necesitas integrar un entendimiento sanador en tu nueva perspectiva del mundo. Es un viaje desde el victimismo, la ira, el miedo y la pérdida hacia la esperanza, la compasión, la fe y el empoderamiento. Es allí donde creo que las esencias florales pueden ayudarte a crear y mantener esa transformación.

Cuando enfrento mis propias resistencias y conozco mis reacciones, encuentro apoyo en las esencias florales; por ejemplo, al lidiar con la ansiedad relacionada con los preparativos de un viaje, estas me permiten evitar que mis patrones familiares y mi inconsciente interfieran, permitiéndome planificar con anticipación.

Aunque no soy terapeuta ni psicóloga, mi formación como economista y mis años de investigación académica me han enseñado a buscar respuestas al "por qué". ¿Por qué las personas sienten ciertas emociones? ¿Qué origina estos patrones? Al igual que los economistas analizan cómo las personas y las instituciones responden a los incentivos, yo también investigo. Mi interés en las emociones me llevó a convertirme en terapeuta certificada de esencias florales. Al estudiar las emociones y su expresión, me interesé por comprender qué impulsaba estos sentimientos. Sin darme cuenta, me adentré en el estudio del campo energético familiar y cómo las perturbaciones en este campo se manifiestan en nuestras vidas. Comencé a explorar la terapia de constelaciones familiares, un enfoque que examina la conexión entre las emociones y el campo energético familiar.

Cuando un cliente acude a mí, lo escucho con atención y percibo las emociones que expresa, así como aquellas que podrían estar implícitas. Observo la dirección en la que me envían sus emociones, así como mis propios pensamientos y las sensaciones que tengo al escucharlos. Busco identificar no solo comentarios o observaciones casuales, sino también aquello que considero significativo. Durante la interacción con el cliente, me esfuerzo por identificar estas emociones y comprender su origen. ¿Se originan en el campo energético familiar del cliente? ¿Cómo se manifiestan en su vida diaria? ¿Existen problemas subyacentes con los que podrían estar lidiando sin ser conscientes de ellos?

Basándome en mis observaciones, selecciono una mezcla personalizada de esencias florales. Aunque al principio no sé si necesariamente estas emociones pueden remontarse a sus padres, a sus abuelos, o incluso a generaciones más lejanas, empiezo a buscar patrones que puedan repetirse en sus relaciones, en los acontecimientos, en sus familias. Busco un patrón emocional que pueda estar relacionado con un patrón familiar para ayudarles a cambiar su energía. A veces escucho a alguien decir: "No somos expresivos en lo emocional. No hablamos de los problemas; nos comportamos como si todo estuviera bien". Esa respuesta, sobre todo frente una pérdida o una traición, puede suprimir emociones importantes de ira, tristeza o dolor. Puede que estas personas teman experimentar la profundidad de su rabia o dolor y se sientan avergonzadas tan solo por no "poder superar" la pérdida y seguir adelante como creen que deberían. Estos patrones emocionales pueden afectarnos bastante, pero hay una manera de cambiarlos a través de las esencias florales; estas pueden ayudarnos a crear nuevas formas de sentir y comportarnos. A lo largo de este libro, ofreceré algunas sugerencias de combinaciones de esencias florales que he utilizado con clientes para que puedas empezar a probar esta forma de medicina energética.

Mediante la terapia de constelaciones familiares, descubrí que el reto al que todos nos enfrentamos es honrar nuestro campo energético familiar al mismo tiempo que nos honramos a nosotros mismos. A través de este viaje, volví a mis raíces de una forma que nunca hubiera esperado.

¿Qué sucede cuando tus antepasados no avanzan?

Hace unos años, durante unas vacaciones en Islandia, iba en auto por el campo mientras se hacía de tarde. Cerré los ojos un momento y, de repente, sentí una enorme multitud a mi alrededor. Sobresaltada, abrí los ojos, pero fuera de la ventanilla del auto solo había campos tranquilos y prados abiertos. Cuando me eché hacia atrás y volví a cerrar los ojos, sentí la misma aglomeración de gente. Me di cuenta de que llevaban ropas de otra época. Cuando abrí los ojos, ¡nada! No sabía qué estaba pasando. Más tarde aprendí a ver más allá de esta realidad física para ser consciente de las almas que están en la tierra.

Aquel día veía antepasados en la carretera de Islandia. ¿De quién eran? No lo sé. ¿Y si estás rodeado de tus antepasados, como la multitud que percibí durante mi viaje en auto?

Tus rasgos físicos, tu buena o mala salud, tus talentos y muchas de tus creencias pudieran relacionarse con tus padres, abuelos y, probablemente, tus antepasados. Los maestros espirituales indios creen que también existen fuertes lazos kármicos de sangre, no solo entre las generaciones anteriores y la actual, sino también entre las futuras generaciones por nacer. Las cartas astrológicas indias también muestran rasgos y patrones que comparten el nieto y el abuelo. ¿Cómo se expresa esta conexión? Puede que pienses que actúas con independencia de tu pasado, pero de todos modos aparece en tu vida.

Es casi como si los muertos permanecieran apegados a su familia en el mundo físico. Los maestros espirituales indios dirían que sus almas vagan insatisfechas, sin acabar con sus deseos mundanos, anhelando el gusto por el mundo material. En la India, la palabra sánscrita "maya" suele traducirse vagamente como apego al mundo material y la ilusión de que la vida no es nada más que esos apegos. Sin embargo, el viaje definitivo del alma va más allá de estas ilusiones, hacia la liberación de los apegos y la iluminación.

Así que, al igual que nosotros, tus antepasados (o al menos algunos de ellos) pueden quedar atrapados por sus deseos y apegos en el campo de la ilusión en lugar de moverse hacia la iluminación. En mis tradiciones indias, una parte fundamental de los rituales ancestrales son las oraciones por las almas de nuestros antepasados. Se cree que aquellos de hasta siete generaciones atrás influyen en nosotros y pudieran hacerlo en las siete generaciones venideras. Muchas tradiciones nativas americanas, como las de los iroqueses, también lo creen. La base de este ritual es la gratitud por tu vida en esta tierra y por lo que has recibido de tus antepasados. ¿Cuántas generaciones de antepasados recuerdas? Si los contaras a todos, comenzando siete generaciones atrás, tendrías doscientos cincuenta y cuatro madres y padres responsables de que estés aquí hoy y todos son parte de tu campo energético familiar. Los detalles de sus vidas y de sus nombres se han perdido en el tiempo. Si te remontas atrás y cuentas veinte generaciones, ¡tienes un millón de antepasados!

De hecho, muchos maestros indios sostienen que la mayoría de las almas no son capaces de transitar fuera del plano terrenal y están inquietas y estancadas, incapaces de ascender a un reino más pacífico. El budismo también reconoce la existencia de un reino poblado por almas sufrientes. El término *earthbound*, una expresión encontrada en los escritos ingleses más antiguos y que se traduce al español como "unido a la tierra", también se utiliza para referirse al espíritu de un miembro de la familia que no salió del plano terrestre. Está claro que las distintas tradiciones apuntan a distintos niveles de consciencia entre los que han fallecido. En la India, incluso hay rituales para limpiar la tierra y el espacio antes de empezar una construcción o antes de mudarse a una nueva casa u oficina. Estas ceremonias ayudan a la sanación de la tierra y de aquellas almas que aún puedan estar conectadas a ese espacio físico.

Cuando trabajas con tu campo energético familiar, sanas tus raíces, liberas los patrones inconscientes que actúan como un techo en tu vida, en tu potencial y en tu felicidad. Al sanar tus raíces, tu vida puede florecer. Si tu familia ha sido una fuente de dolor o trauma en tu vida o si tus antepasados fallecidos hace poco eran abusivos o disfuncionales, es difícil imaginar que quieras honrarlos. Pero, desde luego, tampoco querrás que sus energías permanezcan a tu alrededor. Paradójicamente, el acto de honrar a la familia les impide hacer más daño a tu vida. Cuando los rechazas o les faltas al respeto por miedo o ira, nunca resuelves los patrones inconscientes de pobreza, violencia, depresión e infelicidad. Y no solo tú, sino también tus antepasados se quedan atascados. Cuando sanas tus raíces, liberas los patrones familiares que te frenan.

Qué esperar de este libro: el camino por recorrer

En este libro, te ofrezco una visión de un mundo invisible. Te presento tu campo energético familiar, cómo te afecta y se manifiesta en tu vida. Te mostraré cómo trabajar energéticamente con este campo, mientras construyes tu relación contigo mismo. Además, te enseñaré de qué manera hacerlo con la ayuda de las esencias florales y de las tradiciones adaptadas de mi herencia india.

En los siguientes capítulos, describo mi propio viaje para sanar mis raíces y comprender el significado de las condiciones en las que crecí. En la parte II, te muestro cómo puedes utilizar las esencias florales, que son una forma de medicina energética, y los rituales adaptados de mis tradiciones para sanar tus raíces; herramientas sencillas que puedes utilizar. En la parte III, hablo sobre la comprensión de la carga transgeneracional que llevas y cómo te afecta, e incluyo los principios que rigen el campo energético familiar y dan forma a tu historia de fondo. En esa sección, presento ejercicios que te ayudarán a cambiar o liberar la carga inconsciente de estas historias. Por último, en la parte IV, ofrezco sugerencias que ayudarán a que tu vida florezca. Por último, necesitas honrarte a ti mismo, así como a tu linaje, para recibir amor y encontrar la autoestima. Es importante que no te pierdas en este viaje para conectar con tus raíces o tu linaje, sino que te encuentres a ti mismo a través del proceso.

Mientras lees este libro, te recomiendo que lleves un diario para anotar lo que vayas descubriendo sobre tus propios patrones transgeneracionales personales, a medida que estos vayan llegando a tu conocimiento. De este modo, podrás empezar a ver las historias que te han dado forma y empezarás a anotar tus propios pensamientos sobre el camino que has tomado. También puedes empezar a investigar y recopilar los objetos y la información que te ayudarán a construir tus propios altares ancestrales y a crear tus propias oraciones para sanar tus campos energéticos familiares, de los que hablo en la parte II. Puede que sientas que no tienes esta información o que no tienes acceso a ella, pero no te preocupes. Una vez que empieces a buscar detalles sobre familiares y antepasados, descubrirás, como yo lo hice, que la información puede llegar sin esperarla. Para mis clientes y para mí, el material llegó en forma de fotografías, llamadas telefónicas y otras maneras inesperadas. Sin embargo, tampoco es necesario que conozcas a tus antepasados para realizar el trabajo de este libro, por ejemplo, en el caso de que hayas sido adoptado.

También te recomiendo que, durante las próximas semanas, tomes nota de tus emociones y tus reacciones en un diario. Siempre recomiendo a mis clientes que usan esencias florales que lleven un diario, porque, al usarlo, te das cuenta de los cambios que se están produciendo. Incluso puedes elegir un diario que tenga un espacio en blanco en la parte superior y con rayas en la parte inferior, ya que este tipo de formato te permite escribir y también dibujar o añadir imágenes que estén relacionadas a este proceso, como mapas, un árbol genealógico o cualquier otra cosa que surja. Puedes tener a mano lápices de colores o pintura que puedas emplear en esta parte del proceso. Yo recomendaría comprar un diario nuevo para este propósito, aunque sea uno muy simple. No tiene por qué ser caro, pero es posible que quieras buscar uno que te atraiga o te agrade.

Para comenzar, te propongo estos dos ejercicios:

Ejercicios del diario

1. Cómo empezar a trabajar con tu linaje

¿Ves patrones de experiencias o acontecimientos que se repiten en tu familia? Puede que algunos te resulten obvios, quizá siempre te hayas fijado en ellos, o les hayas dado poca importancia y los hayas considerado solo una coincidencia. ¿Hay edades concretas en las que se repiten los patrones? Puede que desees empezar por tu familia nuclear y luego avanzar por la línea materna o paterna: elige solo un lado de tu familia para empezar. ¿Hay comportamientos o emociones similares que parezcan subyacer a estos sucesos o experiencias? Puede haber una emoción predominante o varias. Anótalas; volverás a ellas en los próximos capítulos.

2. Las historias se desarrollan de muchas maneras

Cuando pienses en la historia de tu familia, realiza este ejercicio: Escribe la historia familiar, empezando por las palabras: "En mi familia, nosotros...". No se trata de moralidad ni de ideales, sino de lo que tú y los miembros de tu familia suelen experimentar. Es una forma de que puedas ver los patrones que puede haber en tu familia. Por ejemplo:

> *"En nuestra familia, damos demasiado a los demás a costa de nosotros mismos, y nadie parece apreciarlo".*

"En nuestra familia, los matrimonios nunca parecen durar. Los hombres siempre traicionan a las mujeres".

Si tienes dificultades para identificar la historia familiar que te define, reflexiona sobre los refranes y cuentos que se repiten una y otra vez en tu familia. ¿Cuál es el mensaje implícito en cada historia? ¿Detectas un hilo común que parece estar presente en ciertas experiencias y ausente en otras?

Quizás puedas agregar detalles sobre por qué tú y tus familiares creen que ciertos patrones de experiencia persisten en tu familia.

Luego, enumera algunos ejemplos de cómo esa narrativa ha impactado tu vida y la de tus familiares. Piensa en ti mismo, en tus hermanos, en tus padres y en tus abuelos. Considera también a tus primos, tíos y otros parientes más distantes. Ahora, trata de identificar situaciones en las que la historia familiar no se cumple. ¿Quién desafió las expectativas y rompió con los patrones establecidos? ¿Fue difícil para esa persona cambiar el rumbo predestinado de la familia y experimentar algo diferente? ¿Cómo reaccionó la familia ante este desafío a la tradición familiar?

Reexamina la narrativa de tu historia familiar tal como la escribiste. ¿Qué emociones te provoca? ¿Te entristece, te frustra, te llena de orgullo o te hace sentir impotencia? Luego, piensa en algún ejemplo, o varios, de algún familiar que haya intentado romper el patrón que identificaste. ¿Qué opinas sobre lo que sucedió cuando ese familiar desafió la tradición? ¿Qué revela esto, si es que lo hace, sobre el poder de tu historia familiar? Intenta identificar los patrones emocionales, de comportamiento y de experiencias que caracterizan a tu familia.

DOS

El poder de lo invisible

Al mirar hacia atrás, quizá nunca llegué a aprender economía. Tal vez las semillas de mi viaje se plantaron hace mucho tiempo. Mi padre era un hombre de pocas palabras, pero le encantaba contar historias. Había escuchado muchas veces una en particular sobre el mercader de Basora. Desde entonces, descubrí que esta historia, tal como la contaba mi padre, estaba basada en el relato de W. Somerset Maugham, titulado "Cita en Samarra". Era una de sus favoritas, creo, porque mi padre apreciaba mucho la inevitabilidad del destino. El relato comienza así:

Abu Bakr está paseando por el mercado de Bagdad cuando ve al dios de la muerte. Asustado, toma su mejor corcel y huye a Basora. Allí se encuentra de nuevo con la deidad.

"¿Qué haces aquí, mi señor?", le preguntó. "¡Te vi en Bagdad y vine a Basora para huir de ti!".

"Sí", respondió el dios, "me sorprendió verte en Bagdad porque sabía que hoy tenía que reunirme contigo aquí en Basora".

Quizá, como Abu Bakr, yo tenía que viajar a Estados Unidos para aprender sobre esencias florales, un tipo de medicina energética que sirve para curar las emociones. Si alguien me hubiera dicho en la universidad que algún día estudiaría y enseñaría a la gente sobre su karma familiar, me habría reído de la idea. ¿Creencias sobre el destino, o karma, como lo llamamos en la India, y cómo curarlo? **Eso era para gente sin educación, ni sofisticación.** Ese era el mensaje que yo había recibido, de muchas maneras, a lo largo de muchos años.

Al final, mi viaje me llevó de vuelta a un lugar que me había nutrido y alimentado: la India, mi hogar espiritual por ser un lugar que siempre había vivido dentro de mí. Llegué a comprender que mi destino era una combinación de mi suerte (la familia de origen en la que nací, mi país, mi educación) y las decisiones que he tomado desde entonces. Me di cuenta de que, aunque el destino es inevitable, dentro de nosotros existe el poder de elección para poder responder a él y crear nuestro propio destino.

El destino es el plan maestro de nuestra alma, que hemos venido a manifestar. Para nosotros es invisible, pero se hace presente en cada giro del azar. El destino es nuestra asociación intangible con el universo. En la India, nos enseñaron de niños a reconocer el universo, e incluso llegar a hacer una alianza con él.

Cuando era niña, la fe formaba parte de nuestra vida cotidiana: estaba en las guirnaldas de caléndula que se amontonaban en desorden bajo la higuera de pipal, en las coloridas, a veces estridentes, imágenes de dioses y diosas que colgaban de los espejos retrovisores de los ruidosos tuctucs y también de los autos de lujo. Estaba en el olor a incienso que se esparcía cuando los vendedores abrían sus tiendas después de las oraciones matutinas. Y estaba en el sonido de la llamada del almuédano por la mañana, en las campanas del templo por la tarde o en las canciones del cantante ambulante el fin de semana. Era difícil sustraerse a la presencia de la fe y, sin embargo, era tan omnipresente que resultaba casi invisible. Flotaba en el aire en todo lo que se decía o hacía.

La gente a nuestro alrededor solía ayunar. No era solo no comer carne los lunes, podía ser cualquier día de la semana, dependiendo de a qué dios se rindiera culto. Los martes, largas colas serpenteaban alrededor del templo a Hánuman, los jueves alrededor del templo de Sai Baba de Shirdi y los viernes las invocaciones a la diosa. El sábado, unos mendigos harapientos se ubicaban en los semáforos mientras sostenían latas con aceite de mostaza. Si lo deseaba, podía ver mi reflejo y ofrecer una moneda a Shani, el dios del planeta destructor y gran maestro. Si la fe era dominante, entonces los milagros eran la prueba de la existencia de la divinidad. Eran aspectos que tenían que ir de la mano.

Un día sonó el timbre. Nuestra pequeña parcela verde, con su cerca blanca y sus macetas de terracota, lindaba con un gran porche cubierto de mármol blanco, que ofrecía sombra en el sofocante calor del verano indio. Al otro lado, el camino de entrada conducía a unas rejas de hierro negro. Los visitantes no se limitaban a levantar el pestillo, abrir la reja, subir por el camino, cruzar el fresco porche y golpear la puerta con las imponentes aldabas de latón. No, esperaban fuera de la reja después de tocar el timbre. Alguien de la casa salía entonces al balcón de arriba y miraba hacia abajo para ver quién podía ser, para decidir si el visitante merecía o no la pena bajar un tramo de escalera, abrir las grandes puertas de teca y permitirle la entrada a la casa.

Fue mi madre quien se asomó aquel día. En la puerta había un sadhu, un buscador errante. Estaba despeinado, su cabello enmarañado y áspero, retorcido en mechones medianos. Iba desnudo hasta la cintura y el resto de su cuerpo estaba cubierto por un taparrabos. Se apoyaba en un bastón de madera y traía una pequeña vasija de latón o kamandal, que indicaba su estatus dentro del mundo. Desprovisto de posesiones materiales, el sadhu dependía de la misericordia de los extraños para alimentarse.

"Madre, tengo hambre y sed", la llamó. "Necesito algo de comida. Llevo días caminando".

"Está bien, Baba. Espera y te enviaré algo". "Baba" es un término de respeto utilizado para designar a un hombre mayor.

El viejo se puso de cuclillas junto a la reja para esperar. "Puede entrar y sentarse en la sombra si quiere", le dijo mi madre, dirigiéndose de nuevo al interior.

"Bindu", llamó pidiéndonos ayuda, "dale una taza de té, un poco de *atta* para hacer sus *rotis* y algunas verduras". El atta, o harina de chapati, es harina de trigo integral que se utiliza para hacer *rotis*, o pan circular sin levadura, algo parecido a las tortillas.

Yo seguía en la barandilla, observando, escuchando y aprendiendo, como hace una niña. Desaliñado como estaba, no era digno de ser despedido. Nunca se rechazaba a un mendigo que llegara a nuestra puerta necesitado de comida. Era un código no escrito, no solo en nuestra casa, sino probablemente en innumerables casas de toda la India, al menos antes de la llegada de la televisión que transmitía programación las veinticuatro horas del día y de los edificios de varios pisos.

Cuando Bindu bajó las escaleras, mi madre regresó al balcón conmigo. Desde ahí, vimos como el sadhu extendió la mano para tomar el té y cómo miró la bolsa de *atta* que Bindu le estaba entregando. El hombre miró hacia arriba buscando a mi madre.

"No puedo cocinar esto. No haré paradas en ningún sitio. ¿Me das algo de comer?", preguntó. Su tono no era suplicante, sino práctico. Se dirigía a las estribaciones del Himalaya.

"Entonces tardaré un poco. ¿Te parece bien?", dijo ella.

Era de tarde, todavía no era hora de cenar, pero el almuerzo ya había terminado. Mi madre y Bindu se pusieron a trabajar en la cocina y prepararon unos *rotis*. Estos que preparaban eran gruesos, no los finos y esponjosos que comía mi padre; la idea era que llenaran el estómago. Mi madre echó puñados de verduras en los *rotis* y los puso en un plato de acero inoxidable, o *thali*. El anciano lo aceptó agradecido, se sentó sobre sus ancas y, con la comida delante, agachó la cabeza para comer, mientras mi madre se puso a un lado. Cuando terminó, se enjuagó las manos y la llamó.

"Ven aquí", le dijo. "Has sido muy amable conmigo. Te voy a dar algo. Sujeta mi pelo con tus dedos y piensa en lo que quieras".

"Está bien, Baba", dijo mi madre, "no quiero nada".

"¡No! Sujeta mi pelo".

Con cautela y utilizando su dedo índice y pulgar, mi madre sujetó un mechón de su enmarañado pelo. Entonces un chorro constante de agua empezó a emanar de la cabellera, cayendo al suelo. Mi madre se echó a reír.

"No te rías", le reprendió él, "tu deseo se cumplirá. Ahora, ¿Tienes dinero?".

"Sí, tengo quinientas rupias", dijo mi madre con confianza, pensando en el dinero que mi padre había dejado para pagar la reparación de la encimera de la cocina.

"¿Lo lamentarás si lo pierdes?", dijo el anciano.

"No, no lo lamentaré", dijo mi madre.

"¡Muy bien! Entonces, tráelo".

Mi madre fue a buscar las quinientas rupias que le quedaban a mi padre y se las entregó. El anciano las tomó entre los dedos y, mientras las frotaba, murmuró unas palabras. Ante los ojos de mi madre, el dinero se convirtió en ceniza. Luego, esparció la ceniza por el camino de la entrada a casa y por el jardín. Después, sacó unos granos de trigo seco de una bolsita y se los dio a mi madre.

"Lo que desees se cumplirá", dijo mientras levantaba la mano en señal de bendición. Luego, se dio la vuelta y se marchó.

Cuando mi padre llegó a casa, le contamos la historia. Aunque aquellas quinientas rupias eran una suma importante para ambos, escuchó el relato y lo aceptó como uno de esos hechos insólitos, aunque perfectamente aceptables, de la vida cotidiana en la India.

Mi madre dice que aún conserva los granos de trigo que le dio el mendigo. Los guarda en su altar, y la historia todavía le arranca una sonrisa. Aunque no reveló lo que deseó aquella tarde, dice que sí se hizo realidad.

Incidentes como este nos abren la mente a lo que pudiéramos considerar imposible, y es que la fe puede aparecer como un mendigo en tu puerta. A medida que avanzamos por el camino espiritual, es posible manifestar estos "milagros". Sin embargo, para el verdadero místico, estos se consideran distracciones del objetivo final de experimentar esa constante unidad de consciencia.

A pesar de compartir la misma religión, mis padres la practicaban de formas distintas. Mientras mi madre se inclinaba hacia el aspecto místico y espiritual de su fe y rara vez iba al templo, mi padre prefería una práctica más tradicional. Recuerdo una vez que mi padre, teniendo un problema en el trabajo, acudía todas las semanas al pequeño templo de la carretera con una ofrenda de boondi, unas deliciosas bolitas amarillas empapadas en jarabe. Su fe estaba impregnada de esperanza y entrega. A menudo, mi hermana y yo lo acompañábamos; los niños hacían fila fuera del templo y nosotros distribuíamos los dulces, las bolitas amarillas, entre sus ansiosos y sucios dedos mientras mi madre rezaba la oración de la tarde en casa.

En toda la India, una multiplicidad de credos, tradiciones y puntos de vista religiosos coexisten dentro de un mismo hogar, permitiendo que los distintos miembros practiquen, de diferentes maneras, e incluso veneren a diferentes deidades según sus inclinaciones. Yo asistía a un colegio católico, y a menudo mis amigos y yo bajábamos del autobús y atravesábamos las puertas abiertas de la iglesia para llegar al colegio. No parecía importarnos que ninguno de nosotros fuera católico. Diferentes maneras de practicar la fe, que conducían a la misma esperanza de que los problemas estaban en manos del Espíritu, para ser resueltos de la mejor manera posible y en el tiempo divino.

La dispensación de la esperanza

La fe era una forma de afrontar la inevitabilidad del destino, la incertidumbre de los resultados y el estrés que todo aquello causa. Infundía esperanza, pero, a medida que yo crecía, los astrólogos también lograron influir en mi esperanza.

Cuando nació mi hijo en Estados Unidos, mi ginecólogo me entregó un pequeño zapato de porcelana que anunciaba el momento de su nacimiento. Observé con detenimiento el delicado calzado, adornado con las letras que detallaban el nombre de mi hijo, su altura, peso, y la fecha y hora exacta de su llegada al mundo. Un suave lazo de color azul bebé, reservado para los varones, se entretejía en el zapato, donde estarían los cordones. Me encantó, aunque me sorprendió que la información más privada, la hora de su llegada a la tierra, estuviera ahora al alcance del público.

En la India, esta información es privada. Si conocías la fecha y hora de tu nacimiento, podías compartirla con un astrólogo, quien entonces podría revelarte detalles sobre tu personalidad, vida familiar, carácter, temperamento, estado financiero e incluso pistas sobre tu vida pasada. Mucho antes de que esta información pudiera ingresarse en una computadora para generar páginas de cuadros esotéricos, perfectamente elaborados, con triángulos incrustados, los astrólogos calculaban con minuciosidad la carta astral original y la posición actual de los planetas. Este conocimiento se transmitía de padres a hijos; era un proceso tedioso y laborioso de cálculos. En tiempos difíciles, se programaba una cita con el astrólogo de la familia, un nombre destacado en la libreta de contactos. Su consulta no tenía precio fijo; el pago quedaba a discreción del consultante.

Recuerdo a los astrólogos que solían visitar la casa de mi abuela o la de mis padres. A veces, eran enviados por amigos o parientes; los recibíamos con respeto y los atendíamos con hospitalidad. Mi madre, según los vaivenes de nuestra vida familiar, a veces mostraba interés en lo que tenían que decir y otras veces no. Mi padre, aunque los trataba con cortesía, se mantenía distante de la conversación, dejando que mi madre hiciera las preguntas por él; ella no estaba segura de hasta qué punto él creía en ellos. Sin embargo, los horóscopos familiares se guardaban con cuidado, después de ser envueltos en tela roja y solo se abrían después de bañarnos y cuando venía el astrólogo. Era una ceremonia.

Mi hermana y yo apenas podíamos contener nuestra emoción a medida que crecíamos y comprendíamos en qué consistían estas visitas. Cuando llegaba el día, nos vestíamos con esmero con túnicas de algodón y mallas, y nos cubríamos con un largo pañuelo sobre los hombros como un gesto de modestia. Todo lo hacíamos con la esperanza de que esta vez nos leyeran nuestros horóscopos. Dado el tiempo y el esfuerzo que implicaba hacer esos cálculos a mano, solo se leían uno o dos horóscopos al día, y nunca sabíamos a quién le tocaría, sobre todo porque a veces podían venir tíos o primos mayores, que tenían prioridad sobre nosotras. El *panditji*, como se les llamaba, solía ir vestido con una camisa blanca sin cuello y un *dhoti* de fina muselina blanca que le envolvía la cintura y las piernas como un pantalón holgado, lo que le daba mucho espacio para sentarse cómodamente en el suelo con las piernas cruzadas. La marca roja en su frente indicaba que se había duchado, afeitado y terminado sus oraciones y meditación matutinas; nada se hacía sin la gracia y la bendición de la diosa.

Aunque todavía no entiendo del todo la astrología, empecé a creer que, en un universo bien ordenado, nuestro nacimiento no podía ser un acontecimiento aleatorio: era un resultado preciso, en el que planetas y estrellas se alineaban para el viaje. Sin embargo, también vi que vivimos a través de la esperanza: debemos creer en la autodeterminación en algún nivel para poder seguir viviendo. Después de mucho meditar, me di cuenta de que, si bien el destino era inevitable, así se dispensaba la esperanza: el *panditji* siempre te daba cosas que hacer. A veces te pedía que dieras de comer a los pájaros, a las vacas, o a los indigentes; casi siempre recitaba algunas oraciones... nunca te quedabas sin algo que hacer. Aunque tal vez nunca hicieras exactamente lo que te pedía, ya que dependía de lo fácil que fuera llevarlo a cabo, salías de allí pidiéndole a lo Divino o al universo que te ayudara y que aliviara tus problemas a través de actos de caridad y oración que, a menudo, eran sencillos.

La familia de mi madre era académica, occidentalizada y abierta en sus ideas y visiones del mundo; incluso, muchos de mis primos y parientes eran ateos. La familia de mi padre, en cambio, era tradicional, conservadora y religiosa. Mi madre, cual trapecista, oscilaba entre estos dos mundos: más espiritual que religiosa, y más mística que ritualista. Crecí en medio de esta polaridad, envuelta en el misterio de todo ello.

La llegada de Haripriya

Mis padres siempre mantuvieron la casa abierta y, mientras yo crecía, recibíamos un flujo constante de visitantes e invitados de larga duración. Teníamos huéspedes que se quedaban meses, algunos venían a recibir tratamiento médico, otros a ir a la universidad, y algunos más en busca de casa y trabajo. Con este embriagador cóctel de visitantes, las comidas y cenas se convertían en largas y animadas reuniones donde se hablaba de todo. Las calurosas y lánguidas tardes del verano indio las pasábamos jugando en el parque con los niños del vecindario.

Un día, al regresar a casa, nos encontramos con una mujer nueva. Vestía una túnica de color azafrán pálido y hablaba con un marcado acento europeo. Su chal se ceñía a sus hombros, y en el cuello llevaba su mala de rudraksha, o las cuentas que utilizaba para orar.

"Esta es Haripriya", nos anunció mi madre. "Se quedará con nosotros por un tiempo".

Intentamos no mirarla fijamente, pero mi hermana y yo nunca habíamos visto a nadie como ella. Haripriya estaba enferma y necesitaba un lugar donde recuperarse. Entró en nuestras vidas y se convirtió en una presencia constante durante las siguientes décadas. Era cariñosa y hablaba sin parar; tenía una calidez acogedora, pero no dudaba en reprendernos a mi hermana y a mí, y lo hacía a menudo. Nos resultaba impensable no replicarle.

Haripriya, o Anne, que era su nombre real, aunque nunca la llamábamos así, pasó meses en la India, evitando los otoños e inviernos cada vez más intensos de Suiza. Durante ese tiempo, viajaba entre Delhi, Calcuta (hoy Kolkata) y su pequeña casa en el *ashram* de Kalyanvan, ubicado en las faldas del Himalaya. Cuando el calor del verano llegaba a la India, regresaba a Suiza para trabajar como enfermera, atendiendo a enfermos terminales.

Era una mujer fuerte. Sus manos eran gruesas y hábiles, llevaba el pelo corto y sus palabras tenían un acento ligero. A veces, cuando no encontraba las palabras adecuadas, utilizaba sonidos para expresarse. Mayormente hablaba en inglés, con algunas palabras en bengalí que solo mi madre entendía. Al principio de su estancia con nosotros, era muy exigente con el *thali,* el plato de metal tradicional en el que se servía la comida, y con el vaso en el que bebía agua. Pero, con el paso de las semanas, se integró a la rutina doméstica que formaba parte de nuestras vidas. Ella, al igual que todos los que venían y se quedaban en nuestra casa durante meses y meses, era siempre bienvenida, y nunca esperamos que nadie pagara el alquiler o la comida: eso era impensable. Si era necesario, mi madre incluso compartía su propia comida con un invitado inesperado para almorzar o cenar. Nadie pasaba hambre; así fue como mi madre nos educó.

Según cuenta Haripriya, un día estaba viendo la televisión en Suiza cuando emitieron un documental sobre Anandamayi Ma, una maestra espiritual india y gurú del yoga. "En ese momento, me levanté y me dije que iría a la India a buscarla". Y así, junto con una amiga, atravesó Irán, Afganistán, Pakistán y se adentró en la India en un *jeep*.

"Había una nube de polvo, y los jinetes afganos vinieron al galope", dijo, haciendo el sonido de cascos repiqueteando con sílabas rítmicas y cortadas. "Querían llevarnos a algún sitio, pero saqué mis cigarrillos, les di uno a cada uno y los encendí", dijo, haciendo con la mano el movimiento de un encendedor. "Fueron muy agradecidos y educados, y nos dejaron marchar".

El viaje por carretera de Haripriya estuvo lleno de aventuras, y sus historias nos cautivaron a mi hermana y a mí. Tras llegar a la India, buscó a Anandamayi Ma y nunca volvió a su antiguo estilo de vida. Nosotras, por supuesto, nunca habíamos oído hablar de Ma, así que Haripriya nos llevó a mi madre, a mi hermana y a mí a verla. De pequeña, recuerdo la multitud que se alzaba sobre mí y que apenas podía ver a Ma en un escenario situado en la parte delantera. Recuerdo sobre todo que me sentía agobiada por el calor y los mosquitos.

Fue Haripriya quien nos deleitó con historias de los milagros de Ma y me regaló el libro *Autobiografía de un yogui* cuando yo tenía doce años. El libro no trataba de Anandamayi Ma, sino de uno de sus contemporáneos, Paramhansa Yogananda, y describía un encuentro mágico entre ambos. ¡Eso encendió la chispa! En la India, estamos abiertos a encontrar un maestro iluminado porque sabemos que tales maestros pueden ser la flauta hueca a través de la cual se escucha la música divina. Después de leer *Autobiografía de un yogui*, sobre la búsqueda de un maestro espiritual por parte de un monje y yogui indio, yo también me lancé a la búsqueda de un maestro iluminado. De joven, quería experimentar lo que él había sentido al conocer a su maestro: una ventana al portal de la divinidad. En los años siguientes, además de mi interés por los vaqueros Levi's de contrabando y la última moda, busqué incesantemente la India mística. Quería encontrar a mi propio maestro, un guía que me ayudara a centrar mi fe, como Ma había hecho con Haripriya.

Estaba al final de la adolescencia cuando escuché a un desconocido, que vino a casa de mis padres a dejar un paquete, hablar sobre un monje iluminado. Mi interés se despertó y me propuse conocerlo. Unos años más tarde, descubrí que él estaría cerca de Delhi, donde yo vivía, y por fin tuve la oportunidad de conocerle. Recuerdo que llegué al *ashram* y me dijeron que esperara en el vestíbulo. De repente, se abrió la puerta y salió el maestro que había estado buscando. En ese instante, me sentí rodeada de amor. ¡Nunca había experimentado nada igual!

"Te estaba esperando", me dijo mientras extendía los brazos. Me olvidé de tocarle los pies, como era costumbre en mi cultura, y le abracé. Más tarde me di cuenta de que el amor que me envolvía, me elevaba y me protegía. Experimenté en aquel momento, con tanta certeza y profundo conocimiento, el amor divino e incondicional.

Después de encontrar a mi maestro, también animé a mi hermana a conocerlo, y ella también sintió la misma conexión. Las dos empezamos a seguirle, aunque nuestros padres no. Mi padre dijo que su familia no seguía a ningún gurú, y mi madre, aunque más abierta quizá por la llegada de Haripriya, dijo que no se sentía atraída por él como maestro. Sin embargo, ninguno de los dos nos impidió a mi hermana y a mí visitarle. De hecho, nuestro maestro se comunicaba a veces con nosotras a través de mi madre. Mientras mi madre estaba sentada meditando, nos decía a mi hermana o a mí: "Swamiji está en Delhi. Llámale". Llamábamos al *ashram* e inmediatamente nos decían que fuéramos. Otras veces, mi madre tenía el presentimiento de que estaba allí y, en efecto, sonaba el teléfono.

"¡Behn! ¿Dónde están mis dos hijas?". "Behn" significa "hermana" en hindi.

"Swamiji, te las envío", decía ella. Mi madre nos decía que estábamos tan dispersas que Swamiji tenía que comunicarse a través de ella. Cada vez que Swamiji se ponía en contacto con nosotros, mi madre nos llevaba al *ashram* para pasar tiempo con nuestro maestro.

Como mi familia vivía y respiraba la fe como parte de nuestra vida cotidiana, de niña no conocía el privilegio que suponía estar cerca de Swamiji y recibir su tiempo, su amor y su atención. Swamiji solía reprochar a mi madre que nos había occidentalizado demasiado. Tal vez así había sido; por ejemplo, a veces nuestro maestro nos daba algo de comida de su *thali* y nosotras no queríamos comerla, debido a las influencias occidentales. Mi madre nos diría más tarde que la comida de un gurú está consagrada.

Nacida y criada en el eje del colonialismo, creía haber recibido una excelente educación en mi escuela católica de la India y, más tarde, en la competitiva institución jesuita a la que había asistido. Sin embargo, las filosofías de las tradiciones espirituales y religiosas indias nunca formaron parte del plan de estudios. Más tarde supe que mi educación formaba parte de una política deliberada. La India formaba parte de la Gran Bretaña imperial y, hace casi doscientos años, un noble británico, lord Thomas Babington Macaulay, navegó hasta el sur del país para reunirse con el gobernador general, representante de la corona británica en la India. En una minuta titulada "Sobre la educación en la India", (1835), profundamente impresionado por los logros de Occidente, Macaulay escribió su opinión con respecto al inglés y como creía que debía convertirse en la lengua de la corte de la India, y que los británicos debían "hacer todo lo posible para formar una clase de personas, indias de sangre y color e inglesas de gusto, opiniones, en moral y en intelecto". Aunque la India luchó con éxito por su independencia de Gran Bretaña, Macaulay había dejado su huella en la cultura. Dos siglos más tarde, había considerado que la mejor forma de aprovechar mi talento tenía que pasar por los conocimientos occidentales y los títulos universitarios. Pasarían muchos años antes de que empezara a cuestionar las ideas que se habían arraigado en mí en mi país natal y a explorar una perspectiva que muchos de mis compañeros desechaban.

Dejar la India

Al crecer en la India, la pobreza estaba en todas partes. Desde que tengo uso de razón, quería hacer algo para cambiar esta realidad. A veces, la pobreza persistente nos hacía insensibles a su presencia, pero no podíamos escapar de ella. De alguna manera, pensé que este camino hacia el cambio empezaría por la economía, así que eso es lo que estudié en la India, en donde obtuve mi licenciatura y seguí estudiando en Inglaterra para obtener mi máster. Volví a la India con ganas de poner a prueba mis conocimientos y me incorporé a un grupo privado de reflexión política. No tardé en darme cuenta de que el viaje desde abajo hasta la cima de la escalera profesional iba a ser largo para mí. Todos los que opinaban sobre algo tenían un doctorado, así que me planteé volver a Inglaterra para obtener uno. Mi afectuoso y gregario jefe, doctorado en una universidad Ivy League de Estados Unidos, me repetía: "Anu, tienes que hacer el Ph. D., y Estados Unidos es el lugar adecuado: es la tierra de la leche y la miel. Olvídate de Inglaterra". Él era un entusiasta, pero yo no tanto. Sin embargo, el destino intervino en forma de dos cartas.

La primera carta era de la Universidad de Cambridge, en Inglaterra, donde me informaban de que, dado que había regresado a la India durante un año, después de mi máster, ya no era elegible para recibir ayuda financiera para el doctorado, un detalle importante que influiría en mis opciones. La segunda carta llegó unos meses más tarde, proveniente de una universidad en Rhode Island que me ofrecía admisión y ayuda financiera. ¿Dónde estaba Rhode Island? ¿Era una isla? No lo sabía y, en cualquier caso, no me importaba porque no quería ir. Estados Unidos estaba muy lejos de mi familia y de mi hogar, y no conocía a nadie en Rhode Island.

La carta en la que Cambridge me rechazaba me hizo derramar muchas lágrimas, así que mi madre me aconsejó recomponerme y considerar la posibilidad de ir a Estados Unidos para hacer un doctorado. No podía volver a Inglaterra y, si de verdad quería hacer algo, necesitaba las credenciales necesarias. Aunque reconocía que Estados Unidos estaba lejos, mi madre me animó. Su hermana mayor había dejado su pequeño pueblo, llamado Assam, y había viajado en barco para estudiar en Calcuta. En aquel entonces, en vísperas de la independencia de la India, era un viaje de dos días en tren y ferry.

Mi abuelo ni siquiera había salido de Assam. Sin embargo, en solo dos generaciones, los hermanos de mi madre habían estudiado en el extranjero y viajado en barco a Londres e Italia. Así que, aunque ella tuviera sus reservas, no estaba fuera de lo posible. Pero yo quería quedarme cerca; me encantó la independencia de Inglaterra, pero echaba de menos a mi familia. A medida que se acercaba el momento de tomar una decisión: tenía que conseguir un visado, responder a la universidad en Estados Unidos y hacer los preparativos para el viaje; se me revolvía el estómago. De alguna manera, tendría que ocurrir algo milagroso si no quería ir a Estados Unidos, pero hasta ese momento no había pasado nada, así que me encontraba entre la espada y la pared.

Una tarde cercana a la fecha límite, fui y me puse de pie junto a mi padre sin mirarle. Había dejado de llover y el olor a tierra mojada de lluvia se mezclaba en el aire fresco. Mi padre se asomó al balcón y miró hacia el parque que había frente a nuestra casa. Yo también miré; la hierba estaba alta por las lluvias monzónicas. Los periquitos rosados bajaban en picado y luego subían sobre los tejados. Quería preguntarle qué pensaba. Encontré un punto en el parque en el que podía fijar la mirada.

"Papá, ¿qué crees que debería hacer?", le pregunté. "No me has dicho nada". Hubo una larga pausa. De alguna manera, me las arreglé para permanecer en silencio. Así era mi padre, normalmente había largos silencios antes de que hablara.

"No lo sé", dijo al fin, "pero te apoyaré en lo que decidas hacer". La decisión volvía a estar sobre mi espalda. Años más tarde, después de su muerte, supe que él pensaba lo mismo que yo: que Estados Unidos estaba demasiado lejos.

Mi madre me dijo que debía ir a hablar con Swamiji, así que fui al *ashram* de mi maestro. Yo quería que orientara mi decisión y obtener su bendición para irme, pero también quería que me dijera algo que impidiera mi partida. El sol aún brillaba, pero había una brisa fría. Pronto, las luces de las *diyas*, pequeñas lámparas de barro llenas de aceite y con mechas de algodón, centellearían en el río mientras la gente se acercaba a la orilla para las oraciones vespertinas. Me encantaba ver cómo los cantos vespertinos llenaban el aire y las luces se mecían sobre el agua que se hacía cada vez más oscura. Pero esta vez no estaba en paz, sino enfadada por las circunstancias de mi vida y había venido a ver a mi maestro para hablar de ello. Me miró y, al notar mi estado de ánimo, me envió inmediatamente con uno de sus discípulos, sin mostrar ningún interés en escuchar lo que yo tenía que decir. Hoy, cuando recuerdo aquellos días, puedo darme cuenta de que así me estaba enseñando.

Una mujer vino y me guio hacia una cabaña de una sola habitación en los terrenos del *ashram*, una habitación vacía, con una cama, una lámpara y una mesita. Me indicó que me sentara en el suelo y se marchó. Me senté en silencio, con las piernas cruzadas y sintiéndome incómoda, mientras el discípulo de mi maestro meditaba sin percatarse de mi presencia. Me sentía enfadada y resentida. ¿Cómo resolveré algo estando aquí sentada? Pensé. Sin embargo, no tuve más remedio que hacerlo.

Mi atención vagaba por toda la habitación: hacia la foto de mi maestro en la mesa de su discípulo, hacia las sandalias en el suelo. No había nada que realmente me ocupara. No recuerdo cuánto tiempo estuve allí sentada, pero no me atreví a desobedecer a mi maestro y marcharme. Mientras seguía sentada, poco a poco todo mi ser se fue llenando de paz, una paz profunda, sin ni siquiera estar meditando. La paz era palpable y llenaba la habitación. Cuando por fin salí después de tocar los pies del discípulo de mi maestro, me sentí en paz con mi vida. Tenía una respuesta: el discípulo me mostró que, si podía cambiar mi vibración, podía estar en paz y traer paz a mi mundo. A menudo me había preguntado por qué los maestros indios se sientan a meditar en lugar de cambiar activamente el mundo que les rodea. Ahora sé que cuando no estás en paz, el mundo que te rodea tampoco puede estar en paz. La paz empieza desde dentro; el cambio empieza desde dentro.

Los verdaderos maestros suelen decir: "He venido a dar, solo a dar. Pero pocos piden lo que realmente he venido a dar". Los devotos indios, como los de todo el mundo, suplicantes a las puertas de lo divino, tienen un sinfín de deseos por cumplir, y por lo general son deseos equivocados. También hay charlatanes que se aprovechan de nuestras dudas e inseguridades, y debemos sopesar estas experiencias con nuestro propio juicio e instinto. Lo asombroso de estar cerca de un maestro iluminado que está inmerso en lo divino es que enseña sin palabras. Enseñan con historias o incluso con silencios. Y cuando hablan, a veces pueden pasar años antes de que comprendamos realmente lo que quieren que aprendamos y entendamos. A pesar de estar rodeada de la presencia de la fe y de conocer a mi maestro, tuve que emprender un largo viaje para descubrir lo que, en verdad, buscaba.

Sin embargo, el silencio de mi maestro no me impidió anhelar que la embajada estadounidense me rechazara el visado. De hecho, anhelaba que me denegaran la entrada en Estados Unidos cada vez que volviera a la India durante mis estudios de doctorado, para poder quedarme en casa y echarle la culpa a otro. Pero eso nunca ocurrió, y seguí sintiéndome suspendida sobre el Atlántico entre la India y Estados Unidos. Cuando por fin me licencié, mi esposo insistió en que fuéramos a la ceremonia de graduación. No estaban los padres ni hermanos de los cuatro que nos doctorábamos ese día, así que celebramos nuestros tan esperados hitos animándonos unos a otros.

En algún momento, mientras estudiaba para obtener mi doctorado, dejé de mantener contacto con mi maestro. Me costaba confiar y entregarme por completo. Cuando volví a pensar en él y a sentir su presencia en mi vida, ya no estaba en su cuerpo.

Sin embargo, su gracia me permitió vislumbrar el mundo invisible. Tanto Haripriya como mi madre eran maestras, narradoras, videntes y hacedoras de milagros. De niña, Haripriya alimentó mi apetito de fe en lo invisible a través de sus historias, y ahora, de adulta, narro esas mismas historias a mis propios hijos. Me encanta contarlas una y otra vez; son vehículos de enseñanza. Y, como mi madre, tomo los fragmentos y las historias de mi vida y los tejo en una cinta de fe coherente y continua para mis hijos.

En ese espacio liminal, en el umbral de dos mundos que ni siquiera son tuyos, hay un espacio de escasa visibilidad; tienes que abrirte camino sin saber el rumbo. Es un lugar de preguntas sin respuesta. ¿Qué hay más allá de la oscuridad? ¿Qué hay más allá del horizonte que no puedo ver? Al principio, es un espacio de misterio y miedo, pero después es uno de crecimiento, de fe y, finalmente, de servicio.

Durante muchos años, la gente solía preguntarme qué me había llevado a Estados Unidos, y yo solía responder con humor: "¡La Providencia!". Fue aquí, en Estados Unidos, donde conocí a mi esposo y donde nos casamos mientras aún éramos estudiantes. Aunque nunca llegué a ponerme los saris ni las joyas que mi madre había guardado para mí, jamás imaginé que no regresaría al país donde nací. Se dice que uno nunca se baña dos veces en el mismo río: la India cambió, mis padres envejecieron, y yo también evolucioné.

Al principio, la vida en Estados Unidos me pareció estable, exitosa y cómoda. Me gradué y dejé Rhode Island para pasar varios años trabajando en política económica internacional, siempre enfocada en ascender por la escalera del éxito. Mi sueño parecía el típico sueño americano. Sin embargo, eso también estaba destinado a cambiar: llegó el momento en el que nació mi hijo y, siendo él un niño pequeño, me di cuenta de que me resultaba difícil compaginar el trabajo, la familia y nuestras carreras, que requerían de viajes constantes. Eventualmente, renuncié al trabajo que tanto amaba y me mudé con mi familia a Chicago en busca de ese difícil equilibrio entre el trabajo y la vida personal. No sabía que para encontrarlo tendría que volver a las tradiciones de mi pueblo.

— TRES —

De la suerte al destino

Llegamos a Chicago durante una madrugada de septiembre, con todas nuestras pertenencias apretadas en el auto. Había llegado a una ciudad nueva sin trabajo, sin amigos y sin expectativas. Después de dejar un trabajo que me encantaba para seguir la carrera de mi esposo, también anhelaba encontrar un mejor equilibrio entre mi vida laboral y familiar. Sin embargo, la educación y los títulos que había acumulado no me prepararon para la decepción, la soledad y la angustia causadas por el cambio de rumbo de mi carrera, ni para el efecto que tendría en mi identidad. Estaba perdida. Poco a poco, emprendí el viaje de regreso hacia mí misma, pero, ¿cuál era el camino a seguir? ¿Por dónde empezar? Me lancé a la búsqueda de pertenencia en este nuevo lugar, explorando mi vecindario con la esperanza de conocer gente y hacer amigos.

Por un impulso, me inscribí en un curso de homeopatía en línea, pero no encontré ninguna motivación para siquiera abrir los materiales de estudio. Sin embargo, me uní a un grupo de estudio en mi nueva ciudad, con la esperanza de conectar con otras personas.

Resultó que solo había dos personas en el grupo de estudio: Colette y yo. No vivíamos lejos la una de la otra, así que nos pusimos de acuerdo para tomar el té porque ella quería discutir algunos remedios y casos prácticos. Descubrimos que nuestros hijos habían nacido con pocas semanas de diferencia. Recuerdo que dije: "¡Qué casualidad!". Colette se rio. "No hay coincidencias", dijo.

"Es muy rara", le comenté a mi esposo después de aquel primer encuentro. "No estoy segura de si esta amistad va a funcionar". Sin embargo, me encantaba Colette. Adoraba su visión de la vida, su carácter alegre y su risa. Tenía interés en la astrología, la medicina china y la homeopatía. En todos mis años en Estados Unidos nunca había conocido a nadie como ella, y nuestros hijos disfrutaban jugando juntos.

Dos años más tarde, cuando me llevaron en camilla a Urgencias del hospital local por una fuerte hemorragia uterina, Colette estaba a mi lado. Era la tercera vez que acudía a Urgencias por una hemorragia grave: había experimentado un aborto espontáneo seguido de una intervención repetida por el mismo motivo y ahora había tenido que volver. Mi ginecóloga ya me había informado que en sus veinticinco años de práctica nunca había visto algo así, y otros ginecólogos que había consultado no me dieron garantías con las limitadas opciones de tratamiento que podían ofrecerme. Pero yo buscaba seguridades y garantías.

Tumbada allí, Colette me tomó de la mano. En un momento, me preguntó: "¿Cuántas veces quieres pasar por esto antes de estar dispuesta a probar algo diferente?".

La miré. Sabía lo que iba a decir.

"¿Qué tienes que perder?", inquirió.

Con la sangre saliendo de mí como agua y sin esperanza a la vista, asentí.

Una semana después, encontré al doctor Guo, quien practicaba la medicina china en una consulta al otro lado de Chicago. Se sentó frente a mí, con su rostro tranquilo y sus ojos amables y gentiles y me tomó el pulso.

"¿Estaré bien?", le pregunté.

"Estarás bien", dijo. Su voz era suave, pero firme; no había vacilación, solo una tranquila convicción mientras me miraba directamente. Se me llenaron los ojos de lágrimas y suspiré aliviada; en ese instante supe que confiaba en él y me sentí segura y esperanzada. Salí y me fijé en el bambú de la suerte, el gato chino que me hacía señas a través de la ventana y el buda gordo y sonriente que se reía de mí. Esperé hasta que prepararon mis medicinas. Al cabo de unas semanas, empecé a recuperarme; fue tan imperceptible que casi no noté cómo mi energía empezaba a volver y mi ánimo a levantarse. La sanación no hace ruido, es silente mientras se abre paso poco a poco a través de tu cuerpo, de tus huesos, de tu mente, filtrándose en tus células. No hubo cambios drásticos de ritmo, con compases iniciales que proclamaran que mañana sería diferente.

Descubrir las esencias florales

Lo bueno de tener hijos pequeños es que son una puerta de acceso hacia tu vecindario y tu comunidad. Un día, iba en el auto con los niños y Ariana, una madre primeriza que había conocido, de camino a cenar. Llegábamos tarde para la reservación que habíamos hecho.

"¿Por dónde vamos? ¿Tomamos la carretera secundaria?", preguntó Ariana.

Como yo no conocía bien algunas zonas de Chicago, no tenía ni idea.

"De acuerdo, haré un test muscular y veré por dónde podríamos ir", dijo ella.

No tenía ni idea de lo que Ariana estaba diciendo, pero estaba completamente fascinada: hizo algo con las manos y eligió un camino. Llegamos al restaurante y, en efecto, había menos tráfico por el trayecto que ella había elegido. Al menos, eso me pareció a mí. Quería saber más. Los test musculares parecían la forma perfecta de tomar todo tipo de decisiones, la respuesta ideal a todas mis inseguridades sobre las elecciones. Habiendo incursionado en la medicina china, ahora estaba más abierta a diferentes modalidades de sanación, así que le pregunté a Ariana dónde podía aprender sobre ello y me recomendó una tienda de salud holística en Evanston, Illinois.

Resulta que, de camino al trabajo, a la guardería y a todas partes, pasaba por delante de una pequeña tienda naturista en la calle principal de Evanston. Tenías que pasar por la calle principal dondequiera que fueras: ahí estaba la panadería, la juguetería, la ferretería y cualquier otra cosa que pudieras necesitar. Ahora sabía que estaba predestinada a entrar en esa tienda y a conocer a su increíble y servicial personal.

"Quiero aprender sobre test musculares", le dije a Linda, quien trabajaba allí y quien no pareció inmutarse por mi pregunta.

Sin perder un segundo, me dijo: "Bueno, en realidad no tenemos un libro sobre test musculares, pero aquí hay uno que habla de esencias florales y hace referencia a la kinesiología".

Compré el libro en el acto. Era difícil de leer y no entendía el test muscular. No era fácil aprender, pero me intrigaban las esencias florales. Volví al día siguiente y me encontré de nuevo con Linda.

"Me gustaría saber más sobre las esencias florales", le dije.

Linda señaló unos estantes llenos de frasquitos marrones. Sus etiquetas de archivo y de color crema, contenían descripciones intrigantes, como:

"Mostaza: devuelve la alegría y la jovialidad cuando la tristeza se apodera de uno sin motivo aparente".

"Mimulus: aporta valor y calma para afrontar cosas que asustan o preocupan, también ayuda a los tímidos".

Linda me explicó que se trataba de esencias florales, destiladas de flores vivas y que cada esencia curaba un determinado desequilibrio emocional.

Al tocar los frascos, sentí que algo resonaba en mi interior: el simple hecho de sostenerlos me tranquilizó. Compré un par de esencias y comencé a aprender sobre esta medicina energética para tratar los desequilibrios emocionales. Al igual que con la medicina china que había practicado, experimenté cambios imperceptibles en mi visión de la vida. Empecé a ser más positiva y a sentirme menos víctima de las circunstancias. Ese fue el principio de mi historia de amor con las esencias. Sí, al final aprendí el test muscular, pero una década y media más tarde... y después de haber profundizado en el conocimiento de las esencias.

¡No se me permitió ningún atajo!

Sin embargo, en este mundo de flores, se me concedió permiso para entrar, no como botánica o artista, sino como traductora entre las emociones humanas y la naturaleza, aprendiendo el lenguaje de las esencias. A pesar de mi incapacidad para la tarea que me esperaba, la fuerza de las flores me apoyó en cada paso de mi viaje.

"Te interesan tanto las esencias, ¿por qué no consideras hacer este curso en California?", me preguntó Linda, porque para entonces me había convertido en una visitante asidua de esa sección de la tienda.

Miré el folleto que Linda me tendía. Había comenzado a dar clases en la universidad poco después de mudarnos, y parecía que no había lugar para las "cosas del corazón" en los sagrados salones de la academia, así que ya estaba ocultando mi interés por las esencias. Sin embargo, en cuanto vi el folleto del curso, supe que quería asistir, lo que no sabía era cómo me las arreglaría. Después de titubear hasta las últimas semanas, finalmente decidí que iría con toda mi familia a California y que serían unas vacaciones. Envié mi solicitud y fui aceptada.

Al día siguiente de que me aceptaran, mi amiga Jennifer pasó por mi casa con un montón de cajas en los brazos.

"Son para ti", me dijo, dejándolas sobre la mesa del comedor: esencias florales.

Había docenas. Habían pertenecido a una terapeuta que había fallecido hacía poco, y cuyo hijo se enteró de mi interés a través de Jennifer. De la noche a la mañana había heredado más de cien esencias florales, y estaba profundamente agradecida. Aunque sentía que estaba a punto de comenzar mi viaje, creo que muchas partes del mismo, aunque en ese momento no me diera cuenta, ya se habían puesto en marcha.

"No obstante, no recomendaría ir con la familia. Va a ser muy intenso", me dijo Jennifer, que había trabajado con esencias florales durante muchos años. No podía imaginar qué iba a ser tan intenso como para no querer a mi familia conmigo. Pero el béisbol de las ligas menores de verano y la complicidad de los ángeles me encontraron de camino a Terra Flora, la sede de The Flower Essence Society, mientras estaba completamente sola

Sin experiencia en sanación ni nada remotamente relacionado con este campo, estaba bastante segura de que me habían aceptado en el curso porque debían estar intentando llenarlo. Tomé el vuelo a Sacramento y, al aterrizar, me subí al transporte que me llevó desde el aeropuerto a Nevada City, a pocos kilómetros de Terra Flora. Una mujer de pelo corto y desaliñado se acercó y se sentó a mi lado.

"¿Sabe cuánto tarda el transporte a Nevada City?", le pregunté.

"Deberíamos llegar en una hora y media. ¿Va a Terra Flora?".

Cuando asentí, ella me dijo que estaba en lista de espera para el curso.

"Tiene suerte de haber entrado. Tardé demasiado en decidirme, pero voy de camino a ver a una amistad que ha venido desde Japón para hacer el curso".

Charlamos un rato, y me sentí muy honrada al saber que yo había conseguido entrar en el curso en el momento preciso. No volví a verla, pero mi vida estaba a punto de cambiar de un modo que jamás habría imaginado.

Terra Flora es un santuario de vida salvaje y una reserva de flores silvestres en las bases de la hermosa Sierra Nevada, en California. También es el hogar y la oficina de Flower Essence Services, donde Richard Katz y Patricia Kaminski crean e investigan esencias florales junto con su comprometido personal. Lejos de la contaminación, en esta reserva las flores se cultivan y se convierten en esencias. Pero Terra Flora es también un jardín encantado, del que me enamoré nada más entrar. Flores entrelazadas con ángeles de jardín, una estatuaria, un reloj de sol, una fuente burbujeante, y espacios verdes abiertos que acogen frondosos árboles. En medio de las colinas ondulantes, su casa parecía integrada en la tierra, abierta al cielo y a la luz.

Cada día, las mesas de la terraza de madera nos recibían llenas con el almuerzo para los participantes. Podías servirte un plato y sentarte donde quisieras: bajo la sombra de los árboles, acurrucarte en un rincón de la biblioteca, mientras explorabas sus libros, posarte en el alféizar de una ventana o sentarte con otros en una mesa. El único lugar donde estaba prohibido comer era en los dormitorios. Me asombraba el hecho de que esta fuera su casa privada, pero que pudiéramos tratarla como nuestro pequeño refugio.

Aunque siempre había visto a mis padres tener la casa abierta, Patricia y Richard permitieron que su casa fuera invadida por completos extraños. La calidez de Patricia era evidente, mientras que Richard era un poco más tranquilo. La compasión de ambos se juntaba para crear espacio para todos.

A lo largo de la semana, surgieron historias entre los participantes: una mujer había perdido a su única hija en un trágico accidente, un joven había sufrido abusos de niño, otros buscaban una dirección. Todos teníamos una historia, aunque yo no creía tener ninguna.

El personal de Terra Flora parecía amar su trabajo. Las clases se impartían en una sala con vistas a los jardines, pero también pasábamos mucho tiempo fuera. Era un contraste muy agudo con el tiempo que pasábamos en salas de seminarios sin ventanas o en oficinas y aulas universitarias bajo luz artificial. Era un espacio de trabajo y aprendizaje diferente.

Reconocí algunas de las flores de mi propio jardín. Sin embargo, arriba en Sierra Nevada me las presentaban como si fuera la primera vez. Caminábamos hasta el borde del terreno o nos adentrábamos en las montañas para verlas crecer. Nos sentábamos cerca de las plantas para ver si podíamos captar sus sutiles cualidades, para comprender que en un universo conectado existía comunicación entre especies. Me senté junto a un girasol enorme y, al sintonizar con su energía, cerrando los ojos y respirando de manera uniforme, sentí una sensación de paz.

Al igual que nos sentábamos cerca de las flores, observándolas en primer plano sus colores, sus pétalos y sus hojas, también aprendimos a estar cerca de las esencias mismas, a sostenerlas y sentir su vibración energética. A veces también lo hago con mis clientes: les pido que cierren los ojos y sostengan la esencia cerca del corazón o del plexo solar. Puedo escuchar sus palabras: "Me siento más tranquilo" o "Siento que mi corazón se acelera". Aunque sus respuestas pueden diferir, sienten algo. A veces los terapeutas que trabajan con esencias florales escriben que una esencia se caerá de la mesa o llamará su atención de otra manera, pidiendo ser incluida en una fórmula. Aprendemos a confiar en las pequeñas señales.

El umbral de la vida y la muerte

En Terra Flora, experimenté el mundo de las flores, pero también aprendí algo más: me di cuenta de la importancia de las transiciones vitales, puentes entre un espacio y otro.

Mientras asistía al curso, la salud de mi padre se deterioraba y yo estaba muy preocupada. "¿Morirá?", "¿Volveré a verle?". Cuando hablaba con mi madre por teléfono, a ella le preocupaba que él no comiera, que estuviera cada vez más débil y que durmiera mucho. Por lo que sé ahora, estos son síntomas que indican que el alma se prepara para abandonar el cuerpo. En aquella época, me despertaba en mitad de la noche, angustiada, rezando para que mi padre se pusiera bien. Estaba llena de miedo y tristeza; no estaba preparada para lo que ocurrió en Terra Flora.

Era de día y el sol se colaba por las ventanas de la cálida sala con paneles de madera que daba a los serenos jardines. Patricia hablaba del viaje del alma y yo me sentía maravillada de estar allí. De repente, sentí la presencia de mi padre en la habitación, sentí que algo ocurría y sentí su angustia. No tenía sentido: mi padre estaba en la India y allí era de noche. La angustia se apoderó de mí. "¿Por qué lo sentía aquí?", "¿Por qué me sentía incómoda con su presencia?".

Cuando terminó el taller al que asistía, llamé a mi madre y me dijo que ese día habían hospitalizado a mi padre porque tenía problemas para respirar. Sentí como si yo misma no pudiera respirar y me senté bajo un árbol para serenarme; me preguntaba cuánto tiempo le quedaba de vida.

Mientras estaba allí, Marlene, otra participante del taller, se acercó y me preguntó si podía sentarse conmigo. Su presencia tranquila y amable y su voz dulce eran como una suave brisa.

Me encontré a mí misma contándole lo de la llamada, con la voz quebrada, intentando contener las lágrimas.

"¿Puedo decirte algo, aunque te parezca una locura?", me preguntó y yo asentí, incapaz de hablar. Ella ya se había descrito a sí misma como sanadora energética, aunque yo tenía poca idea de lo que eso significaba. Me dijo que sentía la presencia de un hombre cerca de ella, y luego vio su imagen fugaz, describiendo un cuerpo alto y delgado, echando los hombros hacia delante para mostrar la forma en que estaba de pie. Era mi padre.

"Es un alma vieja", dijo con toda la delicadeza que pudo, "y ha llegado el momento de que se vaya".

En aquel momento, yo solo estaba asustada, angustiada ante la idea de perder a mi padre. Marlene me dirigió unas palabras de consuelo y más tarde, ese mismo día, creó una combinación de esencias florales especialmente para mi padre. Mientras me la entregaba, me dijo que la Consciencia le había hablado a través de su fe, guiándola en la creación de esta esencia "protectora" que yo podría utilizar para limpiar sus chakras, o centros de energía, en su columna vertebral y en la coronilla. Había oído hablar de los chakras, pero no sabía mucho sobre ellos. Y me preguntaba cómo podría utilizar esta esencia para mi padre, que estaba a kilómetros en la India y a quien le había llegado la hora. Pero quizá no era demasiado tarde.

Marlene parecía pensar que sí. "Dáselo una vez al día, durante veintiún días", dijo. "¡Tú y tu madre deben tomarlo también!". Tres semanas y media es lo que suele durar un frasco de esencia floral. Anoté con cuidado sus instrucciones, con la esperanza de que esto le ayudara de alguna manera. Si podía hacer algo que cambiara la situación, lo iba a hacer.

Ya había comprado mi boleto para ir a la India y planeaba volar unas semanas más tarde. Lo que me llamó la atención de sus instrucciones fue que me quedaría allí, en la India, exactamente veintidós días. Utilizamos la esencia protectora durante veintiún días, y me fui el día veintidós.

Aquel viaje sería la última vez que pasé tiempo con mi padre mientras aún podía hablarme. Aunque apenas podía mantenerse en pie y subir las escaleras, igual quería hacer un esfuerzo por dar de comer a mi hija de dos años. Su mano se tambaleaba cuando intentaba alimentarla en su silla para bebés. Celebramos el segundo cumpleaños de mi hija en la India con él, todos nosotros, por última vez. El taxi nos esperaba para llevarnos al aeropuerto y de repente recordé que quería hacer una foto. Es la última foto que tengo de él, mi madre y mis dos hijos.

Mi salvavidas

El día que regresamos de la India a Chicago, no había electricidad: un enorme tornado había arrasado la ciudad y sus alrededores la noche anterior, había ramas rotas esparcidas por las carreteras y el tendido eléctrico de mi vecindario no funcionaba. Hicimos las maletas con la luz disponible y, en dos días, con el corazón encogido, abandonamos Chicago rumbo a Boston, nuestro nuevo hogar. El tornado fue precursor de mi propia oscuridad de muerte, desarraigo y desesperación.

¿De qué forma ayudaron las esencias de Marlene a mi padre? Unas semanas antes de fallecer, papá hizo un viaje inesperado a la zona ancestral de su infancia, que quedaba a varias horas de distancia, con sus sobrinos. Insistió en ir, a pesar de que no se encontraba bien. Quizá estaba conectando de nuevo con sus raíces. Era un lugar que yo nunca había visto, y al que él tampoco había vuelto desde que las tierras de su familia habían sido confiscadas por una nueva ley y un nuevo gobierno cuando era joven. Aquella noche, cansado por el viaje, se cayó, pero por suerte no se rompió ningún hueso. Quizá su alma estaba ya preparada para abandonar el cuerpo. Pocos días después, fue hospitalizado.

Volví de nuevo a la India, seis semanas después de haber regresado a Estados Unidos. Una máscara de oxígeno cubría la mayor parte de la cara a mi padre, y el médico nos había dicho que le quedaba muy poco tiempo. Unos familiares y yo nos reunimos junto a su cama. Parecía frágil, pero sus ojos me mostraron que se daba cuenta de todo, como siempre lo había hecho. Era la persona a la que todos los miembros de la familia acudían en busca de consejo y apoyo. Con sus ojos, se despidió de cada uno de nosotros, estaba listo para partir. La vida se vive entre la primera inhalación y la última exhalación. ¿Le ayudaron las esencias florales a prepararse para esta transición? Ahora sé que sí.

Con su muerte, el suelo bajo mis pies se abrió. En los dos años que siguieron a la muerte de mi padre, toda su generación falleció, hubo cuatro muertes en rápida sucesión. La muerte es un umbral, como había dicho Patricia. Para mí también: no solo perdí a mi padre y a miembros queridos de una generación anterior a la mía, sino que con mi traslado a Boston también perdí de nuevo mi identidad, mi red de amigos y, en cierto modo, también perdí a mi madre, que se tambaleaba bajo el impacto de las múltiples muertes familiares. Con el traslado, mi esposo estaba inmerso en las exigencias de su nuevo puesto, y mi hijo se estaba adaptando a un nuevo colegio. Yo era la cuidadora emocional de mis seres queridos y, aunque yo misma necesitaba apoyo, no sabía cómo pedirlo. Si Chicago había sido una transición dura, el traslado a Boston lo fue aún más.

Por fortuna, había un rayo de esperanza, aunque entonces no lo sabía. Ya me había inscrito para aprender sobre esencias florales y me habían asignado una mentora, así que las esencias se convirtieron en mi salvavidas.

Con la ayuda de mi mentora, en lugar de huir de mis emociones, empecé a identificarlas, a llevar un diario y a aprender sobre ellas.

Tomaba infaliblemente cuatro gotas, cuatro veces al día, de mi frasquito de dos onzas. Las esencias me ayudaron a recuperarme más que cualquier visita al médico. Esa agitación interior, que no se manifestaba en ningún análisis de sangre ni en ningún síntoma, encontró un espacio para expresarse y recibió la ayuda de las flores.

Empecé a darme cuenta de que, a pesar de mi dolor por la muerte de mi padre, había una sensación de plenitud en mi relación con él. Aunque al final no pudiera hablar, no había nada que no se hubiera dicho o hecho, ni nada que reparar o perdonar. Aunque le echaba mucho de menos, también estaba en paz.

Encontrar mi propósito

La muerte parece una separación y, sin embargo, aquellos a quienes amamos, y tal vez incluso aquellos familiares a los que no amamos, siguen viviendo dentro de nosotros. Nuestra tarea es honrarlos y también separarnos de ellos. A menudo, buscamos permiso, quizá incluso inconscientemente, para separarnos.

Mientras mi padre vivía, no me sentía capaz de renunciar a mi nacionalidad india. Años después de su muerte, mi madre me sugirió que me nacionalizara estadounidense porque, como ella decía, Estados Unidos me había dado mucho. En cierto modo, era un permiso para separarme. Fue un momento agridulce cuando entregué mi pasaporte indio.

En la India, tenemos un ritual que nos da permiso para separarnos a la vez que honramos a nuestra familia. Mis dos abuelos murieron antes de que yo naciera, así que íbamos a visitar a mis abuelas, que vivían en ciudades distintas. Cada vez, mi hermana y yo teníamos que tocarles los pies antes de irnos, una costumbre en mi cultura y un gesto de respeto hacia los mayores. Cuando los sobrinos de mi padre venían a visitar a mis padres, también les tocaban los pies y cuando llegaba la hora de irse, volvían a tocarlos. El simbolismo de tocar los pies de un anciano suavizaba una partida; también es una forma de recibir su bendición. Al recordar esta costumbre desde mi vida actual, que es muy diferente, puedo ver cómo me ayudó a aprender a honrar a los mayores de mi familia y, al mismo tiempo, a separarme de ellos. Estados Unidos es una cultura individualista, pero no somos islas. Como criaturas sociales, cuando experimentamos desconexión, también experimentamos sentimientos de ansiedad, soledad e incluso depresión. Sin embargo, estamos obligados a individualizarnos para honrar nuestra alma. A través de los rituales de este libro, tú también puedes aprender a individualizarte sin sentirte culpable ni sentir el deseo subconsciente de obtener permiso, sin dejar de honrar todo aquello de lo que formas parte.

Tras años de investigación y enseñanza de la economía, empecé a sentir que las respuestas no estaban en ese campo. Parecía haber una contradicción entre la visión de los economistas de un mundo de recursos escasos y un universo abundante. Me resultaba difícil conciliar la idea de acciones regidas por el interés propio cuando los valores del amor, la compasión y el sacrificio eran por los que veía vivir a mis padres. Lo que yo veía como pobreza material no era una pobreza de espíritu, y el éxito material aún podía ir acompañado de una consciencia de pobreza interior. Al final, la tensión fue lo bastante fuerte como para hacerme abandonar la economía. A pesar de las comodidades de una vida material, eso no era suficiente para realizarme. Esencias florales, campos energéticos familiares; quizá eso es lo que realmente vine a aprender. Sin embargo, tuve que salir de casa para volver a mis antepasados... y a mí misma.

CUATRO

Descubrir los campos energéticos familiares

uando mi consulta de esencias florales empezó a prosperar, noté que, cliente tras cliente, todos tenían patrones persistentes entre generaciones. Muchos luchaban con problemas similares a los que enfrentaron sus padres. Por ejemplo, la mujer que dejó plantado a su prometido tuvo un hijo que sufrió casi la misma angustia. Otra cliente que no se hablaba con su madre tenía problemas de comunicación con su hija. Algunos patrones eran obvios y otros insidiosos, pero todos parecían apenas perceptibles para los afectados. A veces veía que los patrones se repetían a intervalos similares, como la llegada del divorcio después del mismo número de años de matrimonio, o a la misma edad a la que los padres se habían divorciado.

Todo ello me mostraba cómo las heridas se transmitían de generación en generación. En cada caso, había algo en la familia que se transmitía, algo que pedía solución y sanación.

Por aquel entonces, también empecé a notar patrones en mi propia vida, como el hecho de que mi madre, mi hermana y yo vivíamos en ciudades en las que no habíamos crecido: cada una de nosotras se había casado y mudado. En estos nuevos entornos, nos enfrentábamos a problemas similares de no pertenencia o no identificación con la cultura dominante. Y aunque la circunstancia de dejar el pueblo o la ciudad de la infancia en la edad adulta no era inusual, cada una de nosotras se había trasladado a un lugar culturalmente muy diferente de donde nos habíamos criado. Se trataba de un patrón heredado de generaciones anteriores a la mía, que se remontaba hasta mi abuela.

Cuando empecé a darme cuenta de estas pautas, me reuní con Jerry, un amigo, médico holístico y filósofo. Jerry era amable, perspicaz y sabio, como la estatuilla de Merlín, el mago de pelo blanco, que estaba en su estantería y compartía espacio con los volúmenes de sus libros.

"¿Me estoy volviendo loca, Jerry?", le pregunté, "¿Me estoy imaginando algo?".

Me escuchó atentamente y anotó dos nombres: Emily Blefeld y Dan Booth Cohen.

"Te sugiero que vayas a verlos".

Practicaban la terapia de constelaciones familiares y vivían en Providence. Mi vida había cerrado el círculo: ¡estaba de vuelta al lugar donde había llegado cuando visité Estados Unidos por primera vez hacía muchos años!

Por aquel entonces, no tenía ni idea de lo que era la terapia de las constelaciones familiares. Descubrí que se basaba en la idea de que la familia no era una entidad nuclear formada por la madre, el padre y los hermanos, sino un campo de energía que se remonta a muchas generaciones: no solo los abuelos y los progenitores directos, sino todo tipo de familiares, vivos y muertos. Este campo energético familiar nos afecta de muchas maneras, tiene principios específicos que lo rigen y pagamos el precio cuando algún miembro viola alguno de ellos.

Bert Hellinger, monje y misionero alemán, fue el pionero de la terapia de constelaciones familiares. Nació en Alemania en 1925 y trabajó como misionero en Sudáfrica durante dieciséis años. Allí, se familiarizó con las costumbres y rituales de los zulúes, influenciando su pensamiento. Finalmente, tras veinticinco años de sacerdocio, Hellinger abandonó la orden religiosa, regresó a Alemania, se casó y comenzó a formarse como psicoanalista.

Aunque el nombre de su método suena a psicoterapia, en realidad se trata de un enfoque de sanación basado en la energía, inspirado en gran medida por el tiempo que Hellinger pasó en África.

Como escribe Dan Cohen, Ph. D., autor y facilitador de constelaciones familiares, en su libro *Llevo tu corazón en mi corazón*: "Las constelaciones familiares no son un ritual religioso ni una práctica espiritual. No tiene nada que ver con la astrología o las estrellas. Las constelaciones se adentran a un terreno que la religión y la terapia evitan". Al trabajar con este campo de energía familiar, Emily y Dan ayudan a sus clientes a encontrar la comprensión, la sanación y la paz.

¿Qué son las constelaciones familiares?

Las constelaciones familiares suelen llevarse a cabo en grupo: los participantes o testigos se sientan formando un círculo y dejando un espacio vacío en el centro para el proceso de constelación. Cuando hice por primera vez este proceso con Dan y Emily, noté que había sillas colocadas en la periferia de la alfombra, Emily y Dan se sentaron en dos de las sillas y el resto de los participantes en las otras. El espacio alfombrado del centro quedó vacío.

El proceso comenzó con Emily preguntando a una cliente, una mujer a la que llamaré Christine, qué asunto o problema quería tratar. Christine dijo que sentía el cuerpo tenso y que temía el rechazo. Sentía que siempre estaba a punto de estallar en cualquier momento, como si hubiera un volcán hirviendo a fuego lento en su interior.

"Elige a alguien que te represente a ti y a otra persona que represente al volcán", le dijo Emily a Christine. Al igual que yo había asignado emociones a las flores en mi práctica de esencias, Emily y Dan le asignaron palabras al proceso de constelación, poniendo un representante para la palabra "volcán". A veces se añadían a la constelación conceptos transpersonales como riqueza o enfermedad. Christine miró alrededor de la sala y les pidió a dos personas, una que la representara a ella y otra al volcán. Elegir a alguien para que la representara en el círculo le permitió a ella ser testigo de la situación porque pudo observarla con cierta distancia.

En la terapia de constelaciones familiares, dado que la propia familia se considera un campo de energía, el proceso no requiere la presencia física de miembros reales de la familia. Normalmente, la constelación empieza con unos pocos representantes y luego, a medida que se avanza, se van a más "miembros de la familia". Las personas representan a los familiares, vivos o muertos. Una vez dentro del círculo, las emociones, los pensamientos y los sentimientos llegan a los representantes a través del campo energético familiar. Del mismo modo que yo había sentido la energía de la planta simplemente sentándome junto a ella en Terra Flora, me di cuenta de que los participantes captaron la energía de los miembros de la familia una vez que entraron en el círculo. Podían sentir lo que sentía cada uno de los familiares. A medida que los representantes se movían, parecía como si la energía del campo familiar empezara a guiar su dirección.

Todos observamos cómo interactuaban entre sí el "volcán" y los representantes de Christine. El volcán estaba realmente alegre y bailaba dentro del círculo y alrededor de ella.

"Pongamos a alguien en lugar de tu madre y tu padre", dijo Dan.

A medida que íbamos poniendo más participantes, la dinámica familiar empezaba a salir a la luz. La "madre" de Christine no era muy afectuosa y controlaba mucho el comportamiento de su hija. Esto era evidente por su forma de pararse y por su lenguaje corporal. Lo que quedó establecido con claridad fue que cuando la "madre" de Christine entró en el círculo, el "volcán" comenzó a retroceder de inmediato y mostrarse caprichoso. El "padre" de Christine parecía ser algo protector con ella, al mismo tiempo que ella parecía esconderse detrás de él. El "volcán" se quedó en la esquina; era claro que se trataba de la reacción interna de Christine ante su madre.

Emily le mostró a Christine que ella parecía acobardarse ante su madre y que tenía miedo de expresarse. Christine también reconoció que las representaciones reflejaban la dinámica de interacción en su familia. Luego, Dan introdujo a la "abuela" de Christine en la constelación y observamos el mismo patrón de distanciamiento y control entre la "abuela" y la "madre" de Christine. Aunque la abuela ya no estaba viva, era posible percibir su influencia emocional en el lenguaje corporal de quien la representaba.

Supimos que la abuela de Christine había experimentado los horrores de la guerra y, a través de la constelación, pudimos ver cómo esto afectaba la naturaleza de la crianza de la madre de Christine y de ella misma. Era como si a través de la constelación, Christine pudiera vislumbrar la historia que había moldeado a su madre. Observó el comportamiento de su abuela como el resultado del trauma que había vivido y el comportamiento de su madre como el resultado de la crianza que había recibido. Si la constelación hubiera profundizado más en el linaje, podríamos haber comprendido los incidentes que influyeron en los progenitores de Christine aún más allá de su abuela. Sin embargo, en ese momento, la constelación creó este momento en el que Christine pudo observar la dinámica familiar que se desarrollaba ante sus ojos, permitiéndole ver la historia de su familia desde una perspectiva nueva. Al reconocer los patrones de comportamiento, esta realización provocó en ella compasión por sus padres y por su abuela.

Emily y Dan se centran en lo que sucede en el círculo para abordar el problema que el cliente ha venido a tratar. En su libro *Llevo tu corazón en mi corazón*, Dan explica que cuando nos encontramos luchando con un problema que parece no tener solución, la forma en que percibimos el problema puede ser demasiado limitada. Ahora Christine podía entender los sentimientos de rechazo y ansiedad que arrastraba en el contexto de su historia familiar, resultado del trauma de la guerra y del control que su madre ejercía sobre su comportamiento. Dan suele decir que, cuando nos preguntamos "¿De quién era el problema antes de que fuera nuestro?", nos abrimos al campo de nuestros antepasados, a la gracia y la sanación.

El campo energético familiar ya se ha unido para sanar la situación familiar que se ha presentado. Se necesita la habilidad del facilitador para dejar espacio a la percepción que quiere revelarse, y esta es la perspectiva que hará posible la sanación del cliente. Con la ayuda de los representantes, Dan y Emily proporcionan esa visión. Como hábiles facilitadores, siguen la sala, cada matiz de los representantes, su lenguaje corporal y sus palabras. Además de años de experiencia, tanto Emily como Dan tienen destellos de intuición que también guían este proceso.

Un aspecto clave de este proceso es que el cliente puede ver la situación desde la perspectiva de otros miembros de la familia, además de la suya propia. Como descubrió Christine, una constelación familiar también permite a los clientes descubrir el impacto del trauma que su familia podría haber experimentado y cómo esto podría haberla llevado a sentirse como se sentía.

Estaba fascinada porque, al mismo tiempo que sabía qué esencias podían ayudar a Christine, ahora también veía el origen de los sentimientos que experimentaba. Me di cuenta de la repetición de patrones de comportamiento, como el control, y de emociones como los sentimientos de rechazo y ansiedad en su linaje, y de lo que podría haberlos causado.

Emily me invitó a participar en una formación de un año sobre constelaciones familiares. Aunque no entendía por completo cómo se producía la sanación en una constelación, estaba ansiosa por aprender; quería explorar las causas detrás de los patrones repetitivos y las emociones que experimentamos. Todos estamos en un viaje interior para sanarnos a nosotros mismos y a los patrones subconscientes que llevamos, y sentí que esta formación me ayudaría a mí y a mis clientes de esencias florales. Al observar y participar en diferentes constelaciones, empecé a ver las similitudes entre los problemas que enfrentaban diferentes personas, y también descubrí que había principios que regían el campo energético familiar.

Cada dos meses, conducía hasta Rhode Island el jueves por la tarde para pasar allí un fin de semana largo. Emily y Dan alquilaron dos casas contiguas frente al mar: los talleres se celebraban en una, y las comidas se servían en la otra. Los participantes procedían de todo el mundo: Nueva Zelanda, Canadá, Europa y lugares tan lejanos como Hawái y el estado de Washington. A veces, las constelaciones se prolongaban durante horas; podríamos haber estado cansados o hambrientos, pero lo que ocurría ante nuestros ojos nos tenía fascinados. Acabé entrenando con ellos durante dos años y, en el proceso, fui encajando piezas de mí misma, como en un rompecabezas. Por fin veía una conexión entre las esencias florales y las constelaciones familiares, lo que me guiaba de vuelta a mis propias raíces.

¿De quién son las emociones que traemos a cuestas?

Las constelaciones familiares se basan en la idea de que algunas de las emociones que experimentamos pueden no haberse originado en nosotros como tal. Estas emociones no son solo mensajeras de nuestro dolor, sino también del campo energético familiar. Por ejemplo, un trauma puede influir en la respuesta de los padres, como lo mostraba la constelación al revelar la naturaleza controladora tanto de la abuela como de la madre de Christine. Los sentimientos de ansiedad y rechazo de Christine eran una respuesta a este trauma transmitido de generación en generación. Es posible que la madre y la abuela de Christine hubieran utilizado el control sobre sus hijos para ocultar sus propios sentimientos de ansiedad y rechazo. La sanación que Christine experimentó en la constelación reflejaba el deseo del campo energético familiar de apoyarla.

Hay evidencia científica que respalda la idea de que las emociones se transmiten de una generación a otra. En 1966, el difunto doctor Vivian Rakoff, profesor de psiquiatría de la Universidad de Toronto, fue el primero en observar que muchos de los hijos de supervivientes del Holocausto tenían respuestas emocionales similares a las de sus padres. En abril de 2015, en un artículo del *Globe and Mail* escrito por Ian Brown y titulado "The Holocaust's Long Reach: Trauma Is Passed On to Survivors' Children", se cita al doctor Rakoff diciendo: "Casi sería más fácil creer que ellos, en lugar de sus padres, habían sufrido". También se observó que algunos hijos de veteranos de la guerra de Vietnam presentaban niveles de estrés similares a los de sus padres, aunque ellos no hubieran ido a la guerra. En el mismo artículo se afirmaba que cada vez hay más pruebas de que los niños se ven afectados por los traumas a los que estuvieron expuestos sus padres antes de nacer e incluso antes de ser concebidos.

A menudo me impresiona el poder de las palabras fuertes, crueles y vengativas que resuenan en el tiempo, casi como maldiciones pronunciadas en voz alta. En las constelaciones familiares, podemos contemplar las historias de nuestras vidas como si estuviéramos viendo una obra de teatro. Al igual que en las constelaciones, en las sesiones con los clientes escucho las palabras que les han dicho y que llevan en su corazón desde hace mucho tiempo. Estas palabras sobresalen como si estuvieran suspendidas en el aire, esperando a ser arrancadas.

"¡Nunca te amé!"

"¡Ojalá nunca hubieras nacido!"

"¡Nunca te deseé!"

Como un cuchillo clavado en lo más profundo de nuestro corazón, estas palabras dejan su marca para siempre. A través de las constelaciones familiares, descubrí que palabras y frases como estas reflejaban el pasado inconsciente que llegaba hasta el presente. Por ejemplo, el embarazo no deseado de una generación anterior aparece conectado al hijo no deseado de la actual, o las relaciones decepcionantes de una generación se manifiestan como amor no correspondido y no expresado en la siguiente. Estas palabras apuntan al trauma no resuelto o a la herida que existe en el sistema familiar, expresándose en las palabras que escucha el cliente. Cuando empecé a observar la dinámica familiar en las constelaciones familiares, me pareció que la realidad era más dramática que la ficción, palideciendo en comparación con una vasta saga familiar. El pasado y el presente se entremezclaban: los que vivían estaban atrapados en el drama de los que se habían ido.

La terapia de constelaciones familiares me atrajo como una polilla a la llama. La constelación, como se llama cada proceso de grupo, me fascinaba. Volvía una y otra vez, incluso viajaba para ver a otros facilitadores hacer su trabajo. Lo que más me sorprendió del trabajo de constelaciones familiares fue su enfoque en la sanación de las relaciones familiares que pueden haber conducido a patrones emocionales de rechazo, ansiedad y dolor, que a menudo dejan al cliente con una sensación de abandono.

La terapia de constelaciones familiares arrojaba luz sobre el drama familiar: una luz de comprensión, compasión y perdón, y una energía sanadora de orden superior. La luz y la oscuridad eran dos caras de la misma moneda. Al igual que las esencias florales, las constelaciones familiares también intentaban ampliar nuestro abanico emocional cambiando las emociones negativas.

Emily y Dan dirían que no hay accidentes: aquellos que fueron elegidos para representar a miembros de la familia a menudo descubrieron que la historia del cliente podía resonar en sus propias familias. Formar parte de la representación en una constelación se considera un acto de servicio al campo energético familiar, no solo al del cliente, sino al tuyo propio, porque, al cambiar, cambias tu campo energético ancestral. Para los que asistíamos a una constelación, era como si los antepasados de cada linaje nos enseñaran lecciones sobre la vida. Cada vez que volvía a casa de un fin de semana de constelaciones, regresaba un poco más inteligente, más sabia, más amable y más humilde.

Mientras intentaba dar sentido a lo que veía y experimentaba, se producía una integración en mi corazón. La familia de mi madre vivía en Assam, la parte oriental de la India, y poseía plantaciones de té. También había muchas plantaciones británicas, y el estilo de vida de los británicos era evidente para la población local. En ese ambiente nació mi madre. Aunque mi abuelo se opuso al estilo de vida británico, su hija mayor abandonó el hogar paterno para estudiar en Calcuta, lo que fue un gran cambio para un hombre que nunca había salido de Assam. Uno a uno, los demás hijos siguieron su ejemplo. Cuando murió mi abuelo, mi tío se vio obligado a hacerse cargo de la plantación de té; sin embargo, aunque intentó emular las plantaciones británicas, la economía afectó la plantación, y la historia tuvo un final trágico.

Mi padre, en cambio, creció en una ciudad que tenía el mayor emplazamiento británico de la India. Fue aquí donde en 1857 comenzó el infructuoso motín de los soldados indios contra los británicos. El motín fue amargamente aplastado, y creció la separación entre los dos estilos de vida. A pesar de los atisbos del estilo de vida británico, la familia de mi padre tenía fuertes raíces indias.

El norte de la India, donde me crie, ha estado expuesto durante siglos a hordas de ejércitos merodeadores, por lo que las mujeres suelen permanecer protegidas y recluidas. Esta polaridad enredada, representada por las herencias tan diferentes de mis padres, fue el clima de mi infancia: occidentalización y tradición, y sus sombras. Empecé a darme cuenta de que mis propias creencias profundas estaban moldeadas por múltiples fuerzas anteriores a mi época, que se remontaban al pasado colonial de la India.

Esta historia estaba dentro de mí, y tenía que abrirme camino en el fuego cruzado de su conflicto, sin saber cómo navegaba siempre por esas aguas. Por ejemplo, al perseguir mi versión del éxito, la parte occidentalizada de mí misma perdió de vista lo que en realidad me nutría: las raíces y la filosofía de mis tradiciones. Parte de esta pérdida se debió a la forma en que creía que "debían" ser las cosas, o lo que pensaba que debía hacer para tener éxito. Y, sin embargo, los papeles tradicionales de esposa, madre, hija y voluntaria, en los que me había circunscrito, no bastaban para sostenerme.

Intentaba constantemente encontrar ese escurridizo equilibrio que me llenara. Empecé a comprender mi propia historia familiar y las fuerzas que me habían moldeado. Las constelaciones familiares me hicieron darme cuenta de los principios por los que se regían mis padres y con los que yo había crecido. Empecé a comprender la sabiduría de mis propias tradiciones, que nos permitían honrar a los difuntos, así como el velo que había entre nosotros y los que se habían ido, y cómo esto era esencial para nuestra paz y bienestar.

Sin embargo, aunque me formé en constelaciones familiares, al final no pude abrazarlas: quería distanciarme más energéticamente de los campos de energía ancestrales de otras personas. ¿Cómo afectaba el mundo de los difuntos a los vivos? ¿Cuál era la naturaleza del dolor que tenía tanto poder para afectar a una familia? Aprendí que el velo entre los mundos era muy, muy fino y siempre nos afectaba. Me di cuenta de que los muertos querían tender la mano a los vivos para reparar el daño, y los vivos también tendían subconscientemente la mano a los que se habían ido, buscando el amor perdido o quizá nunca experimentado.

Al igual que las esencias florales despojan las emociones para revelar capas de otras emociones subyacentes, las constelaciones familiares despojan las capas de la historia familiar para ofrecer una visión del dolor. Dependiendo de lo lejos que quieras llegar en este camino, una esencia floral o una constelación familiar pueden no ser suficientes para sanar problemas arraigados en lo profundo. Algunas personas pueden integrar estas percepciones en sus vidas con facilidad, mientras que para otras, puede ser necesario más apoyo. Me llevó mucho tiempo aprender los principios que gobernaban el campo energético familiar y cómo funcionaban. Descubrí que no se pueden enseñar en una sola constelación, sino que suelen formar parte de una formación más larga, pero estos principios representan una hoja de ruta para el cliente.

También me di cuenta de que el campo energético familiar decide cuánto se revelará o sanará. Asimismo, estas revelaciones y lo lejos que se remonta el campo energético familiar dependen de la capacidad del cliente, del tiempo disponible para cada constelación y de la habilidad del facilitador. Por lo general, los facilitadores no revelan más información de la que el cliente puede manejar y eso suele marcar el final de la constelación. Se necesita un facilitador experto y técnicas de conexión a tierra y de limpieza para mantener intactos nuestros campos energéticos individuales y no absorber energías no deseadas. Aunque hoy en día hay más facilitadores en Estados Unidos que hace unos años, sigue siendo difícil encontrarlos.

Karma: la ley de causa y efecto

Mientras buscaba formas de ayudar a mis clientes, descubrí ecos entre el trabajo de constelaciones familiares y mis propias tradiciones indias.

Desde muy pequeña, en el seno de una familia india, me ense-ñaron que todos estamos sujetos al karma, que literalmente significa acción, física o mental. En el mundo físico, Isaac Newton postuló que toda acción tiene una reacción igual y opuesta. Existe una contraparte en el mundo energético: en donde se produce una reacción energética igual y opuesta. Las tradiciones indias creen que las experiencias kár-micas, o las cosas que te ocurren en la vida, pueden ser el resultado no solo de tus propias acciones, sino también de las de otra persona, tal vez remontándose generaciones atrás dentro de una familia: existe el karma individual y también el karma familiar. Puede que no nos demos cuenta de cómo se desarrollan esas acciones; sin embargo, según la ley del karma, una bisabuela a la que nunca conociste podría haber sido responsable de la experiencia que tú u otra persona de tu linaje están viviendo hoy.

Cuando alguien sufre de alguna manera, es natural que las personas que han sido educadas en mi tradición espiritual asuman que los acon-tecimientos del pasado condujeron a este individuo a sus experiencias de hoy. He escuchado decir muchas veces: "Lo que siembres recogerás". Lo que veía en las constelaciones familiares era la ley del karma en juego: consecuencias de acciones que afectaban a las generaciones posterio-res. Sin embargo, no entendía qué eran esas leyes o principios ni cómo funcionaban. Eso es lo que estaba aprendiendo a través de las conste-laciones. Daniel Foor, Ph. D., psicoterapeuta de formación occidental, también ayuda a sus pacientes a comprender que los vivos y los muertos se afectan mutuamente. En su libro *Medicina ancestral: Rituales para la sanación personal y familiar,* señala que las acciones destructivas de los antepasados recientes pueden repercutir en la familia viva durante generaciones, funcionando como una especie de maldición ancestral, karma transgeneracional opresivo o mala suerte omnipresente.

Muchas personas ven el karma como un destino sobre el que no tienen poder, lo que conduce a un sentimiento de victimismo y a una abdicación del poder y las responsabilidades personales. Para mí, esta es una forma muy poco empoderadora de ver el karma. He conocido a personas que estaban seguras de que quienes pasaban sus días en las calles de Delhi mendigando comida y dinero habían heredado su destino; quizá muchos en la India no se rebelan contra su suerte en la vida. Pero, a través de las esencias florales y las constelaciones familiares, empecé a pensar en el karma de otra manera: he llegado a creer que el karma no consiste en pagar el precio del comportamiento propio o ajeno y que no tiene por qué conducir a la desesperanza. El karma no es la fuerza castigadora que la gente cree que es; no tienes la culpa de que tu antepasado dejara plantado a su pretendiente o de que no pudiera establecer un vínculo afectivo adecuado con sus hijos. El karma no se transmite porque merezcamos sufrir por nuestras acciones o las de otros. Aunque puede considerarse un principio que corrige los errores equilibrando la balanza energéticamente, el karma también nos da la oportunidad de cambiar viejos patrones. A través de esta forma humana, el karma nos ofrece la opción de elegir conscientemente lo que nos ayudará a sanar, crecer y aprender lecciones espirituales sobre la vida. Lo hace presentándonos acontecimientos de la vida, relaciones y situaciones que hacen eco del pasado de alguna manera, ya sea nuestro pasado o el de nuestra familia. Si nosotros, como raza humana, ya no estuviéramos presentes en la tierra, esta seguiría existiendo sin nosotros. Somos nosotros los que necesitamos estar presentes para que la evolución de nuestras almas experimente ese movimiento hacia la conexión, la armonía y el amor, un viaje que comienza con nuestro campo energético familiar pero que nos pide que extendamos estos sentimientos a los que viven hoy. ¡Una aventura desafiante!

A través de la terapia de constelaciones familiares, aprendí mucho sobre las heridas transgeneracionales y cómo nos afectan, y qué tan conectado que está todo: la tierra en la que vivimos y su historia, las fuerzas culturales que afectan a las familias y la lucha a través de las generaciones para expresar el amor. Y qué fácil era perder esa expresión de amor. Empecé a ver cómo la terapia de constelaciones familiares estaba vinculada al concepto indio de karma, y que había formas de sanar el karma que existían no solo en mi tradición, sino en otras tradiciones.

Este libro pretende ayudarte a sanar el trauma transgeneracional y a cambiar patrones, mediante terapias más accesibles, que se tratan en la parte II. En esa parte hablaré del papel de las esencias florales, los altares y las oraciones, que son herramientas que cualquiera puede utilizar y que te ayudarán a liberar los patrones heredados, de modo que puedas soltar el pasado para crear la vida que deseas.

Ejercicios del diario

1. ¿Existen patrones emocionales positivos o negativos en tu familia? ¿Los miembros de tu familia son gregarios y extrovertidos, o reservados con límites definidos? ¿Existen patrones de depresión, ansiedad o agresividad en tu familia? ¿Han experimentado tus padres algún acontecimiento traumático? ¿Conoces alguna experiencia traumática de tus abuelos o bisabuelos? Si desconoces estas historias, no te preocupes. Aún hay mucho que puedes hacer, como descubrirás en los siguientes capítulos.

2. La polaridad, o presencia de opuestos, es una forma que tiene el universo de llamar nuestra atención sobre lo que necesitamos ver. Es posible que tú también observes estas polaridades o fuertes contrastes en tu vida.

Por ejemplo, la madre tiene un trabajo fijo, mientras que el padre siempre está buscando nuevas oportunidades que no siempre le salen bien. O procedes de una familia con dificultades económicas y te casas con una familia rica y privilegiada. Cuando existen retos, la presencia de polaridades apunta a las contradicciones emocionales con las que puedes estar luchando internamente. En mi caso, una parte de mí se sentía atraída por lo occidentalizado, y otra seguía siendo bastante tradicional. ¿Qué polaridades observas en tu vida o en tu linaje?

PARTE II

Herramientas para sanar

CINCO

Sanar con esencias florales

Capturar la esencia de una flor implica captar su cualidad más efímera y etérea: la energía de su rocío matutino, creada entre el frescor de la noche y el calor del sol del amanecer. Desde tiempos inmemoriales, diversas culturas han atribuido al rocío propiedades mágicas y reconstituyentes; sin embargo, recolectar suficiente cantidad de rocío es todo un reto. Las esencias florales se acercan lo más posible a esta idea: se recogen flores justo antes de que alcancen su máximo esplendor y se colocan en un cuenco de cristal sobre la tierra o las rocas, bajo un cielo despejado. Las flores cubren la superficie del cuenco, y la alquimia de la tierra, el agua, la luz del sol y el aire crean una esencia floral que infunde al agua la propiedad sanadora emocional de la flor. En Terra Flora, donde experimenté por primera vez la elaboración de esencias florales, observé cómo el agua cambiaba después de unas horas al sol: su calidad cambiaba, casi como si tuviera un brillo; las flores habían liberado su energía. Después, las flores se extraen con pinzas para evitar el contacto con la piel humana, se filtra el agua y se conserva con brandy. A veces, las esencias también se conservan con glicerina sin alcohol para aquellos que no toleran el alcohol o desean evitarlo. Así es como se obtiene un elixir floral.

A pesar de su color y su hermosa fragancia, las flores no transmiten estas cualidades a sus esencias. Cuando digo que soy terapeuta de esencias florales, la gente suele pensar que imparto aromaterapia. Es fácil suponer que las esencias florales son lo mismo que los aceites esenciales que, como la mayoría de las flores, tienen un olor distintivo. Pero las esencias son diferentes, son la propiedad "energéticamente" sanadora de la flor y no forman parte de su estructura física. A diferencia de un aceite esencial, es la energía de la flor lo que se utiliza para crearlas y basta con emplear suficientes flores para cubrir la superficie del agua. No se necesitan grandes campos de flores para crear un elixir floral, como sucede con los aceites esenciales. De hecho, solo se requieren unas pocas para crear una veta madre de la esencia.

La magia de las flores y el sentido de compasión, su significado y la realización que vi en Terra Flora me llevaron a querer formar parte de este mundo. Sin embargo, también me sentí abrumada por la cantidad de esencias disponibles. ¿Cómo iba a saber cuál utilizar? ¿Por dónde empezar? ¿Tendría que probarlas energéticamente para mí o para otros, como había leído en el libro que me había introducido originalmente en las esencias florales? Mi mente académica y racional necesitaba un contexto. Decidí empezar desde el principio, donde todo había comenzado: con las esencias florales de Bach, creadas por el doctor Edward Bach.

Las vibraciones energéticas únicas de las distintas flores fueron identificadas en la década de 1930 por un cirujano inglés llamado Edward Bach, quien abandonó su lucrativa práctica médica y desarrolló un sistema de remedios a base de esencias florales. Al igual que ciertas flores se han utilizado para sanar el cuerpo físico, también se han empleado para corregir desequilibrios emocionales desde hace miles de años. Las escrituras en papiro que se remontan al antiguo Egipto señalan su uso en la sanación emocional. En el siglo XII, la mística alemana Hildegard von Bingen colocaba sábanas de muselina sobre las flores por la noche y, al día siguiente, escurría de ellas la humedad del rocío de la mañana, para utilizar esa agua y atender las necesidades emocionales de las personas que acudían a verla. Perdidas en el tiempo, las propiedades energéticas sanadoras de las flores fueron redescubiertas por el doctor Bach hace casi cien años. Aportó su formación médica, así como años de investigación y estudio en el laboratorio, para documentar y clasificar las esencias florales que creó. También desarrolló un método sencillo para captar y estabilizar la energía sanadora de la flor, para que cualquiera pudiera utilizarlas. Desde entonces, múltiples estudios de casos han corroborado las observaciones del doctor Bach sobre sus propiedades para sanar emociones. Comencé un programa intensivo de tres años para aprender sobre las treinta y ocho esencias que descubrió y sus propiedades sanadoras, y me convertí en terapeuta certificada de esencias florales. Hoy en día, existen varios creadores de esencias y muchos más tipos de estas, además de las originales identificadas por el doctor Bach. Aunque estoy más familiarizada con las esencias de Bach y las creadas por Flower Essence Services de California, te invito a experimentar con otras que resuenen contigo.

El enfoque de Bach difiere del de Terra Flora. En lugar de aprender sobre el viaje del alma y la forma en que crecen las flores, para sintonizar con su energía, como hice en Terra Flora, aprendí a reconocer y mapear emociones a las flores a través de las palabras empleadas por mis clientes.

"Mi vida nunca volverá a ser la misma". La aulaga, o *Gorse* en inglés, devuelve la esperanza.

"Me cuesta decir que no". Centaura ayuda a establecer límites.

"¡Él me hace enfurecer! Siento que puedo explotar en cualquier momento". La cerasífera ayuda cuando sientes miedo de perder el control.

Las esencias florales me introdujeron en el mundo de las emociones, de sus matices y sus diversos nombres. Aprendí a buscar pistas reveladoras de las emociones dentro de las historias y frases que escuchaba de mis clientes, y luego las relacionaba con esencias florales específicas. Algunas flores trazan el mapa hacia sentimientos como los celos, la desesperación, la ansiedad y el miedo, transformándolos luego en amor, esperanza, valentía y fe.

A diferencia de los aceites esenciales, que se aplican como tópicos y pueden ser tóxicos si se ingieren, las esencias florales se toman por vía oral. Por lo general, se combinan varias esencias para crear un frasco personalizado, ya que a menudo hay varias emociones con las que lidiar. Luego, se toman cuatro gotas del frasco dosificador, cuatro veces al día. Una vez al levantarse, dos veces durante el día y otra justo antes de la hora de dormir. Estas gotas se pueden añadir al té, al café, a la sopa, o bien se pueden tomar directamente con el pequeño gotero que viene con el frasco. Como mencioné en el capítulo uno, según la neurocientífica Candace Pert, las emociones tienen una frecuencia energética similar a las ondas de radio. Cada esencia trabaja con la energía de la emoción, creando una resonancia vibracional que cambia la frecuencia de los pensamientos y emociones que experimentamos.

A pesar de mi intenso estudio de las esencias, las flores me parecían distantes, así que decidí visitar el Centro Bach de Inglaterra. Tomé el tren desde Londres hasta Brightwell-cum-Sotwell, en Oxfordshire. Allí, Stefan Ball, autor de varios libros y educador sobre la teoría de Bach, me recibió en la casa de Bach, llamada Mount Vernon, donde Edward Bach vivió y trabajó durante los últimos años de su vida. Stefan me mostró el jardín y las habitaciones de la casa, incluido el pequeño despacho del doctor. Al igual que en Terra Flora, el trabajo y la vida se entrelazaban con pasión, armonía y devoción. Pude recorrer los senderos del jardín, observar las flores, las antiguas botellas, los vasos de precipitado y las etiquetas, así como los muebles fabricados por el doctor Bach. Incluso noté cómo estaba colocada su silla: en ángulo para que el cliente que viniera a verlo se sintiera escuchado, pero no abrumado. Sentí la bondad de los guardianes de este lugar, del jardín, de aquellos que vieron la necesidad de crear un refugio en el mundo y tuvieron el corazón suficiente para lograrlo. Aunque el doctor Bach falleció en 1936, estos custodios se presentaron para mantener viva su obra, y cada uno de ellos se comprometió a honrar la sencillez de su sistema. Hoy en día, el centro se enfoca en la educación y ya no produce remedios con fines comerciales.

Mientras estaba allí, maravillada con las flores nacidas de algunas de las semillas que plantó el propio Bach muchas décadas antes, me sentí humilde y agradecida por todo lo que había recibido. Las semillas que el doctor esparció han llegado muy lejos: ¡hay terapeutas en todo el mundo! Además de los maestros y mentores de Bach, viajé a muchos lugares y conocí a otros terapeutas de esencias. Durante un viaje a Islandia, conocí a una terapeuta que me enseñó las flores de su jardín. Ella elaboraba su propia versión de las esencias de Bach porque cuando empezó su práctica no se le permitía importarlas. Mientras caminábamos por los senderos que rodeaban su casa y salíamos a los matorrales, me señaló algunas de las flores que utilizaba. Fue allí, en su sereno jardín, donde aprendí sobre los distintos centros energéticos del cuerpo, llamados chakras en la India, y sobre la forma en que las esencias florales cambian estas energías. Comprendí que era posible "leer" los traumas codificados y almacenados en el cuerpo. Sin embargo, en Estados Unidos por lo general solo utilizamos las esencias florales para cambiar las emociones, no para tratar síntomas físicos. En otro viaje de aprendizaje, hablé con una matrona de Alaska que se había convertido en terapeuta de esencias florales y me presentó las esencias florales de la región, creadas por un bombero llamado Steve Johnson. Su práctica consistía en volar por todo el estado en hidroaviones para proporcionar alivio. También descubrí a Lila Devi, que creó las esencias florales Spirit-In-Nature en California. Cada uno de ellos me inspiró con sus vidas, su conexión con la madre naturaleza, su auténtica presencia tranquilizadora, sus viajes vitales poco convencionales y por el trabajo que hacían ayudando a los demás.

Entendí que la naturaleza está ahí para ayudarnos y sanarnos. Hasta el día de hoy, me asombra lo específicas que pueden ser las esencias florales. Todavía recuerdo haber tenido en mis manos la esencia floral de Granada en Terra Flora, la esencia que, en ese entonces, resonó conmigo porque era para equilibrar el trabajo y la familia mientras honrabas tu creatividad. De hecho, la premisa de todas las esencias florales es restaurar el equilibrio emocional. Aunque las circunstancias externas no cambien, tu reacción hacia las esencias sí cambiará. Se trata de volver a casa contigo mismo con un empujoncito de la madre naturaleza.

No todas las esencias provienen de las flores: Agua de roca, o *rock water,* el único remedio creado por el doctor Bach que no procedía de una flor, venía de un manantial subterráneo y contenía la esencia del agua: su corriente. Esta esencia tiene la capacidad de liberar bloqueos energéticos en el cuerpo y la mente. Julian Barnard, autor de *Remedios florales de Bach: Forma y función,* afirma que el remedio puede elaborarse con cualquier agua que no haya sido tocada por el hombre, lo que sugiere que el agua tiene un poder sanador intrínseco. En lugares sagrados como Lourdes, donde el agua emana de una gruta, los devotos suelen atribuirle al líquido propiedades curativas. Una de las últimas esencias que descubrió el doctor Bach fue la impronta energética de los árboles en flor como el cerezo, el olmo, el pino, la haya, el sauce y algunos otros. Bach hervía en agua de manantial y dentro de una cacerola de peltre estas esencias durante treinta minutos, para reflejar la intensidad de los estados emocionales que ellas trataban.

Cómo actúan las esencias

Después de trabajar con los remedios durante más de una década, soy profundamente consciente de cómo estos son capaces de cambiar los pensamientos, casi sin esfuerzo, hacia un estado positivo. Aunque tus pensamientos puedan parecer neutrales, tus juicios, creencias, opiniones, recuerdos o experiencias pasadas sobre una situación, persona o acontecimiento los desencadenan. Muy a menudo, te quedas atascado y tus pensamientos siguen dando vueltas como surcos trillados en un camino ya transitado. Seguirás experimentando esas viejas emociones mientras te mantengas atado a los mismos juicios, creencias, recuerdos u otros patrones subconscientes que dirigen tu vida, ya sea "me ha hecho daño", "debería haber sabido que su comportamiento me molestaría" o cualquier otra cosa. Puesto que son tus pensamientos los que desencadenan las emociones, las esencias cambian estos pensamientos negativos, incluyendo los que son juicios muy duros que te haces a ti mismo.

Dado que las esencias actúan con tanta suavidad y que, cuando se toman por primera vez, parece que no ocurre nada, los cínicos no dudarían en considerarlas placebos. Sin embargo, con paciencia, descubrirás que son muy eficaces, he aquí dos ejemplos sencillos de clientes que descubrieron que los beneficios de las esencias florales pueden ser difíciles de discernir al principio: una amiga, cuyo esposo trabajaba hasta altas horas de la noche, odiaba quedarse sola cuando él no estaba y veía la televisión sin parar hasta que él volvía a casa. No le interesaba nada y era incapaz de apartarse del televisor. Le receté rosa silvestre para su apatía y su falta de interés por hacer otra cosa y, cuando la volví a ver, le pregunté cómo se sentía, a lo que respondió que no lo sabía y que tampoco comprendía si había cambiado algo. Le pregunté si seguía viendo la televisión todas las noches, se sorprendió un poco y admitió que hacía un par de semanas que no veía la televisión. No sabía por qué, simplemente no le apetecía verla.

Del mismo modo, un cliente tenía un hijo con miedo a las abejas y otros insectos, lo que complicaba cualquier experiencia al aire libre, así que le receté mímulo para su miedo a los insectos, porque iba a hacer una excursión con su clase. Cuando me encontré con su madre unas semanas más tarde, le pregunté cómo la había ido al niño en la excursión, a lo que respondió que parecía un poco más tranquilo antes y después. Luego me dijo que una abeja lo había rodeado mientras estaba tumbado en la hierba, pero que a él no parecía molestarle. Aunque era demasiado pequeño para notar la diferencia después de tomar las esencias, su madre sí lo notó por él. En estos casos, parece que las esencias no hacen "nada", pero su fuerza y eficacia residen en su delicadeza.

Si te das cuenta, notarás que tus reacciones a los acontecimientos que te rodean cambian cuando tomas las esencias. Trabajar con estos remedios se ha comparado a menudo con "pelar una cebolla": primero se tratan las capas más externas de la emoción y, una vez que se "pelan" estas capas, se profundiza más y más para trabajar los problemas fundamentales que puedan estar afectándote. Según un estudio realizado en 2014 por investigadores del Instituto de Neurociencia y Psicología de la Universidad de Glasgow, hay cuatro emociones básicas: miedo, ira, tristeza y alegría. Estas emociones primarias están conectadas, de alguna manera, con nuestro pasado: son la forma en que el pasado florece en el presente. También están conectadas con la forma en qué percibes el futuro.

Las esencias florales identifican la naturaleza matizada de las emociones primarias y negativas con el fin de cambiarlas. Las esencias te encuentran donde estás emocionalmente, y una vez que esas emociones empiezan a cambiar, otras empezarán a revelarse. Las pequeñas etiquetas de los frascos son solo un aperitivo de lo que las esencias pueden hacer en realidad. Cuanto más trabajaba con ellas, más descubría su verdadero poder.

Ejemplo: ¿qué esencias florales necesitaría Christine?

Echemos un vistazo a la historia de Christine, una cliente de constelaciones familiares de la que hablé con más detalle en el capítulo cuatro. La idea es determinar qué esencias florales podría necesitar si buscara ayuda con este tipo de terapia.

"Si lo dejo salir todo, creo que explotaré", expresó Christine. Ella sentía que siempre estaba al borde del estallido, como si tuviera un volcán hirviendo en su interior. Cuando se ignoran o se reprimen los sentimientos, no desaparecen; sino que son como un volcán en desarrollo. Intentar contener la erupción del volcán requiere mucha energía, lo que puede provocar fatiga y agotamiento. Asimismo, reprimir los sentimientos puede hacer que resurjan de forma no verbal a través del lenguaje corporal o el comportamiento. En la familia de Christine había tanto comportamiento controlador que su analogía era significativa, tanto desde el punto de vista de las constelaciones familiares como desde el de las esencias florales.

Sin conocer más que esto sobre ella, la esencia de cerasífera sería la indicada para estos casos en los que se teme perder el control, además la ayudaría a liberar la tensión que ella mantenía.

Christine también mencionó al inicio de la constelación que sentía el cuerpo tenso y que temía ser rechazada. Leyendo entre líneas, buscaba una mayor aceptación o visibilidad en sus relaciones. La esencia floral para esta emoción sería achicoria para liberar la necesidad de ser vista, y sus emociones concomitantes de ser reconocida y apreciada.

Añadiría acebo para los sentimientos de rabia que Christine tiene hacia su familia.

Para ayudarla a aceptarse a sí misma, habría investigado más a fondo sobre sus sentimientos de rechazo. ¿Cómo los siente ella? Varias esencias se presentan para ser exploradas e incluidas en su fórmula sanadora: manzano silvestre para abordar su aspecto físico y su relación con los sentimientos de rechazo; botón de oro para fortalecer su autoestima, o girasol para ayudarla a tener confianza en sí misma; alerce para infundirle confianza para asumir riesgos y liberarse de los sentimientos de duda y autocensura. Todas esas esencias actúan de manera un poco diferente, pero cada una puede ayudarla a aceptarse a sí misma.

La constelación en sí apuntaba hacia el uso de varias esencias, pero el lloriqueo en la representación del "volcán", durante la constelación, sugería fuertemente la necesidad de usar mímulo, por el miedo a hablar. De este modo, puedes ver cómo las esencias florales pueden ayudar a sanar las emociones que se transmiten de generación en generación. A medida que trabajes con tus sentimientos y las esencias de este libro, quizá puedas descubrir qué esencias resuenan contigo también. Poco a poco, ganarás la confianza necesaria para crear tu propia fórmula. Dado que a menudo experimentamos más de una emoción a la vez, puedes combinar varias esencias para crear una mezcla única. El doctor Bach sugería no combinar más de siete a la vez para experimentar sus sutiles beneficios.

Las esencias florales no solo sirven para tratar el miedo, la apatía o el arrepentimiento; también pueden ayudarte cuando te enfrentas a transiciones y contratiempos, como me enseñó mi propia experiencia.

Esencias de transformación

Hacía dos años que habíamos dejado Chicago. Dos corredores inmobiliarios después, nuestra casa seguía en venta, vacía y cerrada. El cartel de "Se vende" colgaba torcido de un gancho mientras discutíamos qué hacer. "Es la peor recesión que hemos visto, no se vende nada", nos decían los corredores.

Peter, el nuevo corredor a quien entrevisté por teléfono, irradiaba confianza y desenvoltura. Podía visualizar su seguridad en cada paso que daba, desde sus movimientos decididos hasta sus trajes hechos a medida y su cabello tan bien peinado hacia atrás. La sugerencia de reducir el precio era sorprendente, pero confiaba en que su estrategia agresiva de mercadeo lograría que nuestra casa se vendiera en un mes.

Sentí la ira invadirme. El capital invertido en la casa parecía desvanecerse ante mis ojos. La tan esperada renovación de la cocina y el baño había sido el resultado de meses de planificación y trabajo arduo. Los armarios blancos, el granito verde y los azulejos a juego estaban listos, pero ahora nos enfrentábamos a la necesidad de mudarnos; sin embargo, nadie más parecía apreciar la anunciada "cocina de ensueño" y el baño principal "tipo *spa*". Las lágrimas de frustración y tristeza se mezclaron con mi rabia, arrastrándome hacia un torrente de emociones. La fuerza del torrente hizo que la represa se rompiera. "Suéltalo", escuché una voz hablarme. "Solo suéltalo". Me di cuenta de que estaba disgustada por algo más que la pérdida económica. Días después me recompuse y entendí que necesitaba las esencias florales.

El sauce y la madreselva me trajeron de vuelta a la vida de manera suave. La madreselva, con sus brillantes flores rojas en forma de trompeta, me permitió liberar mis energías del pasado. El sauce, flexible ante el viento, me ayudó a desprenderme del pesar por la vida que no había vivido, del jardín que había plantado con tanto esmero y de la cocina que apenas había disfrutado. Sostenía en mis manos el único recuerdo de la casa que había conservado: un trozo de granito verde en forma irregular, similar al color de las encimeras de la cocina. Era más grande que mi mano, y noté cómo pequeñas motas azules bailaban en él, como la luz del sol sobre el océano. **Por eso lo había elegido.** Lo agarré con fuerza y recordé cómo había sido nuestra vida en esa casa, cómo nos había dado la oportunidad de crecer, salir de mi zona de confort y aprender a creer en lo imposible. Recordé el momento en que traje a mis hijos a su hogar: a mi hijo durante una fría y nevada noche de invierno y a mi hija durante una cálida tarde de verano. Pensé en todos los amigos que nos visitaron desde Chicago en nuestra pequeña casa de alquiler en Boston, diciéndonos cuánto nos extrañaron después de nuestra mudanza. La región central de Estados Unidos había sido amable con nosotros. Sentí paz.

Contraté a Peter y decidí hacer lo impensable. Las esencias florales de la avena silvestre y el escleranto me guiaron para bajar el precio al valor más bajo de las dos propuestas hechas por él. La casa se vendió en un mes, a un precio superior al que Peter había imaginado posible, y los nuevos propietarios quedaron encantados con la cocina desde el momento en que entraron en la casa. Su hija tenía la misma edad que la mía. Sabía que la casa les gustaba tanto como a nosotros, y pude soltarla.

¿Por cuánto tiempo se deben tomar las esencias florales?

Quizá te preguntes por cuánto tiempo se deben tomar las esencias florales; la respuesta dependerá del propósito para el que las estés tomando. ¿Vas a una reunión importante? ¿A una audición? ¿A un parque de atracciones y te aterran las montañas rusas? ¿Odias volar? ¿Te cuesta decidirte entre dos opciones? Para estas situaciones inmediatas, siempre puedes tomar una esencia floral, o una combinación específica, que te ayudará de inmediato. ¿Hay situaciones que te producen ansiedad? Podrías tomar el popular Rescue Remedy, que es una combinación de cinco esencias florales, que es utilizada incluso por varias estrellas de cine. Este remedio proporciona alivio en situaciones agudas o estresantes: te apoya, pero no aborda problemas de larga duración para brindar una sanación más profunda.

Si decides utilizar o crear una mezcla personalizada para ti, notarás la diferencia en pocas semanas. Cada frasco personalizado de esencias florales dura cerca de tres semanas y media; sin embargo, los problemas de larga duración requieren del uso de esencias durante un período más prolongado, quizá unos meses o más.

Por ejemplo, si has terminado una relación duradera y estás muy afectado por ello, las esencias deben tomarse durante varios meses, ya que hay capas de emociones que abordar. Es posible que no te sientas cómodo abordando algunas de ellas de inmediato, en cuyo caso, las esencias trabajarán capa por capa, brindando fortaleza, comprensión y aprendizaje. Cada frasco personalizado de esencias dura cerca de un mes y, a medida que tus emociones cambien, se pueden utilizar fórmulas diferentes según sea necesario. Por ejemplo, cuando trabajo con un cliente, reevalúo la fórmula mes a mes, en función de los cambios en sus emociones.

A través de mi formación en esencias florales, aprendí acerca de los chakras, que son centros de energía de tu cuerpo que crean una mapa de ruta para el viaje del alma. Este no es un libro sobre los chakras, así que solo los mencionaré brevemente, pero hay muchos libros antiguos y modernos que hablan de ellos, de lo que ocurre cuando están desequilibrados y sobre cómo lograr el equilibrio en cada chakra. Para ofrecerte una idea general de cómo ellos están relacionados con nuestro tema en este libro, puedo decir que cada chakra gobierna ciertas emociones y órganos físicos. Los problemas familiares están relacionados con el chakra raíz, ubicado energéticamente en la base de tu columna vertebral. Los asuntos no resueltos aquí se manifiestan tanto en tus relaciones con los demás, como contigo mismo. Las relaciones con los demás están regidas por el segundo chakra, conocido como chakra sacro o sexual y la relación contigo mismo y el sentido de tu propia valía están regidos por el chakra del plexo solar. A medida que sanas tus relaciones familiares, también sanas tu relación contigo mismo y con los demás, y gracias a la ayuda de las esencias florales podrás ascender por los chakras. Si decides profundizar en este viaje y elegir este camino, las esencias te apoyarán a largo plazo mientras navegas por los vericuetos que te esperan.

Las esencias florales pueden ayudarte si llegas a un punto de inflexión en tu vida en el que realmente quieres tomar decisiones sobre cómo quieres vivir. Ese es el viaje del alma. Cuando sanas tus emociones, cambias tu campo energético familiar y también sanas tus raíces.

Ejercicio para identificar tus emociones

El doctor Bach preveía que en cada hogar hubiera un conjunto de esencias florales a las que recurrir, del mismo modo que se recurre a los botiquines en busca de vendajes o ibuprofeno. Si creas un pequeño botiquín para ti, podrás recurrir a él siempre que necesites ayuda.

Una de las cosas más difíciles de hacer es identificar cómo te sientes. Puedes estar irritable o ansioso, pero no darte cuenta de aquello que ha desencadenado tus emociones. Puedes crear una conexión con los demás reflejándote en ellos, devolviéndoles el calor con una sonrisa o un abrazo, o mostrándote empático cuando te necesitan, pero ¿con qué frecuencia conectas con tus sentimientos? La mayoría de las veces te desconectas de ellos, ignorándolos o reprimiéndolos. Sin embargo, en realidad cuesta mucho trabajo mantener los sentimientos a raya.

Si logras cambiar tu percepción y reconocer que estas emociones son mensajeros importantes sobre cómo te has desconectado de ti mismo o de tu campo energético familiar, podrás aprender a honrarlas. Puedes empezar a nombrar las emociones que surgen y, poco a poco, empezarás a entender qué desencadena la forma en la que te sientes.

Siéntate o párate con los pies firmemente apoyados en el suelo. Inspira y espira varias veces y pregúntate: "¿Cómo me siento ahora?". Comprueba si puedes nombrar la emoción. Si puedes hacerlo varias veces a la semana, fíjate en qué emociones te surgen con frecuencia y anótalas en tu diario para tener un registro de ellas.

A medida que vayas leyendo el libro, empezarás a identificar las emociones y las esencias que les corresponden. Al final hay un glosario de esencias, así como una breve lista de esencias que puedes utilizar como kit de inicio. También compartiré una lista de combinaciones de esencias que pueden ser de gran utilidad para lidiar con los problemas que se tocan en este libro.

SEIS

Cómo honrar a tus antepasados

¿Cómo puedes liberarte de los patrones invisibles que limitan tu vida? Crecer en el seno de una familia numerosa en la India me expuso a menudo a reuniones familiares. Siendo mi padre el menor de siete hermanos, pasaba mis días con muchos primos, volando cometas, jugando al escondite en la casa de mi abuela y saboreando las delicias de los vendedores ambulantes. Mi padre y sus hermanos compartían la responsabilidad de cuidar de mi abuela paterna que era viuda y se encargaban de tomar decisiones familiares.

Una de esas decisiones fue el matrimonio de mi prima mayor. Siendo mi tía una viuda, era responsabilidad de toda la familia encontrarle un esposo adecuado; sin embargo, nadie lograba hallar al pretendiente correcto para ella.

Finalmente, se consultó al *pundit* o sacerdote de la familia. Según él, el problema residía en el *pitr dosh*, traducido vagamente como "falta o error de los antepasados", que impedía que se celebrara el primer matrimonio de la familia. En algún momento del pasado, los rituales ancestrales en la familia de mi padre no se habían realizado correctamente, lo que según el sacerdote obstaculizaba la continuación del linaje familiar. Los antepasados no honrados pueden perturbar el campo energético compartido por toda la familia, incluso para los que viven en la actualidad. La responsabilidad de solucionar esta perturbación recayó en mi tío mayor, aunque el matrimonio en cuestión no era de su hija. Poco después, mi prima se casó y tuvo un matrimonio feliz. Puedes tildar esta historia como supersticiosa o pensar que fue coincidencia, y yo misma lo hacía cuando me consideraba una economista racional, pero hoy, al observar los cambios en mi vida y en la de mis clientes, he llegado a creer que hay algo más profundo que lo que percibimos y que afecta nuestra vida de manera tangible.

Casi todas las culturas del mundo tienen algún ritual para honrar a los antepasados. Por ejemplo, los pueblos celtas y nórdicos tenían tradiciones arraigadas para venerar a sus antepasados: en Irlanda, la festividad de Samhain invitaba a los difuntos a banquetes donde tenían un lugar reservado. En Europa, los países de tradición católica honran a sus difuntos con el Día de Todos los Santos y el Día de Muertos, al igual que México y gran parte de Latinoamérica celebran esta tradición que honra la memoria de los difuntos. Estos rituales suelen tener lugar a finales de octubre y principios de noviembre y puede que estén relacionados con la época de la cosecha en el hemisferio norte.

Honrar a los antepasados también es una práctica extendida en el continente africano. Desde Senegal hasta Madagascar, existe la creencia arraigada de que rendir homenaje y hacer ofrendas a los antepasados puede mejorar la vida presente. Estas tradiciones también se practican ampliamente en el Lejano Oriente: en China, por ejemplo, la festividad de Qingming se celebra el decimoquinto día después del equinoccio de primavera, durante el cual, la gente limpia las tumbas de sus antepasados, reza ante ellas y les ofrece comida y té, entre otras cosas. En Japón y otras culturas asiáticas, las personas visitan los lugares ancestrales, limpian las tumbas y hacen ofrendas de comida, frutas y vino. En Corea, se realizan servicios conmemorativos para honrar a varias generaciones de antepasados. En la India, hay dos períodos del año dedicados a honrar a los antepasados: uno en primavera y otro en otoño. Tailandia celebra danzas tradicionales para honrar los lazos familiares con los antepasados, mientras las familias visitan los cementerios y las tumbas de sus seres queridos, honrándolos con velas y flores.

La conexión con nuestros antepasados parece ser parte integral de casi todas las culturas del mundo, aunque a menudo la modernización puede diluir el significado de estas tradiciones. Asimismo, casi todas estas prácticas implican rituales de oración y comida: la ofrenda de alimentos y bebidas parece estar vinculada a nuestra conexión con la tierra que nos sostiene, ya que sin alimento no puede existir la vida. La oración puede ser vista como un mecanismo de conexión que une y eleva las vibraciones energéticas de los que ya no están y de los que quedan atrás. La oración nos conecta con lo invisible.

Como sugieren las tradiciones de distintos países, existen numerosas formas de honrar a tus antepasados: visitando sus tumbas, encendiendo una vela en su memoria o compartiendo comida con otros en su nombre. Algunas tradiciones también proponen la creación de un altar ancestral para nutrir tu espacio con energías protectoras y honrar tu linaje.

Alberto Villoldo, Ph. D., psicólogo, antropólogo médico, escritor y chamán de origen cubano, sostiene que un altar ancestral puede liberarte de cargas ancestrales y kármicas. En su libro *Las cuatro revelaciones: La sabiduría, el poder y la gracia de los guardianes de la tierra*, explica que los altares ancestrales de las culturas tradicionales servían para evitar que los antepasados "actuaran de forma descontrolada en las casas", influenciando a sus habitantes de maneras que quizá desconocían. "Es mejor saber dónde están [los antepasados]", escribe él, "que ignorar su legado".

En otras palabras, **si no hay altar, tú te conviertes en el altar.**

Por ello, honrar a tus antepasados te ayuda a aliviar la carga transgeneracional que llevas. Ayudar a los espíritus de los fallecidos los beneficia tanto a ellos como a ti. Cuando elevan sus frecuencias, ellos se vuelven más útiles para ti, transformando así las cargas transgeneracionales en bendiciones ancestrales.

He observado que los altares son espacios donde se liberan las energías negativas, donde uno puede soltar la tristeza, el dolor, la ira y otras emociones. Además, ofrecen esperanza, protección, paz y calma, convirtiéndose en lugares para expresar gratitud por los momentos especiales de la vida. También son herramientas rituales para atraer energías protectoras, de apoyo y elevadoras al hogar. Casi todos los hogares en la India tienen algún tipo de altar, que ayuda a crear una frecuencia sagrada dentro del espacio vital.

La mayoría enciende una vela, quema incienso y deja flores frescas en el altar por la mañana y por la noche. El incienso o los aceites esenciales, como el olíbano, el sándalo y el palo santo, elevan la frecuencia del altar, transmitiendo vibraciones de despertar espiritual, liberación de apegos materiales y protección del cuerpo y el alma contra influencias negativas. Por su parte, las velas representan el fuego, un elemento transformador por naturaleza, y las flores absorben las energías negativas, al igual que la ofrenda de agua. Los sonidos de los cuencos de cristal o tibetanos, los cantos y otras músicas también elevan la frecuencia vibratoria del altar. En mi experiencia personal, una vez encendí una vela y coloqué unas gotas de esencia transformadora de flor de campana, *Angel's Trumpet* en inglés, en mi altar para honrar y asistir a un alma en su transición.

Detenerme en el altar de mi casa me permite conectar con un sentimiento de gratitud y percibir la influencia de mis antepasados en mi vida. Es una forma de cambiar cómo la historia familiar vive en nosotros. Daniel Foor, autor de *Medicina ancestral: Rituales para la sanación personal y familiar,* señala que hablar bien de los antepasados y hacerles ofrendas desde el corazón y a través de la comida, la bebida y las flores, les brinda a ellos placer de la remembranza y del sustento. En mi experiencia personal, esta práctica trae relajación a medida que los patrones inconscientes se aflojan y se liberan. Estamos más preparados para sanar cualquier problema transgeneracional que haya perpetuado estos patrones. Trabajar con nuestros antepasados enriquece nuestras vidas y relaciones, haciéndolas más gratificantes, profundas y satisfactorias.

Cómo crear un altar ancestral

Un altar ancestral, como los que describe Villoldo, puede ser sencillo o elaborado. Puede ser tan básico como una fotografía rodeada por diversas deidades hindúes en el puesto improvisado de un vendedor de frutas, cubierto por una lona impermeable. O puede ser una mesa elaborada con ofrendas de tabaco tradicional, vasos llenos de agua, incienso aromático y fruta fresca rodeada de representaciones de los antepasados como se hace en la tradición africana occidental. Sea cual sea el formato, la intención que subyace a su creación es el elemento más importante.

Si deseas ensamblar tu propio altar ancestral, elige un lugar fuera de tu dormitorio. El altar es un espacio para descargar o atraer determinadas energías, por lo que es mejor mantenerlo alejado del sitio en el que duermes. El dormitorio deberá ser un espacio en el que solo tengas imágenes tuyas, de tu pareja y de tus hijos. Desde el punto de vista energético, es mejor colocar las fotografías de los padres y antepasados en el salón o en el cuarto de estar. Una superficie elevada, como una estantería, el alféizar de una ventana o una mesita, puede utilizarse para crear un altar colocando un trozo de tela y disponiendo sobre él fotografías o símbolos de tus antepasados. Puedes utilizar una tela que represente algo de tu cultura o tradición, o cualquier tela que te resulte atractiva. El chakra raíz, ubicado en la base de la columna vertebral y que representa nuestra conexión energética con la familia, está representado por el color rojo, así que, si lo deseas, puedes elegir una tela de este color para cubrir la superficie.

Eres libre de crear la forma en que te gustaría honrar a tus antepasados. Puedes colocar fotografías de ellos u objetos que representen tu linaje sobre o alrededor del altar, como un mapa antiguo que represente la parte del mundo de la que proceden tus familiares o un broche antiguo, entre otros. Si no tienes ninguno de estos objetos, como sugiere Villoldo, puedes traer representaciones de la naturaleza. Él también sugiere colocar ofrendas estacionales y naturales, como conchas marinas en el verano o piñas de pino en el otoño.

El trabajo de sanación ancestral, que implica trabajar con las energías de nuestros antepasados, puede ser un reto. En la India, los sacerdotes que realizan los rituales para los difuntos durante el período llamado quincena de los antepasados, se anclan a ellos mismos y a sus espacios con oraciones protectoras y elementos sagrados para poder realizar este trabajo. A mí también me gusta anclar la energía vibratoria de un altar: puedes hacerlo con objetos sagrados que representen energías superiores, como la Virgen María, Jesús, Buda, los arcángeles, Guan Yin, Ganesha, santos o cualquier otra cosa que resuene contigo. Si lo prefieres, también puedes utilizar una representación abstracta del espíritu universal de la consciencia, como un cuadro, una piedra o incluso un refrán. Aunque tienes mucha libertad para crear aquello con lo que te sientas representado, debes anclar el altar con energías superiores que te proporcionen protección.

Por último, si puedes, incluye los cinco elementos: tierra, fuego, aire, agua y sonido. Los cristales o las flores pueden representar la tierra, las velas pueden representar el fuego y el incienso o la difusión de aceites esenciales pueden añadir el elemento del aire. He observado que los altares de la India también suelen incluir una ofrenda específica de agua. El elemento del sonido puede añadirse a través de una campana, un cuenco tibetano, platillos, etc. Los elementos necesitan cuidados, así que procura que tu altar no se convierta en un lugar donde se acumulen escombros, fósforos usados, cenizas de incienso o polvo. Mantén tu altar limpio y hermoso para que te nutra en tu viaje.

Una vez armado el altar, puedes visitarlo como parte de un ritual diario. Cuanto más atraiga el altar a tus sentidos, más probable será que te detengas en él para encender la vela o la candelita, cambiar las flores y sentir gratitud o reverencia por tus antepasados, tu herencia y tu historia, y no solo lo veas como un elemento decorativo de tu entorno. A medida que trabajes con tu altar, puede que obtengas una idea o la respuesta a una pregunta. Con el tiempo, los objetos con los que trabajas en tu altar también pueden cambiar a medida que cambian las cosas en tu propia vida; puedes añadir o quitar representaciones que has colocado allí.

Una vez que empieces a interactuar con tu altar y los objetos que hay en él, **cambiarás la forma en que tu pasado vive dentro de ti.** "Al trabajar con este altar ancestral, puedes cambiar la historia de tu familia a nivel mítico", escribe Villoldo en *Las cuatro revelaciones*. "Donde los cuentos son viajes épicos, no las mismas viejas y cansadas sagas de éxito o fracaso emocional o material".

Mi cliente Phil perdió a su padre cuando era adolescente. Su madre se había vuelto a casar y él tenía problemas en su relación con ella y su nuevo esposo, así como con sus propios hijos y su exesposa. Le di algunas esencias florales y le sugerí que encendiera una vela delante de la foto de su padre todas las noches y, si lo deseaba, podía aprovechar ese momento para hablar y conectar con él. Meses después, lucía más joven, ya no se le notaba el estrés en la cara, y parecía tranquilo, centrado y feliz. Me dijo que se había sentido impulsado a hacer una serie de cambios en su vida que antes no podía hacer. Había simplificado su vida, aceptando un trabajo menos intenso y esto le dejaba tiempo libre para practicar ciclismo de montaña. Sospechaba firmemente que, junto con las esencias, lo anterior era el resultado del poder que tiene conectar con su padre con amor y gratitud. La creación de un altar puede tener un impacto dramático en nuestras vidas.

Otra clienta, Maureen, encendió una vela por un amigo íntimo que había fallecido de una enfermedad incurable cuando apenas tenía veinte años; su muerte había dejado un gran vacío en su vida. Mientras miraba una foto enmarcada de los dos disfrutando de un momento feliz y dejaba arder la vela junto a la imagen, Maureen meditaba sobre lo buen amigo que era este hombre. Lo hacía durante unos minutos cada día y a veces lloraba, a veces reía, o tan solo dejaba que su amor por él aflorara en su corazón. Unos meses más tarde, de repente, el hermano de su amigo fallecido le envió un mensaje de texto: había estado pensando en su hermano y en lo unido que eran él y Maureen. Hoy, Maureen y el hermano de su amigo tienen una relación de pareja.

Este es el poder que tiene trabajar con el campo energético familiar.

El trabajo con el campo ancestral varía según las distintas tradiciones. En algunas tradiciones culturales y espirituales, se intenta conectar con antepasados que podrían ayudarte y guiarte. A menudo se les denomina antepasados "buenos" o evolucionados, en contraposición a aquellos cuyas energías están atrapadas más cerca del plano terrestre. En la tradición india, no se busca establecer una relación con los antepasados a través del trabajo con sueños o a través de un médium, como en otras tradiciones, aunque las personas podrían recibir mensajes de sus antepasados a través de los sueños. Te centras activamente en la gratitud y en rezar por su evolución espiritual para que sus energías no te rodeen ni te afecten. No existen altares ancestrales específicos, aunque las fotografías de los antepasados pueden colocarse junto a otras deidades en un altar normal.

El poder de la oración

Cuando honras a tus antepasados, les permites continuar su evolución espiritual. Dejas de vivir sus sentimientos, pensamientos, frustraciones y deseos y se vuelven más útiles y poderosos, guiándote y ayudándote a ti y a sus descendientes vivos. Cuando rezas por ellos, apoyas su evolución espiritual y, a su vez, ellos te ayudan a reparar tus relaciones problemáticas y te apoyan como parte de su propio camino de sanación. Puedes crear relaciones de apoyo mutuo, aunque los separe la temporalidad.

Me tomó años encontrar las palabras para explicar por qué honrar a nuestros antepasados representa sanación. Lo entendí cuando me sumergí en mi tradición de maestros indios, que enseñan los conceptos de tiempo lineal y no lineal. Nuestros cuerpos físicos se mueven en un tiempo lineal, pero nuestras almas existen en un tiempo no lineal. El pasado, el presente y el futuro son construcciones de la mente humana. Si crees esto, como yo, entonces tiene sentido que nuestras almas estén conectadas y lleven información del campo humano colectivo y puedan acceder al pasado y al futuro. Las emociones, puesto que son atemporales y universales, pueden verse como un mecanismo de enlace que te conecta con la energía de tus antepasados y el mundo invisible.

Oraciones para liberar el pasado

En la India se reservan quince días especiales para honrar y rezar por los antepasados. Este período coincide con la luz menguante, desde la luna llena hasta la luna nueva. Cada día de esta quincena está dedicado a diferentes miembros de los linajes familiares, incluido el homenaje a aquellos que pudieron morir en la guerra, por accidentes u otras formas de violencia, o por suicidio. Incluso hay días para recordar a los niños fallecidos. Cada día de este período invita a una bendición particular de los antepasados. Finalmente, el último día se dedica a todos los antepasados del linaje que han fallecido. Estas tradiciones van acompañadas de donaciones de comida y ropa a los más necesitados y a los sacerdotes que realizan el trabajo durante este tiempo. Las familias suelen tomarse ese último día libre para visitar el templo y rezar por todos sus antepasados o, también, el sacerdote acude a casa para realizar las oraciones rituales. Miles de personas celebran este ritual junto al río, y es un espectáculo increíble.

Es probable que mis antepasados quisieran que aprendiera constelaciones familiares, porque fue a través de ellas como vi que los problemas a los que se enfrentaba mucha gente eran el resultado de problemas ancestrales que se remontaban varias generaciones atrás. Me di cuenta de que, si esta energía ancestral estaba siempre presente, las tradiciones de honrar a los antepasados en mi país tenían su razón de ser. Las cargas o bendiciones ancestrales aparecían incluso en los horóscopos. Pero, cuando empecé a darme cuenta de patrones familiares transgeneracionales que se repetían, se me ocurrió que una forma de protección sería simplemente ofrecer oraciones por el bienestar de nuestros antepasados.

Al trabajar con mis clientes y darme cuenta de los patrones kármicos, me di cuenta de la importancia de honrar a mis antepasados. Como no tenía acceso a sacerdotes ni conocía los rituales, tuve que idear mi propia manera de hacerlo. Vi que las constelaciones familiares invocaban energías sanadoras de amor y compasión, así que pensé que, tal vez, ese sería el camino. Creé un ritual basado en mis experiencias con mis clientes y en la intención de estos rituales, que es honrar, reconocer y recordar. Si la energía ancestral nos rodeaba todo el tiempo, ¿por qué esperar un ritual anual; por qué no hacerlo a diario? La palabra "tarpanam", significa ofrenda, así que creé una breve oración corta, o *tarpanam*, para mis antepasados y la repetía todos los días. El *tarpanam* no es solo un acto de servicio a los antepasados, sino también el mejor regalo que puedes hacerte a ti mismo. Al recordar y honrar a mis antepasados, sus sacrificios y desafíos, me di cuenta de la sabiduría de mi historia personal y fue entonces cuando empecé a notar cambios en mi relación con mi familia. Los primos me llamaban, aparecían fotografías de mis abuelos y otros parientes, las conexiones empezaron a fortalecerse y a aparecer; se estaba produciendo la sanación. El cambio más profundo después de hacer este ritual para mis antepasados fue una sensación de paz. Empecé a sentirme muy conectada con mis linajes ancestrales, a sentir compasión por sus historias y aprecio por los que conocía en persona. Poco a poco, este ritual ha ido adquiriendo un significado más profundo en mi vida.

Tus antepasados también quieren conectar contigo

Los cambios con mis antepasados en el mundo invisible comenzaron a manifestarse en el mundo visible, y todo ocurrió después de que iniciara el *tarpanam*. Hace varios años, llegué a la India de madrugada después de un vuelo desde Estados Unidos que duró veinticuatro horas. Una pariente a la que no veía desde hacía varias décadas me visitó esa mañana y me despertó de mi letargo inducido por desfase horario. Yo acababa de llegar a la India y ella venía desde otra ciudad; coincidíamos solo un día. Tras unos saludos superficiales, se lanzó de inmediato a contar historias de la infancia de mi abuela paterna y de mi padre que yo nunca antes había escuchado. Descubrí historias sobre una tía abuela, dura con todos, pero que consentía a mi padre por ser el hijo menor. Sentí como si los antepasados estuvieran impacientes por hablar conmigo.

Sabía poco de la vida de mi abuela paterna y, con mi padre y sus hermanos fallecidos, ansiaba conocer más sobre ella. Unos meses más tarde, de vuelta en Estados Unidos, inesperadamente recibí de una prima una fotografía de mis abuelos paternos que había encontrado en sus archivos familiares; hasta entonces, no tenía ninguna foto de ellos. Más información sobre mis antepasados llegó a mí a través de mis familiares en forma de historias o fotografías. Gracias a ello, he conectado con primos con los que había perdido el contacto o incluso a los que nunca había conocido. En los últimos años, mi relación con la familia de mi padre se ha hecho más profunda y ha aumentado mi capacidad para compartir mi viaje y mis conocimientos con mis primos.

También me di cuenta de algo más: después de comenzar la práctica diaria del *tarpanam*, me sentí mucho más en paz. Con ello llegó una sensación de conexión, gratitud, sabiduría, perspicacia y de ser sostenida. Podía sentir el profundo amor de mis antepasados y la fuerza de mis dos linajes detrás de mí. Empecé a sentirme respaldada en mi vida, parte de un todo mayor, con una creciente sensación de confianza en el hecho de que el universo estaba ahí para guiarme. A veces lo veía como la imagen de una red en reparación: una cuerda gruesa que cerraba los agujeros hasta que podía sostenernos a todos.

Estas experiencias o sincronicidades no solo me suceden a mí: muchas personas que comienzan a honrar a sus antepasados notan nuevas conexiones en sus vidas al experimentar la fuerza colectiva que nos sostiene a todos. A lo largo de los años, he alentado a muchos de mis clientes a practicar el *tarpanam* para sanar relaciones tensas y cambiar patrones familiares. Suelen notar una mejora en las relaciones con sus padres y familiares y, al igual que yo, también experimentan una mayor sensación de paz. A medida que mejora la comunicación, surgen relaciones de amor y apoyo incluso entre las personas en conflicto. Mis clientes relatan que reciben llamadas de familiares distanciados o que, de repente, aparecen recuerdos familiares como señal de sanación de un familiar ya fallecido.

A cambio de honrarles, tus antepasados te bendecirán, ya que representas una parte de ellos que aún permanece en el reino físico.

Te apoyarán desde su mundo y te ayudarán a establecer límites sanos, a perdonar el pasado y a quienes te hayan hecho daño, y a mostrarte de forma más consciente con tu familia viva. Para mí, es el ritual más poderoso que una persona puede hacer a diario.

Cómo hacer el *tarpanam*

A continuación, te presento una práctica diaria modificada de *tarpanam* que solo toma unos minutos, pero cuyos efectos son bastante profundos. Cuanto más agradecida estoy con mis antepasados, más gratitud experimento por el viaje de mi vida y los retos a los que me enfrento, ya que puedo ver la historia de mi vida como parte de un tapiz más amplio.

Imagínate de pie ante tus antepasados, los maternos a tu derecha y los paternos a tu izquierda. Se extienden ante ti casi como el patrón en "V" que forman las bandadas de gansos al volar; cada antepasado tiene dos antepasados detrás.

Si lo deseas, puedes juntar las manos e inclinarte ante los dos linajes que tienes delante.

Esta es la oración que rezo a cada uno de mis linajes, y puedes adaptarla a ti mismo o elegir las palabras que prefieras. Se puede hacer entre el amanecer y el atardecer; yo la hago una vez por la mañana.

Me inclino ante mi linaje materno, tres generaciones antes que yo. Que el linaje se encuentre en paz, amor, luz y armonía. Que cada uno de ustedes exista en paz, amor, luz y armonía. Agradezco todo lo que he recibido de este linaje, incluyendo los regalos de los retos a los que me enfrento.

Me inclino ante mi linaje paterno, tres generaciones antes que yo. Que el linaje se encuentre en paz, amor, luz y armonía. Que cada uno de ustedes exista en paz, amor, luz y armonía. Agradezco todo lo que he recibido de este linaje, incluyendo los regalos de los retos a los que me enfrento

Mientras lo digo, soy muy consciente de mi respiración, lo que me tranquiliza y me ayuda a entrar en un estado de gratitud.

Ahora visualizo a las generaciones vivas actuales que están de pie delante de este linaje: los hijos, los míos y mis sobrinos, delante, mi generación de pie detrás de ellos, y la generación de mis padres detrás de nosotros. Tres generaciones delante de los linajes ancestrales.

La oración dice así, o al menos así la he adaptado yo:

Desde este lugar de luz, amor y armonía, les pido que nos bendigan a todos los que estamos aquí ante ustedes.

Les pido que bendigan a todos los niños del linaje, incluidos los que están por venir.

Les pido que bendigan a todos los que estamos detrás de estos niños mientras luchamos y salimos adelante. Bendígannos con su amor y su guía. Que siempre haya paz y armonía entre nosotros.

Les pido que bendigan a quienes están detrás de nosotros, incluidos aquellos a quienes quizá yo no conozca o haya olvidado.

Om, Shanthi, Shanthi, Shanthi.
(Traducción: paz, paz, paz).

Rezo la oración por todo mi clan, tanto materno como paterno, aunque no conozca a todos los miembros de ninguna de las dos familias. Si estoy enfadada con alguien, intento liberar esos sentimientos y pido apoyo al linaje materno o paterno para sanar las relaciones. Si alguien que conozco necesita un cuidado especial, puedo pedir ayuda específica. Con el tiempo, a medida que te sientas cómodo, puedes adaptar la oración para honrar a las seis generaciones de antepasados que han fallecido.

Eres libre de adaptarla de cualquier forma que te llame la atención. Lo único que no debes pedir es que el alma "descanse" en paz, porque el alma está de viaje. Si tienes una práctica de tu tradición con la que estás familiarizado, te animo a hacerla en su lugar.

Aunque no quieras hacer el *tarpanam*, al igual que en las tradiciones de todo el mundo, puedes servir a los pobres, a los niños, a los ancianos y a otras personas que lo necesiten. También puedes honrar a tus antepasados devolviendo a la sociedad lo que recibiste de ellos: dinero, educación o atención a los necesitados. Los actos de caridad, de hecho, son formas universales de honrar a los antepasados en todo el mundo. También puedes servir a la tierra conscientemente y aceptar un espíritu de reverencia por la naturaleza. Estos actos conectan nuestra alma con nuestros antepasados y son una forma de honrar las raíces que nos nutren.

PARTE III

Comprender el campo energético de tu familia

— SIETE —

Reescribir la
historia de tus padres

Un día, al regresar a casa del trabajo, me encontré con que un gran árbol había caído, bloqueando la carretera. Conocía ese árbol; solía protegerme del sol del verano y siempre era reconfortante verlo al conducir por mi calle, pero ahora yacía de lado, con las raíces al descubierto. Para un árbol de ese tamaño, era sorprendente lo superficiales que lucían sus raíces. Cuando la cuadrilla llegó para cortarlo, hablé con el arboricultor.

Me explicó que se debía a que el árbol crecía al borde de la acera, rodeado de cemento. "No es capaz de penetrar lo suficiente, así que lo único que tenía eran raíces poco profundas", me dijo.

Reflexioné sobre sus palabras mientras regresaba a casa. Las raíces profundas nos nutren y nos sostienen frente a las tormentas y los retos de la vida. Sin ellas, vivimos de manera superficial, y cualquier éxito puede ser temporal e incluso frágil, mientras que el fracaso puede resultar devastador. Me nutro del trabajo que he realizado con mis campos energéticos ancestrales y en el apoyo que recibo de las esencias florales, pero este trabajo no me libera de enfrentar las tormentas de la vida, aunque me proporciona el apoyo necesario para hacerlo. Tanto para ti como para tus antepasados, ya sean tus padres o los que les precedieron, los traumas y los desafíos eran inevitables.

En el nivel más fundamental, tus padres te dieron el mayor regalo que puedes recibir: tu vida, por lo tanto, tus padres son tus raíces más inmediatas. Cuando enfrentas desafíos en tu vida y en tus relaciones, y luchas por superarlos, ¿cómo encuentras la capacidad de sentir gratitud por el regalo de la vida? Eres la flor de tu árbol genealógico. ¿Cómo encuentras la capacidad de florecer?

Ya sea que sientas el amor de tus padres o no, y sigas recibiéndolo a medida que creces, la realidad es que los padres dan vida y los hijos la reciben, creando así una estructura de lealtad que es tanto consciente como inconsciente. Los padres a menudo se sienten con derecho a que se cumplan sus expectativas, mientras que los hijos pueden sentirse obligados a hacerlo. También tienen expectativas de amor y aceptación, que a veces pueden parecer inalcanzables. Los derechos y obligaciones de estas relaciones pueden ser evidentes para ti a través de conversaciones e interacciones con tus padres, o estar ocultos en algún lugar de tu conocimiento, pero siguen ejerciendo una gran influencia sobre ti.

La deuda de la vida: los padres dan y los hijos reciben

Con frecuencia, en el corazón de las relaciones conflictivas con nuestros padres yace la violación de una regla fundamental que subyace en el campo energético familiar: "los padres dan y los hijos reciben". Existen unas palabras específicas en sánscrito que se usan para describir la deuda que se tiene con los padres: *matr rin* y *pitr rin,* donde "rin" significa deuda, "matr" es madre y "pitr" es padre.

Al comprender la invaluable naturaleza de un nacimiento humano, que solo puede darse a través de nuestros padres, este principio del campo energético familiar reconoce la deuda que "tenemos" con ellos, independientemente de su comportamiento y personalidad.

En un nivel profundo, todos anhelamos tener familias y relaciones felices y afectuosas. Es posible que, en gran medida, sientas que así es. Sin embargo, si tus relaciones son poco satisfactorias, te cuesta establecer límites o luchas con la intimidad o el compromiso, puede ser útil examinar tus relaciones parentales. Es muy difícil alcanzar las relaciones deseadas si primero no resuelves tus vínculos con tus padres, ya que ellos establecen los cimientos de nuestra interacción con los demás. Una relación cálida y afectuosa con tus padres fomenta la seguridad en ti mismo y la confianza en los demás, incluso cuando no estás seguro de si esa confianza es merecida. En relaciones íntimas, puedes equilibrar la dependencia y la independencia de manera saludable. Sin embargo, para algunos, pueden existir fracturas fundamentales en esta dinámica.

Puedes sentirte herido por la falta de atención de tus padres, por su incapacidad para expresar amor, por las críticas, por sus expectativas, por su frialdad o por su trato hacia ti. La lista de posibles formas de daño puede llegar a ser interminable, aunque tus padres no lo adviertan. Aunque te propongas cambiar las cosas, es posible que caigas en patrones automáticos de respuesta y que tu determinación se desvanezca. A veces, puedes sentirte atrapado en un ciclo repetitivo, girando sin avanzar; es posible que te sientas estancado debido a las narrativas que te han inculcado, incluso aquellas que te repites a ti mismo. Para liberarte de estas historias, es fundamental comprender cómo el trauma afecta nuestras raíces.

Cómo afectan los traumas a tus raíces

La historia de nuestras familias suele estar moldeada por una variedad de eventos traumáticos, como la guerra, la victimización, la pobreza, el hambre, el suicidio y otras fuerzas poderosas, de manera similar a la forma en que la tierra es esculpida por los movimientos de los glaciares, los terremotos, los volcanes y otros fenómenos naturales. El lienzo de tu familia es vasto y complejo, y tú eres solo una parte de él. Tratar de abarcarlo todo puede resultar abrumador y entender a plenitud de qué manera estos eventos han influido en tu vida puede ser más de lo que tu mente consciente es capaz de asimilar. Sin embargo, en ocasiones, es posible vislumbrar una parte de tu historia a través de herramientas como las constelaciones familiares u otros enfoques energéticos.

Los traumas, de cualquier tipo, son una realidad inevitable en la experiencia humana. No es posible protegerte por completo a ti mismo ni a tus seres queridos de experiencias estresantes o impactantes. Estas experiencias pueden generar dificultades para expresar amor, convertirse en un desafío a la hora de desempeñar roles parentales, ser un obstáculo para establecer relaciones cálidas, aceptación e intimidad, e incluso afectar la capacidad de mantenerte económicamente. El impacto del trauma se manifiesta en emociones como el miedo, la ira, la tristeza, la aflicción o la impotencia.

¿Qué entendemos por trauma? Aunque haya una lesión física, el impacto psicológico del trauma se refiere a la respuesta automática al estrés que se activa cada vez que se recuerda la experiencia traumática original. Esta respuesta puede ser tanto consciente como, más comúnmente, subconsciente. Según la neurociencia, la mente consciente solo está activa cerca del 5 % del tiempo, mientras que el 95 % restante del tiempo actuamos desde programas subconscientes arraigados y heredados, a menudo sin darnos cuenta de ello.

El trauma se manifiesta como una historia no resuelta, ya sea provocada por acoso escolar, dificultades en la inmigración, desamor, guerra u otros eventos traumáticos que dejan una marca emocional. Cada individuo puede experimentar y procesar el trauma de manera diferente. Mientras que una persona puede recuperarse de un desengaño amoroso, otra puede verse bastante afectada. Del mismo modo, alguien que fue despedido de su trabajo puede buscar formas de seguir adelante, mientras que otro puede sentirse abrumado y rendirse por completo. En momentos de trauma intenso, puede resultar difícil procesar a nivel intelectual y emocional lo ocurrido, lo que puede llevar a sentimientos de desesperanza, alienación, pérdida de fe y desconexión con los demás y contigo mismo. Estas experiencias pueden generar patrones de comportamiento poco saludables como mecanismos para afrontar la situación.

El difunto Ivan Boszormenyi-Nagy, un terapeuta que trabajó con miles de familias de diferentes estratos socioeconómicos, observó que las personas que han sido agraviadas, maltratadas o heridas, y que no pueden obtener resarcimiento de las personas que les han hecho daño, pueden acabar maltratando a otras. Debido a su propia experiencia, intentan vengarse dañando a otros que no son responsables de haberles herido, lo que perpetúa un ciclo de traumas, abusos o heridas, erosionando la confianza en las relaciones. Boszormenyi-Nagy, en su libro *Lealtades invisibles*, llamó a este comportamiento "derecho destructivo". Los síntomas visibles del derecho destructivo incluyen la ausencia de remordimientos, el maltrato a los hijos y a la pareja, e incluso el prejuicio hacia los demás, incluida la persecución racial o religiosa.

¿Es posible conectar con las raíces de tu existencia si estas pasan por tus padres, que han traicionado tu confianza? ¿Puedes replantear o recalibrar tu relación para que no sea una sombra sobre tu vida? Para acceder al don de la vida, tienes que empezar a desprenderte de las historias paternas que has creído y sostenido con tanta fuerza; tienes que dejar de cargar con tus padres a través de estas historias. Al igual que Christine, cuya constelación describí en el capítulo 4, fue capaz de sentir compasión por su madre viéndola como la hija de otra persona y comprendiendo los efectos que el trauma tuvo en su abuela, quizá tú también puedas empezar a replantear las experiencias de tus padres, abuelos y antepasados. Por ejemplo, podrías decirte a ti mismo:

> *Me he sentido poco querido. Sin embargo, ahora sé que mi madre estaba demasiado deprimida para expresarme su amor. Creo que, aunque yo no lo sintiera, ella me quería. Está bien que me sienta triste o enfadado por su falta de amor hacia mí. Le agradezco por haberme regalado la vida. Estoy agradecido porque gracias a que ella no expresó amor, he aprendido lo importante que es ser amable y cariñoso con los hijos, abrazarlos y decirles: 'Te quiero'. Le agradezco las lecciones que he aprendido porque me convierten en el padre que soy hoy.*

> *Me he sentido indigno, pero ahora creo que todo el mundo, incluido yo, es digno de ser feliz en esta vida. Está bien que vuelva a sentirme poco merecedor de la felicidad, pero cuando eso ocurre, elijo ser cariñoso conmigo mismo. Recuerdo que, aunque mis padres siempre fueron muy críticos conmigo, me dieron la vida; no me criticarían si no les importara. Pero también entiendo que su necesidad de criticarme tiene más que ver con lo que sucede en su interior que con las decisiones que tomo o con cómo vivo mi vida. No tengo por qué aceptar sus críticas.*

Los patrones familiares disfuncionales, como cerrarse o adoptar un comportamiento pasivo-agresivo y otros mecanismos de afrontamiento, se crean con el tiempo, a medida que una familia intenta hacer frente al estrés y al trauma. Cuando empiezas a analizar el papel del trauma en tu familia, inicias el camino hacia la sanación de las heridas paternas. También puedes dejar de ponerle un tope a tus logros, y a la forma en que percibes la alegría y la maravilla de la vida.

Puedes experimentar la calidez de las relaciones y encontrar la fuerza para perseguir tus sueños; dar un paso adelante hacia una vida que habrás creado para ti, dejando ir el sufrimiento al que te has estado aferrando para que puedas empezar a ver que tu vida es, en realidad, un regalo.

Para las personas que han sufrido abusos físicos, emocionales o sexuales por parte de sus padres o heridas de otro tipo, el proceso de aceptación del don de la vida puede ser demasiado difícil. Dejar ir el sufrimiento en caso de que tus padres hayan sido abusivos requiere más apoyo del que este libro es capaz de ofrecer, así que a esos lectores les recomiendo encarecidamente que incluyan otros recursos, como un terapeuta, en su viaje para sanar sus raíces. Puesto que no soy terapeuta profesional, la mayoría de mis consejos se dirigen a aquellos cuyos padres no fueron maltratadores; sin embargo, he observado que la terapia de constelaciones familiares, también puede ser bastante útil en estos casos si se cuenta con un facilitador experto. También hay ciertas esencias florales y ejercicios enumerados en este libro, que pudieran ofrecer cierto alivio. Aunque te resulte imposible aceptar a tus padres, puedes sanar la herida paterna que llevas dentro para poder sentir el don de la vida y aprovechar las raíces del árbol de la vida, en lugar de dejarte abrumar por la sombra que oscurece tu vida. No tienes que comprometerte con tus padres ya que, para algunos, hasta puede que no estén vivos o emocionalmente disponibles, pero puedes liberar parte del dolor de esta energía negativa.

Comprender las heridas de tus padres

La autoestima, que es inherente a nuestra alma, puede verse erosionada por nuestra infancia u otras experiencias. Cuando eres niño, siempre estás absorbiendo mensajes de las interacciones que tienes, que te ayudan a crear una imagen sobre ti mismo. Millones de experiencias, significativas y minúsculas, crean estas autocreencias. En particular, las reacciones de tu madre cuando eras niño influyen mucho en cómo te percibes a ti mismo: su paciencia o impaciencia, su capacidad o incapacidad para expresar calidez, amor y ternura, su tristeza y su alegría, todas sus emociones, conforman tu personalidad, sobre todo hasta la preadolescencia y, a menudo, hasta la edad adulta.

A finales de la década de los ochenta, Michael J. Meaney, Ph. D., y su equipo de investigación de la Universidad McGill comenzaron a examinar la relación entre el estrés, el cuidado materno y la expresión génica. Estos investigadores observaron los efectos a largo plazo de separar a las madres roedoras de sus crías recién nacidas durante varios minutos al día y descubrieron que las crías adultas eran más propensas al estrés y mostraban cambios en ciertas regiones de su cerebro. Sin embargo, el comportamiento de la madre al reunirse con sus crías, es decir, el grado en que los lamía y acicalaba, era importante. El grado de acicalamiento de la madre afectó a la futura respuesta de estrés de las crías: a mayor acicalamiento, menor respuesta al estrés, y a menos acicalamiento, las crías se mostraban más temerosas, cambios que persistieron durante dos generaciones. Este experimento demuestra que las respuestas a los traumas varían y pueden tener efectos a largo plazo. Un trauma para un recién nacido o un niño en etapa preverbal puede deberse, simplemente, a la separación de la madre, del padre o de ambos durante un período de tiempo que suele ser corto.

La separación de tus padres durante la infancia puede causar una herida: la pérdida de confianza en el hecho de que tus padres estarán a tu lado en la vida. Es posible que tus padres te quisieran mucho, pero sin querer te causaron esta herida. Tal vez tu madre fue hospitalizada cuando eras pequeño, lo que provocó una separación, o tu padre perdió su trabajo y se deprimió y retrajo antes de poder conseguir un nuevo puesto y volver a ser la figura paterna estable que había sido antes. Tal vez nació un nuevo hermano, o tuviste tantos hermanos que tu madre no pudo prestarte la atención que necesitabas. Quizá uno de tus padres murió cuando eras niño, o experimentaste su ausencia por divorcio, encarcelamiento o debido al trabajo lejos de casa durante mucho tiempo. Todos estos acontecimientos pueden causar una herida sin que el progenitor tenga ni idea de que está ocurriendo. En respuesta a la herida, es posible que te hayas alejado emocionalmente del progenitor y, sin ser consciente de ello, hayas decidido que no se puede confiar en que las personas que te quieren se quedarán a tu lado, interiorizando el mensaje tan dañino de que "no mereces ser querido". Si el otro progenitor está cerca, puede mitigar la herida, pero no podrá evitarla por completo.

John Bowlby, un psicoanalista que estudió a niños que habían quedado huérfanos a causa de la Segunda Guerra Mundial en Inglaterra, fue el primero en aportar pruebas del impacto que tenía la pérdida de la madre o el padre. Los niños que habían sido separados de sus madres al principio de su vida durante un período prolongado no lograban prosperar en la sociedad ni llevar una vida ética. Muchos de ellos incluso se convirtieron en ladrones. Martin Seligman, en su libro *La auténtica felicidad*, cita a Bowlby describiendo a estos niños como "sin afecto, carentes de sentimientos, con relaciones superficiales, enfadados y antisociales". Muchos de los niños de su estudio también tenían un papá ausente por completo, que había abandonado a la familia o que era hostil o violento con sus hijos. Esto le llevó a afirmar que un vínculo paterno-filial fuerte es insustituible.

Para examinar su teoría, Bowlby estudió a varios niños enfermos en un hospital y observó lo que sucedía cuando sus padres venían a verlos; en aquella época, estos solo podían visitar a sus hijos una vez a la semana durante una hora. Descubrió que los niños pasaban por tres etapas. Al principio, protestaban enérgicamente cuando sus padres se iban: lloraban, gritaban, golpeaban la puerta, sacudían la cuna durante unas horas o incluso días. En la segunda etapa, tras marcharse los padres, los niños experimentaban desesperación: lloriqueaban o se volvían apáticos. Y al final, se "desapegaban"; se volvían sociables con otros adultos y niños y aceptaban un nuevo cuidador, pero expresaban desapego hacia sus padres al no mostrar alegría cuando volvían. Sus hallazgos demostraron lo dependientes que son los niños de la atención de sus padres y el tipo de daño emocional que puede producirse cuando hay una falta.

Una vez, en una clase de meditación, la instructora pidió a cada persona que meditara para entrar en su interior. "Pregúntate a ti mismo, ¿cuál es tu miedo más profundo? Cuando surja algo, retenlo y vuelve a tu interior. Pregúntate otra vez cuál es tu miedo más profundo. Si se repite el mismo miedo, entonces sabrás que has encontrado tu miedo más profundo. Si no, ve todavía más adentro". Le escuché decir que solo hay heridas centrales muy relacionadas: que no somos "dignos" o que somos "no queribles". Bajo estas heridas subyace el miedo al rechazo y al abandono y la necesidad de encajar en la "tribu" para sobrevivir.

¿Cómo entiende un niño que no es querido o digno de ser querido? Si bien es posible que no pueda articular una explicación, ni siquiera de adulto, en el fondo es algo que puede sentir:

> *Nunca me amarán por lo que soy.*

> *Soy un tonto por pensar que puedo alcanzar el deseo de mi corazón.*

> *Sí, soy infeliz, pero no merezco nada mejor que lo que tengo ahora.*

La forma en que experimentas las relaciones con tus padres desde muy temprano en la vida puede hacerte sentir poco querido e indigno. Mark Wolynn, autor de *Este dolor no es mío*, señala que, si las madres están "en sintonía" con sus hijos incluso el 20 o el 30 por ciento del tiempo, eso podría considerarse una maternidad "lo bastante buena". Tu madre no tenía que ser perfecta para que te sintieras querido; incluso lo que parece poco es en realidad suficiente.

Pero si no hay ninguna conexión por parte de la madre o si ella no es emocionalmente receptiva, empiezas a sentir que algo va mal contigo. Una creencia no articulada sobre ti mismo se atrinchera en tu mente y el dolor se aloja en tu corazón; empiezas a verte a ti mismo como alguien que no merece recibir amor a menos que te lo hayas ganado de alguna manera, que no eres digno de recibir amor tal y como eres. Puede que incluso sientas una sensación de vergüenza o pudor en tu interior que tal vez tampoco esté del todo articulada.

Reescribir la historia de tus padres

Cuando cambias las relaciones con tus padres dentro de ti y sanas tu herida central, te permites sentirte digno de conectar con los demás.

Cuando Sara vino a verme, su padre había muerto y no se llevaba bien con su madre. Cada vez que la visitaba, terminaban peleando y Sara se marchaba, planeando no volver a hablar o ver a su madre. Le di a Sara esencias florales para sanar el dolor emocional y liberar parte de la amargura que arrastraba y también quería que explorara parte de la historia de su linaje materno para lograr una sanación más profunda.

Supe que la madre de Sara fue adoptada por una pareja que no tenía más hijos. La madre adoptiva era muy estricta y nunca le mostró afecto; cuando se trataba de disciplina y expectativas, era dura. El padre adoptivo era alcohólico y, cuando se enfurecía, maltrataba a la madre de Sara y amenazaba con llevarla a ella de vuelta al orfanato. Ella nunca quiso conocer a sus padres biológicos.

Mientras trabajábamos en la historia de su linaje y la repetición de patrones emocionales, Sara fue capaz de ver a su madre de otra manera. Se dio cuenta de que, dadas las historias que ella misma le había contado, su madre nunca había recibido mucho afecto, por lo que no podía ser muy expresiva con sus hijos. Cuando la madre de Sara era abusiva y la echaba de casa diciéndole que no volviera, no hacía más que repetir lo que le habían hecho a ella. Sara formaba parte de una historia que se remontaba en el tiempo.

¿A quién le pertenece la rabia que experimentamos? Debajo de esa rabia, ¿de quién es el dolor? Una vez que empiezas a reconocer que otra persona ha proyectado su rabia y su dolor en ti, quizá a través de sus propias experiencias, o incluso puede que estas emociones estén codificadas en el campo energético familiar, puedes empezar a reclamar tu poder personal. Tomar consciencia es el primer paso, y puede darte la libertad de tomar decisiones conscientes. Una vez que conozcas los patrones en juego, puedes elegir romper el ciclo del derecho destructivo y tus expectativas tanto de tus padres como de ti mismo y empezar a sanar tus heridas paternas.

Cuando cambias, es posible que los ansiados cambios en tus relaciones y en otras áreas de tu vida no se produzcan de inmediato. Puede que imagines en tu mente que tienes una relación más estrecha y menos dolorosa con tus padres. Eufórico y esperanzado, tal vez descubras que tus expectativas chocan con la realidad en la que se encuentran tus padres, tu pareja u otras personas. Es posible que te contesten con brusquedad o te critiquen, como acostumbran a hacer. Esto puede resultar desalentador, ya que inconscientemente puede que estés buscando una validación externa para tus cambios internos. Si sigues irritándote, solo significa que hay más trabajo por hacer, aunque se trata de trabajo interno. Con el tiempo, cuanto más cambies, más cambiarán las cosas a tu alrededor, a medida que el universo se sincronice con el cambio en tu actitud. En última instancia, es importante que cambies tus respuestas y liberes el efecto de los patrones negativos sobre ti.

Para que tengas éxito, necesitas ser paciente, y puedes utilizar esencias florales, altares ancestrales y oraciones para apoyarte en la realización de estos cambios.

Liberar la lealtad inconsciente a tus padres

Cuando te ves a ti mismo como una víctima, puede que te alejes emocionalmente de tus padres y te resulte difícil aceptarlos tal y como son. Al permanecer en el papel de víctima, violas las reglas del campo energético familiar, lo que a su vez te afecta de forma negativa y te mantiene atrapado en patrones repetitivos. En tu deseo de amor, aceptación, reconocimiento o cualquier otra expectativa que tengas de tus padres, permaneces inconscientemente leal a ellos, aunque pienses que ya no tienes nada que ver y que ya no tienen ninguna influencia sobre ti.

Cuando eres leal de forma inconsciente, es posible que repitas los mismos comportamientos que mostraron tus padres, aquellos que te causaron tanto dolor. Para identificar las lealtades inconscientes que pueden estar obstaculizando la felicidad y el bienestar de un cliente, busco las pistas que me muestran los patrones familiares negativos que ellos pueden no estar reconociendo. Estos patrones apuntan a un deseo inconsciente de estar conectado a un progenitor de una forma que puede ser poco saludable e incluso destructiva.

He aquí algunos ejemplos de mi práctica:

- El padre de Kate abusó de ella y ella lo odia por ello, pero dentro de la familia ella es la única hija que padece el mismo desorden autoinmune que él.
- Brad se distanció de su padre alcohólico que lo menospreció y ahora es él quien bebe en exceso.

- Sean tuvo una aventura con una mujer casada y ella quedó embarazada. Terminó casándose con ella, aunque no era su intención, al igual que su padre se casó, por obligación, con su novia embarazada, la madre de Sean. Sean no tenía una buena relación con su padre y repitió el patrón, a pesar de saber el descontento de su padre con su propia decisión.

- El padre de Ed era un abogado prominente y tenía un bufete exitoso. Pero era alcohólico, infiel y, al final, terminó en la ruina. Ed tampoco tenía una buena relación con su padre y empezó a ser infiel más o menos a la misma edad que su padre. Su bufete empezó a deteriorarse y se divorció por segunda vez.

- Liz, una empresaria exitosa, siempre criticaba a su esposo por ser incapaz de mantener un empleo, por lo que ella tuvo que cargar con la responsabilidad de la seguridad económica de su familia. Su hija acabó en un matrimonio en el que ella también asumió la responsabilidad de ser la principal fuente de ingresos, mientras que el hijo de Liz no se ha casado y salta de un trabajo a otro.

- Al padre de Max le fue negado un ascenso repetidas veces, lo que le mantuvo estancado en un puesto directivo de bajo nivel. El mismo patrón apareció en la vida de Max como un techo en su vida profesional, a pesar de sus mejores esfuerzos por ascender en la escala corporativa.

Aunque estos ejemplos tienen claros paralelismos entre generaciones, algunos patrones negativos inconscientes en las relaciones solo se hacen visibles cuando se miran muy de cerca. Cuando trabajo con clientes, veo cómo el peso de las expectativas puede hacerlos sentir como si se estuvieran desmoronando. Una persona puede insistir en que nunca se parecerá en nada a sus padres y, sin embargo, acabar reflejando su comportamiento de determinadas maneras. En los ejemplos antes mencionados, la hija de Liz reflejaba el comportamiento de su madre, pero podría haber acabado siendo más como su hermano, desenfocada y sin perseverar en una carrera, lo que supondría seguir el patrón de su padre. Lo que veo es un patrón familiar que se desarrolla de forma un poco diferente en la segunda generación que en la primera. Pero si se observa con detenimiento, puede revelarse una lealtad inconsciente a sus padres y la repetición de patrones familiares.

El propio regalo de la vida, por el que estás en deuda con ellos, te hace inconscientemente leal a tu campo energético ancestral y a tus padres, aunque no te sientas agradecido por ello. Incluso si la relación con tus padres es tensa, incluso si eres incapaz de darles afecto o los evitas por completo, puede que sigas siendo leal de forma inconsciente, tanto que estés dispuesto a sacrificar tu propia felicidad por ellos, sin darte cuenta de lo que estás haciendo.

Llegas a este mundo enredado en la historia, o karma, de tu familia. Los maestros indios dicen que hay muchas almas esperando nacer, esperando a la familia adecuada donde aprender las lecciones necesarias, y esperando la alineación correcta de los planetas, para que estas almas puedan cumplir sus destinos. La familia es el crisol a través del cual se trabaja el karma individual y familiar. Esta filosofía adopta el punto de vista de que tu vida no es un acontecimiento aleatorio, y no eres apenas el resultado de un espermatozoide que alcanzó con éxito a un óvulo. Los retos que te plantean tus padres te convierten en lo que eres; es como si hubiera un contrato familiar que aceptaste antes de nacer, y tu llegada a la experiencia humana abre una puerta para que tu alma intente cumplir su propósito aquí en la tierra. El amor humano es una ofrenda imperfecta, teñida de expectativas y juicios. Tal vez tu alma, liberada de tu cuerpo, tenga la sabiduría para liberar al ego de la esclavitud psicológica para dar un paso hacia la libertad y el empoderamiento.

Estar agradecido por tu vida no significa que apruebes el comportamiento de tus padres o su modelo particular de crianza. Si piensas en la vida como en un río, tus padres, al darte la vida, te permiten formar parte del flujo hacia adelante. Kate, una de mis clientes, había sido maltratada por su padre, pero se dio cuenta de que había heredado su mente científica. Lara, otra cliente, había heredado el talento artístico de su madre. Si has asociado una característica tuya con un progenitor que te hirió, es posible que niegues esas partes de ti mismo y nunca te permitas expresarlas en el mundo.

Elegir ver es elegir ser consciente y hace falta valor para ver los patrones inconscientes y el comportamiento. Carl Jung dijo que, "hasta que lo inconsciente no se haga consciente, el subconsciente seguirá dirigiendo tu vida y tú le llamarás destino". Tanto si te separas de tus padres por experiencias de la infancia como si lo haces como resultado de comportamientos disfuncionales en la familia, aislarte puede limitar tu potencial para vivir la vida al máximo. A muchas personas se les aconseja separarse de sus padres para reducir el dolor de su dinámica con ellos y para ayudarles a dejar atrás recuerdos dolorosos. Pero separarse de forma física o emocional de uno de los padres, en sí mismo, no cura el campo energético familiar, porque no impide que sigan afectando energéticamente tu vida ni que se repitan los patrones familiares. Como señala Dan Cohen, autor de *Llevo tu corazón en mi corazón*, "las personas que rechazan a sus padres pueden estar plenamente justificadas en su valoración de la culpa y la culpabilidad, pero **no se dan cuenta de las graves consecuencias que a menudo se derivan de esta actitud**". La pregunta que hay que hacerse, tal vez, es: ¿Qué estás rechazando? Además de la proximidad física y emocional, es posible que también estés rechazando la posibilidad de liberarte de la historia que mantienes con tus padres.

Rechazar a tus padres es seguir atado a las expectativas de lo que hubieras querido de ellos y siendo víctima del destino o de las circunstancias; aceptarlos es simplemente aceptar la realidad de lo que son. No se trata de olvidar lo que tus padres podrían haber hecho, ni justificarlos, aceptarlos o condonar sus acciones o comportamientos perjudiciales. Cuando los rechazas, en realidad estás luchando por aceptar la realidad y la decepción de tus expectativas, mientras que aceptarlos significa darse cuenta de que quizá nunca recibas el reconocimiento del dolor, la decepción, la traición, la pena o cualquier otra emoción que sientas como resultado de su comportamiento. Puede que nunca obtengas de ellos el aprecio y la valoración que deseas. Significa aceptar la realidad de la crianza que has recibido en lugar de aferrarte a la idea de quién te habría gustado que fuera o qué te habría gustado que hiciera, en el pasado, en el presente o en el futuro. Incluso puede significar que te des cuenta de que algunas de sus acciones, por hirientes que fueran, estaban gobernadas por sus propios miedos y dolor, o motivadas por su deseo de buscar tu bienestar, por muy equivocada que estuviera la ejecución. También significa dejar de lado la necesidad de venganza, la necesidad de tener razón y la necesidad de culpar a tus padres de tus circunstancias actuales. Si es posible, significa desarrollar compasión y comprensión por su viaje y por ellos, incluso si no planeas estar nunca en contacto o compartir estos sentimientos con ellos. Aceptarlos es dejar de ser víctima y, cuando lo haces, empiezas a sanar tu campo energético familiar y a liberar la carga y la huella de los patrones negativos. Para algunos, este viaje es más difícil que para otros, e insto a aquellos lectores para quienes esto sea muy desafiante a que encuentren el apoyo externo que necesitan.

No puedes esperar que tus padres cambien solo porque tú has cambiado, pero puedes reconocer que, gracias a tu trabajo de sanación, tus sentimientos evolucionarán y te sentirás menos vulnerable e impotente. Incluso podrías adoptar una perspectiva espiritual, aceptando tanto los defectos como los puntos fuertes de tus padres y, al hacerlo, recuperar tu propio poder.

Puede o no haber esperanza de mejorar la relación con tus padres, pero una cosa es segura: puedes sanar la herida paterna y/o materna **dentro de ti**, liberándote del dolor del pasado. Al comprometerte a valorarte a ti mismo, a través del trabajo interior, rechazas conscientemente la idea de que no eres digno de ser amado; te comprometes a asumir la responsabilidad de tus propias elecciones y decisiones. Este desapego te permite ser menos reactivo y moldear conscientemente tu relación con tus padres y contigo mismo, así como a interpretar las acciones de los demás en función de **ellos mismos** y no como un reflejo de ti mismo.

Cuando encuentras tu autoestima, puedes establecer límites y optar por relacionarte con la gente de manera diferente. Esto te protege de salir herido como antes, sobre todo porque puedes reconocer que no todo gira en torno a ti.

Es difícil predecir si Sara será capaz, algún día, de dejar atrás por completo la ira y el rencor hacia su madre. Sin embargo, confío en que una cliente como ella pueda alcanzar un punto en el que pensará: "Mi madre tuvo una vida dura y, en gran medida, eso influyó en su comportamiento. Puedo sentirme como me siento por el trato que me dio, pero reconozco que ella no necesariamente fue capaz de actuar de manera diferente". Es posible incluso que llegue a compadecerse de la historia de su madre y adopte esta nueva perspectiva en lugar de la que ha mantenido durante tanto tiempo, lo que le permitirá empezar a establecer límites saludables. De hecho, ya ha dado algunos pasos hacia esa dirección: con la ayuda de las esencias florales, Sara ha creado una distancia energética óptima que le ha permitido mantener una relación con su madre a la vez que se cuida a ella misma. Es posible incluso que se convierta en una sanadora dentro de su familia, mostrando a los demás nuevas formas de relacionarse con aquellos familiares que causaron dolor.

Los traumas no resueltos pueden afectar a familias, comunidades e incluso países durante generaciones, transmitiéndose a cada generación venidera. A medida que uno cambia, se vuelve menos reactivo emocionalmente y comienza a ver estos comportamientos como formas de afrontar el dolor. Dejarás de tomarlos como algo personal, porque reconoces que no se originaron en ti.

Comenzar el viaje hacia la sanación de tus relaciones, encontrar la gratitud por tu vida y tu autoestima, comienza por aceptar a tus padres. Al hacerlo, aprendes a soltar tus expectativas, tanto de ellos como de ti mismo. El comportamiento de tus padres puede seguir siendo el mismo, incluso si tú haces el trabajo de sanación interior. Pero a medida que cambia tu perspectiva, creas espacio en tu corazón para la relación tal como es y no como te gustaría que fuera. Puedes seguir sufriendo a veces, pero dejarás de interponerte en tu propio camino y dejarás de reabrir viejas heridas una y otra vez. Puedes confiar en que te levantarás y crecerás en fuerza y sabiduría.

Conectar con el amor
universal incondicional

En la terapia de constelaciones familiares, he observado que Emily y Dan suelen pedir a los participantes que representen energías sanadoras maternas o paternas en casos en los que la crianza de los hijos ha sido inadecuada. Estas energías son arquetípicas y parecen paralelas a las representaciones de las energías sanadoras y divinas que observe mientras crecía. Me di cuenta de que una forma de sanar es acceder a la energía amorosa y nutritiva de los arquetipos divinos de la madre y el padre.

El arquetipo de la madre divina es uno de los más antiguos y existe en muchos relatos espirituales, como la Virgen María en el catolicismo, Guan Yin, la diosa budista de la compasión, y muchas otras. En el hinduismo, hay muchas manifestaciones de la diosa, a menudo personificada como una madre que adopta muchas formas: puede ser amorosa, indulgente, tierna, feroz o despiadada en su disciplina. Hay templos repartidos por todo el país en honor de la divinidad femenina o la divina madre, a los cuales hombres y mujeres peregrinan a menudo porque "la madre les ha llamado". Mientras que la divina madre rige el panteón de deidades, su consorte invoca la arquetípica energía divina masculina. El himno y el canto más popular de la India promueven la idea de que estas energías divinas, por sí solas, son por excelencia la madre y el padre.

Puede ser más difícil imaginar una energía paterna divina que no sea autoritaria ni disciplinaria, pero quizá puedas imaginar una energía protectora, nutritiva y compasiva que resuene con tus inclinaciones espirituales, como Jesús, Buda, un padre universal o algunas de las energías del panteón hindú.

Para reparar tu conexión con tus antepasados, puedes empezar por abrir una conexión para ser nutrido. Cuanto más puedas acceder a estas energías y apoyarte en ellas, más podrás llenar el vacío que hay en ti y liberarte de tus expectativas respecto a tus padres humanos y a otras personas que te rodean. Puedes abrirte a recibir amor, apoyo y guía, construyendo una conexión desde tu interior, cuidando de tus propias necesidades sin resentirte con los demás por no hacerlo. El siguiente ejercicio de visualización puede ayudarte a acceder a estas energías y a cambiar las heridas parentales que hay dentro de ti.

Muchos atletas reconocidos utilizan la visualización para crear imágenes mentales internas, detalladas y vívidas de su rendimiento, previo a su desempeño real. Este proceso entrena el cerebro fortaleciendo la conexión mente-cuerpo a través de múltiples procesos cognitivos, lo que a su vez aumenta la confianza, el rendimiento y el éxito. Además de reducir el estrés, la visualización te permite cambiar tus pensamientos y comportamientos porque el subconsciente no es capaz de reconocer que no se trata de una experiencia real.

Sanar a través de la visualización

Ponte de pie en una posición cómoda y respira profundo con los ojos cerrados. Piensa en lo que te gustaría atraer a tu vida: una relación amorosa, una relación cálida con tus hijos o seguridad y abundancia. Imagina a la divina madre universal de pie y detrás de ti, con su mano derecha sobre tu hombro izquierdo. Ahora imagina al divino padre universal de pie y detrás de ti, con su mano izquierda sobre tu hombro derecho. Respira su amor, su cuidado y su protección. Siente la suavidad de sus manos y el apoyo que te dan.

¿Puedes imaginarte casi apoyado en ellos mientras dejas que sostengan tu peso? Siente cómo te dan permiso para recibir lo que tanto deseas en tu vida. Percibe sus bendiciones para que la plenitud de tu vida florezca. Siente su respaldo hacia tu éxito mientras desean para ti lo que te cuesta visualizar y pedir para ti mismo; siente su amor por ti. Cuando estés preparado, da un paso adelante con el pie derecho y luego con el izquierdo. Continúa sintiendo sus manos sobre tus hombros. Inhala, siente su amor e inspírate en él, sabiendo que siempre están ahí para ti, que puedes recurrir a ellos en cualquier momento. Haz esto todos los días hasta que en verdad puedas sentir la amorosa energía universal de los padres y su apoyo en tu vida.

Ejercicios del diario

1. En el anterior capítulo, se abordaron los posibles traumas que pudieron haber experimentado los padres o abuelos. Por ejemplo, tu padre podría haber estado en la guerra o haber perdido a uno de sus progenitores o la familia de tu madre pudo haber enfrentado escasez o violencia. ¿Podrías explorar cómo estos antecedentes contribuyeron a moldear su forma de ser? ¿Acaso tuvieron que abandonar su país de origen o huir de él? ¿Experimentaron la pérdida o el abandono de algún padre o abuelo? ¿Conoces los desafíos que enfrentaron tus abuelos? Te

sugiero utilizar el altar y las esencias florales enumeradas a continuación para responder estas preguntas en un diario y gestionar las emociones que puedan surgir.

2. ¿Recuerdas alguna vez haber estado solo en tu infancia? ¿Tus padres te dejaron al cuidado de un abuelo u otro pariente? ¿Te hospitalizaron a ti o a alguno de tus familiares? ¿Prefieres mantener un distanciamiento emocional o físico con tus padres? ¿Puedes explorar qué experiencias te llevaron a sentirte de esta manera? Si experimentaste abuso durante la infancia, te recomiendo involucrar a un terapeuta en este ejercicio.

Esencias florales

Achicoria: para liberar las expectativas que pueden mantenerte encerrado dentro de patrones inconscientes.

Sauce: para el rencor que guardas contra tus padres, el destino o las circunstancias.

Acebo: para el enojo con tus padres, hermanos u otros familiares.

Madreselva: para liberar los recuerdos del pasado que te impiden estar presente.

Estrella de Belén: para calmar el dolor interno. A menudo se le denomina esencia maternal.

Castaño dulce: para cuando la carga de las expectativas o los retos a los que te enfrentas te hagan sentir que no puedes más o que has llegado al límite de tu resistencia.

Liriomariposa: para sanar heridas relacionadas con la maternidad.

Bebé de ojos azules: para sanar heridas relacionadas con la paternidad.

Estabilizador postraumático: una mezcla de esencias sanadoras para tratar los síntomas del trastorno de estrés postraumático (TEPT). (Véase el glosario para verificar las esencias individuales que componen el estabilizador).

Mostaza: para la depresión que se manifiesta de forma inesperada. Libera las experiencias kármicas inconscientes.

Rosa silvestre: para la apatía y la sensación de resignación que no te permite hacer cambios en tu vida.

Véase el glosario para más detalles sobre estas esencias.

OCHO

Los padres dan
y tú recibes

Como mencioné en el capítulo anterior, una de las leyes fundamentales del campo energético familiar establece que **los padres
dan y los hijos reciben**. ¿Qué sucede cuando no puedes recibir el
amor de tus padres o cuando das más de lo que recibes? Esto hará que
luches con los límites y el autocuidado.

La novia de Sam acudió a consulta debido a su frustración con la
relación. Descubrí que el padre de Sam había fallecido de un infarto
repentino cuando él tenía catorce años y, en las semanas siguientes,
Sam observó cómo su madre caía en una espiral de conmoción. Al
llegar a casa del trabajo, parecía exhausta y perdida, sin prestar atención a los sonidos que la rodeaban.

Sam tenía dos hermanos menores y, mientras ellos jugaban, su
madre, quien solía sonreírles, hacer comentarios e incluso unirse a su
diversión durante unos minutos, empezó a ignorarlos por completo.
De hecho, estaba tan ensimismada que, a menudo, Sam acababa pre-
parando la cena para él y sus hermanos menores.

Con el paso del tiempo, Sam se convirtió en un protector aún
mayor para su familia. Aunque se había mudado y vivía de forma
independiente, a menudo se ocupaba económicamente de ellos. Su

primer matrimonio fracasó a pesar de que todo pareció empezar sin problemas. Ahora, en otra relación duradera, su novia estaba resentida por su incapacidad para comprometerse y por la prioridad que su madre tenía en su vida.

Sin saberlo, Sam había ocupado el lugar que su padre tenía en la familia, tanto en lo económico como en lo emocional. Al intentar llenar inconscientemente el vacío dejado por su padre, Sam asumió una carga que resultaba abrumadora para él. Por el bien de su relación, Sam necesitaba priorizar su relación actual, pero, al haber asumido el papel de su padre en la familia, le resultaba difícil liberarse de él.

Las ramificaciones del primer principio del campo energético familiar, donde **los padres dan y los hijos reciben**, son de gran alcance. La dinámica de dar y recibir entre padres e hijos nunca puede ser equitativa, ya que los padres dan la vida, lo que significa que su contribución es mayor. Cuando los hijos intentan "dar" a sus padres, se viola este principio y lo que puede conducir hacia la infelicidad del niño. Ya sea consciente o no, el intento de nutrir emocionalmente a los padres crea una barrera que dificulta abrirse a conexiones profundas y confiar en el flujo natural de la vida.

La reina de las fortalezas

En un taller de constelaciones, una vez escuché a un participante decir: "Es casi más fácil herir a alguien que ser vulnerable y abrirse por completo a ser amado". Esta observación resultó reveladora. Permitirnos amar a cabalidad y ser amados también nos hace más vulnerables a sufrir daño. Para protegernos, a menudo nos cerramos para sentirnos seguros. Más que la capacidad de amar a los demás, incluidos los padres, George Vaillant ha llamado a la capacidad de recibir amor, o de ser amado, "la reina de las fortalezas". Durante treinta años, desde 1972 hasta 2004, Vaillant (psiquiatra y profesor de la Facultad de Medicina de Harvard) supervisó un estudio que siguió la vida de 268 estudiantes de segundo año de la Universidad de Harvard de las cohortes de 1939 a 1944. Dicho estudio a largo plazo demostró el impacto de las relaciones parentales en la salud: las relaciones cálidas y afectuosas se traducían en mejores resultados de salud, menor ansiedad en la edad adulta, mayor satisfacción vital e ingresos. Sin embargo, si los participantes en el estudio tenían relaciones tensas con alguno de sus progenitores o con ambos, solían experimentar problemas de salud significativos. De hecho, la incidencia era el doble de frecuente que entre aquellos que consideraban cercana su relación con sus padres. Así pues, además de dificultar la búsqueda de la paz y la felicidad, el distanciamiento emocional y energético de los padres puede agravar los problemas de salud física.

Vaillant también afirmó que su estudio demostraba que "la felicidad es amor y punto". Resulta interesante observar que es al recibir el amor de tus padres, y no al darlo, cuando accedes a la capacidad de ser amado. Así es como experimentas gratitud por la vida, alineándote con el principio de que **los padres dan** y **los hijos reciben** en el campo energético familiar.

Sin embargo, como niños pequeños y al igual que Sam a los catorce años, deseamos que nuestros padres sean felices. Queremos darles. Cuando vemos que nuestros padres están tristes o escuchamos sus trágicas historias, queremos ayudarles. Para aliviar su sufrimiento, podemos asumir roles de cuidadores familiares, sanadores, protectores y pacificadores. Incluso para muchos hijos adultos, este sentimiento de obligación de cuidar emocionalmente de sus padres no desaparece.

No solo el hijo intenta llenar el vacío dejado por el padre. Una hija también puede hacerse cargo de su madre o de su padre.

Digamos que una madre que no se sintió conectada con sus propios padres intenta satisfacer sus necesidades emocionales a través de sus hijos. Puede que elija a un favorito para asegurarse de que no la abandonen y le sean leales solo a ella o que sea intrusiva preguntando detalles sobre la vida de sus hijos y luego no guarde sus confidencias, compartiéndolas con otros hermanos para que se sientan "al tanto" y "conectados". O puede que su hija menor asuma la carga de satisfacer las necesidades emocionales de su madre, haciéndolo de buena gana y sintiéndose demasiado protectora de la seguridad emocional de su progenitora.

Pero cuando te excedes tratando de cuidar de tus padres, en lugar de ser capaz de recibir el amor de ellos, empiezas a convertirte en un "dador excesivo". Pierdes tus límites energéticos y no puedes practicar el autocuidado. Tu centro se desplaza fuera de ti.

Tus bloqueos inconscientes para recibir

A primera vista, preocuparse tanto por tus padres parece honorable y noble; sin embargo, esta actitud viola el flujo natural del amor, que debe ir de padres a hijos. Cuando, como en el ejemplo anterior, te ocupas de los sentimientos de tu madre, a nivel energético empiezas a desconectarte de ella y de ti mismo. Tu punto de referencia ya no está dentro de ti, sino fuera, y te evalúas por las reacciones de los demás. Puedes aprender a anticipar y leer la expresión de tu madre y cómo podría reaccionar. Como dijo una de mis clientes: "Estar cerca de mi madre es como caminar sobre cáscaras de huevo". Es posible que ya no te sientas seguro. En tu campo energético, puede que no haya espacio para tus propios sentimientos, solo para los de tus padres. Dejas de esperar que tus padres estén ahí para cuidarte y responder a tus necesidades; dejas de esperar ser visto.

Esta cautela puede extenderse de tus relaciones parentales a tus otras relaciones. Entonces, de forma similar a los resultados del estudio de George Vaillant, puede que no seas capaz de recibir amor.

Sam no pudo recibir el consuelo, la seguridad y el amor que necesitaba mientras su madre lloraba. En un cambio de roles, empezó a cuidar de ella y ahora, de adulto, a pesar de su profunda necesidad de ser visto y querido, no podía recibir amor y consuelo en una relación; de hecho, su novia se quejaba de que a menudo la mantenía alejada emocionalmente. Basándonos en los principios del campo energético familiar, podemos ver que él no podía confiar en que ella estaría ahí para él.

Cuando cuidas emocionalmente de tus padres, es probable que te extralimites y que te vuelvas resentido y amargado. Puede que no confíes en que podrás ser visible, auténtico y nutrido por tus relaciones más adelante en la vida. Dar demasiado proviene de sentirse poco querido y merecedor de recibir amor. Puede que te conviertas en una persona que da demasiado para evitar ser rechazada; darles demasiado a tus padres o incluso a otra persona: tu pareja, tus hijos, tus jefes o tus amigos. Para equilibrar la falta de atención a tus propias necesidades emocionales, es posible que confíes en los demás para que cuiden de ti emocionalmente. Tus padres te quitan, y puede que busques a otros para equilibrar eso que te falta a través de expectativas equivocadas.

Ante la incapacidad de conectar a profundidad con los demás y crear relaciones afectivas, es posible que hagas alguna de las siguientes cosas:

- Eres incapaz de proteger tus límites y permites que la gente se aproveche de ti quitándote tiempo, recursos y el crédito por tus ideas o trabajo.
- Intentas complacer a la gente mientras buscas la conexión, ignorando tus propias necesidades.
- Das más importancia a los logros, el estatus y el poder que a la intimidad.

- Te cuesta dejar que la gente se te acerque, por miedo al rechazo y a la traición.
- Miras a los demás con desconfianza y los consideras poco honestos y confiables.
- Esperas demasiado de los demás.

Un día estaba de mal humor y noté que mi hija se esforzaba por cuidarme y hacerme feliz. Cuando me recuperé, intenté explicarle que no le correspondía a ella hacerme feliz. Mi hija me miró y me dijo: "¿Qué clase de niña sería si no quisiera hacer felices a mis padres?".

Todos queremos que nuestros padres sean felices con nosotros. Los amas, y que sean felices contigo te hace sentir querido y aceptado. Como hijos, si tus padres no son felices, sientes que es porque ellos no son felices contigo y que, de alguna manera, tú tienes la culpa o, como mínimo, debes solucionar el problema. Su infelicidad se convierte en algo personal y te parece imposible separarte energéticamente de su dolor. Para sentirte amado, puedes encargarte de sanar su pena, su ira o su tristeza, pero los hijos no pueden hacer eso por sus padres. No importa la edad que tengas, no puedes hacer que las cosas "estén bien", en palabras más simples: no puedes hacerlos "felices". No puedes sanar el trauma ancestral que los convirtió en lo que son. Como dijo el fundador de las constelaciones familiares, Hellinger, el niño que imagina que puede curar el dolor de sus padres es, "por decirlo sin rodeos, arrogante".

Cuidar emocionalmente de un progenitor, ya sea la madre o el padre, dificulta que el niño desarrolle una interdependencia emocional sana con los demás, tanto para recibir como para dar amor y cariño. Más adelante, al hijo adulto le costará vivir su propia vida. Cuidar emocionalmente de los padres viola una de las leyes primarias del sistema familiar. Aunque quieras que tus padres sean felices, tienes que darte cuenta de que no puedes hacerlos felices y, a pesar de que lo anterior suene egoísta, cuando los respetas, cuando ves sus historias con compasión, aprendes las lecciones que viniste a aprender.

Durante nuestras sesiones, mi cliente Lara empezó a darse cuenta de que daba mucho, tanto en sus relaciones profesionales como personales. Era bastante creativa, pero no recibía el reconocimiento que merecía en su trabajo profesional y a veces sus compañeros de trabajo se apropiaban de sus ideas y contribuciones así que, frustrada, a menudo abandonaba o cambiaba de trabajo porque el resentimiento iba en aumento. Se sentía invisible en los círculos a los que pertenecía, su voz no se escuchaba y recibía muy pocos comentarios positivos y ánimos, aunque sus contribuciones silenciosas y su presencia eran de gran valor. Asimismo, sus relaciones solían acabar en rencores y amargura. Por fin, en una nueva relación romántica, Lara acudió a mí porque quería que tuviera éxito.

Esta vez, sin embargo, decidió trabajar también en mejorar la relación con su madre al mismo tiempo. Aunque en apariencia tenía una relación estrecha con ella, Lara quería sentir el amor de su madre más profundamente. Cuando Lara tenía apenas un año, su madre la había dejado con sus abuelos porque necesitaba estar en el hospital con su hermano menor, que había sido un bebé prematuro.

A pesar de ser una separación temporal y de haber sido cuidada por unos abuelos que la querían muchísimo, Lara desarrolló una certeza inquebrantable de que ella no era importante y de que no se podía confiar en la gente. Se habían acumulado muchas pruebas que apoyaban esta idea, tanto en sus relaciones personales como con su madre, que la criticaba y quebrantaba su confianza al divulgar sus secretos con sus hermanos. Y, en consonancia con esta creencia, su última relación terminó porque su esposo la engañó. Había pruebas suficientes para que Lara creyera que la gente siempre la abandonaría y decepcionaría. Esta misma desconfianza se repetía ahora en la relación con su nuevo novio.

Esta vez, sin embargo, Lara decidió cambiar la relación con su madre, perdonar el comportamiento de ella y dejar ir el dolor del pasado. Además de tomar algunas esencias florales, decidió seguir una sugerencia muy sencilla que le ofrecí: le pedí que creara una forma de apreciar y celebrar a su madre. Encontró un precioso retrato antiguo de ella, algunas de sus cosas favoritas y un refrán que le encantaba. Lara visitó fielmente ese espacio todos los días, reflexionando sobre la vida de su madre. Empezó a apreciarla y a reconocer que, en su mayor parte, había hecho lo mejor que había podido, eso era suficiente. Como estaba en un proceso de perdonar, o aceptar, a su madre, Lara empezó a soltar la historia negativa y dura y el juicio de que su madre era inmadura y egocéntrica. Empezó a sustituir todo esto por la gratitud hacia el entusiasmo juvenil de su madre por la vida, que Lara encontraba inspirador. Se dio cuenta de que se había iniciado en la danza creativa en una etapa posterior de su vida, al igual que su madre, y de lo mucho que disfrutaba del placer del movimiento. Fue capaz de ver que su propio amor por el arte, la danza y la expresión creativa eran regalos que su madre le había hecho y llegó a apreciar su herencia.

A medida que bajas la guardia, podrás empezar a saborear la dulzura de la vida. Su jugo te gotea por la barbilla hasta llegar a tus manos y llegar hasta tus codos. Volverás a ser un niño: ¡el hijo de tus padres!

El trabajo intencionado de Lara para abandonar la historia de cómo su madre le había hecho daño le trajo un nuevo regalo. Antes esperaba que la dejaran sola; estaba segura de que era cualquier cosa menos importante a los ojos de su madre y de su novio. Estaba segura de que ninguno de los dos la cuidaría y veía todo lo que hacían a través de este lente distorsionado. Siempre se "demostraba" a sí misma que tenía razón. Antes siempre vigilaba a su novio y se preocupaba por si la engañaba. Ahora, este cambio en la relación con su madre le permitía confiar con más facilidad en él. Para Lara, no solo floreció la confianza, sino también un profundo aprecio y respeto tanto por los dones de su madre como por los de su novio, así como por sus luchas.

Todo esto sucedió a pesar de que ni la madre de Lara ni su novio habían cambiado. La persona que había cambiado era la propia Lara, que decidió verlos de otra manera, darles la oportunidad de que no le hicieran más daño y confiar, aunque le pareciera arriesgado. También empezó a apreciar su propio talento creativo y sus puntos fuertes. Mirando hacia atrás en su vida, empezó a apreciar su resistencia, valentía y determinación. También se dio cuenta de que tenía fuerza para levantarse y de que sus experiencias le habían dado la sabiduría necesaria para confiar en sí misma y abrirse camino en la vida. Empezó a encontrar su autoestima.

Puede que te suceda como a Lara, que a primera vista mantiene una estrecha relación con su madre, pero luego te distancias de tus padres por miedo a que, si mantienes tu corazón abierto, ellos puedan hacerte daño. Puede que negarles afecto verbal y físico te haga sentir más seguro emocionalmente, pero puede que nunca recibas el amor que anhelas.

Oigo ecos de este deseo cuando escucho a mis clientes decir:

"Siempre se trata de ella". "Ella es tan crítica".
"No importa lo que haga, ella nunca es feliz".
"Mi padre nunca pensó que yo llegaría a nada".
"Nunca fui lo bastante bueno".
"Ella es tan narcisista".

Escucho un profundo dolor, vulnerabilidad y un intenso anhelo de algo más: amor incondicional, o la posibilidad de recibir amor sin tener que ganárselo. En última instancia, es el deseo de ser amado tal como uno es. Las palabras de la hija pequeña de mi amigo resuenan en mis oídos: "Cuando me criticas, no dejo de quererte. Dejo de quererme a mí misma". Los niños que han sido víctimas de abusos físicos o emocionales a menudo tienen dificultades para confiar en los demás y asumen que aquellos a quienes aman, eventualmente, intentarán dañarlos. Además, los niños que son demasiado autocríticos pueden tener padres que son bastante controladores y autocríticos también. Estudios como los analizados en el artículo de la revista *Frontiers in Psychology*, titulado "Attachment Styles and Suicide-Related Behaviors in Adolescence: The Mediating Role of Self-Criticism and Dependency" (publicado el 10 de marzo de 2017), muestran que las personas demasiado autocríticas tienen una probabilidad mucho mayor de intentar suicidarse que otros.

Es crucial no subestimar el papel fundamental que juegan los padres tan solo al amar a sus hijos. Dado que el potencial para amar y experimentar la felicidad depende en gran medida de la influencia de los padres, cuando uno asume este rol, es natural que no desee provocar que sus propios hijos lo rechacen a uno y a ellos mismos, y que pongan así en peligro su autoestima. No se trata de amar de manera perfecta, sino de forma receptiva. Es posible que incluso en este momento no seas capaz de apreciar las profundas expectativas de amor y seguridad que los hijos depositan en sus padres. Las experiencias dolorosas de la infancia pueden dejar heridas que necesitan ser sanadas más adelante, cuando seamos capaces de mirarlas con compasión y comprensión, desde la perspectiva de un adulto maduro.

Tanto si tienes hijos como si no, si has perdido tu autoestima y has rechazado a tus padres, es importante que entiendas cómo ocurrió para que puedas empezar a sanar la herida original. Puede que nunca te cures del todo, pero al igual que una crianza "lo bastante buena" puede evitar que tengas un agujero en el corazón, el progreso hacia la sanación puede ser suficiente para liberarte de viejos patrones de infelicidad y decepción en tus relaciones, patrones basados en el sentimiento de no ser amado e indigno. También puedes ayudar a cambiar estos sentimientos dentro de ti a través de las esencias florales que se enumeran al final de este capítulo.

Honrar a nuestros padres

En la mayoría de las tradiciones religiosas se destaca la importancia de respetar a los padres. Por ejemplo, el primero de los diez mandamientos es honrar a los padres. El Talmud ordena tratar a los padres con extrema reverencia. Asimismo, en el islam y el hinduismo, los hijos tienen la responsabilidad moral de respetar a sus padres. En las familias coreanas y chinas, el respeto a los mayores se considera la virtud más elevada, influenciada por la tradición confuciana. En las *Analectas* de Confucio, él escribió: "La piedad filial y el respeto fraternal son la raíz de la humanidad".

Sin embargo, el concepto de honrar o respetar a los padres, o a los mayores, está desapareciendo poco a poco a medida que los valores culturales cambian en todo el mundo. En el pasado, incluso si la relación de alguien con sus parientes era tensa, existía una presión social para hablar bien de ellos y mostrarles respeto en público. Es interesante notar que en la mayoría de los textos religiosos se pide honrar a los padres, aunque no necesariamente se pide amarlos. En cierto modo, esto reconoce de manera implícita el nivel de disfunción que puede existir en las familias, que hace que amar a los padres sea un desafío.

En el budismo tibetano, la filosofía india e incluso la medicina tradicional china, el corazón es considerado la residencia del espíritu, la puerta de entrada a una consciencia superior. En todas estas tradiciones, el corazón alberga la energía del amor incondicional y la compasión por uno mismo y por los demás. Sin embargo, las emociones negativas también pueden constreñir la energía del chakra del corazón. Como guardián de tu vida, tu corazón recuerda la alegría, el placer y los momentos de felicidad que experimentas, pero también registra las penas, las heridas y los agravios. Jerry Kantor, acupuntor, homeópata y autor del libro *Interpreting Chronic Illness*, señala incluso que las enfermedades cardiovasculares y los trastornos mentales, incluidos los trastornos bipolares y la esquizofrenia, se originan como patologías del corazón.

Aunque no recuerdes haber sido herido o traicionado, tu cuerpo (tu corazón) sí lo recuerda; instintivamente te blindas contra el riesgo de volver a ser agredido. Creo que esto se debe a que nuestra capacidad para recibir amor está, en esencia, ligada a nuestra autoestima, a vernos a nosotros mismos como seres queribles. La autoestima nos permite ser vulnerables, abrirnos y bajar las defensas. Confías en que puedes afrontar los retos y levantarte tras los reveses y te permite levantar las barricadas que bloquean tu corazón.

He descubierto que en el "corazón" de la mayoría de las sanaciones está la necesidad de sanar el dolor o la desilusión amorosa. Puedes honrar a tus padres cuidándolos física, financiera e incluso energéticamente, reconociendo que no puedes sanarlos emocionalmente. Entender esta distinción te permite saldar la deuda de la vida mientras sigues cuidando de tu propia salud emocional.

La relación con tus padres influye en tu capacidad para amar a los demás y ser amado a cambio, ya que tus padres biológicos, incluso si nunca los has conocido, están dentro de ti. Su vitalidad fluye a través de las manos con las que te tocas la cara o tocas a otros, en los ojos con los que observas el mundo con esperanza y decepción, en el corazón palpitante que bombea esta vitalidad, y en los pies que te guían por la tierra. Su energía, sus vivencias, están encapsuladas en las células de las que te originaste. Al honrar a tus padres por lo que te dieron y aceptar lo que no pudieron ofrecerte, podrás iniciar el camino hacia la sanación.

La energía del amor materno

Mi madre solía llevar brazaletes que mi padre le regalaba como un símbolo de matrimonio. Mi hermana y yo también llevábamos brazaletes, aunque solo lo hacíamos por moda; nos los poníamos y quitábamos a nuestro antojo. Un día, mi madre intentaba comprarle un regalo a mi hermana por su cumpleaños, pero cada vez que hablaba con ella por teléfono, parecía cansada y desanimada. A pesar de mi resistencia, sintió la necesidad de comprarme un regalo también, sobre todo porque ella viajaría a Estados Unidos para la ocasión. Al final, mi madre eligió dos brazaletes y me los regaló durante su visita.

El oro blanco y amarillo se entrelazaban, formando una pulsera gruesa en lugar de dos. Sin embargo, con un simple movimiento se separaban. Cuando las toqué, pensé en mi madre y en su deseo profundo de darme algo duradero, algo que permaneciera conmigo.

"Espero que los uses", me dijo. Sabía que había reflexionado mucho y había buscado con esmero un regalo que yo valorara, recorriendo las calles polvorientas y calurosas hasta encontrar algo que me gustara, como lo había hecho con el regalo de mi hermana.

"No estoy segura de sí los usaré siempre, pero los usaré". Mi madre suspiró. Sabía lo que estaba pensando: la vida era efímera y no estaba segura de sí llegaría a verme usar los brazaletes. Sin embargo, cuando conocí a Kristen, los llevaba puestos.

Al entrar a la oficina de Kristen desde la sala de espera, una energía palpable me envolvió. Un buda descansaba en un rincón, junto a una pequeña fuente que emanaba agua. Las persianas semicerradas mantenían la habitación oscura. Había una camilla de masajes y Kristen parecía que había descendido de un reino de diosas. Su rostro radiante y cálido me atrajo de inmediato.

"Nadie viene a mi consulta si no está pasando por un gran cambio", dijo. A pesar de mi escepticismo, le dije que no estaba interesada en una sesión de reiki, pero que había venido a informarme sobre el alquiler de un espacio de oficina. Antes de que pudiera darme cuenta, me encontré otra vez en su oficina, pero esta vez para una sesión sanadora. Me había torcido el tobillo y esperaba que, además de los analgésicos, el reiki pudiera acelerar mi recuperación. Kristen pasó su mano por encima de mi ombligo y mi brazo, sintiendo la energía que emanaba de mí sin tocarme. Mis mangas estaban subidas hasta las muñecas, apenas dejando ver mis brazaletes.

"Este brazalete emana una energía enraizada y poderosa. Es como la energía de Amma", me dijo. Amma es una maestra espiritual india conocida como la "santa de los abrazos" del sur del país. Kristen tenía una pequeña foto de ella en una esquina. "¿De dónde sacaste estos brazaletes?". Al principio, no entendí a qué se refería Kristen. De repente, me di cuenta de mis brazaletes.

"Sí", exclamé, "me los dio mi madre".

"Tienen una energía muy poderosa".

En ese momento, sentí como si hubiera despertado de repente. De manera silenciosa, tranquila y poderosa, la energía de mis brazaletes era una muestra del amor de mi madre. Vi una protección arraigada que emanaba de su amor y me acompañaría toda la vida. Mi madre había amado sin reservas ni restricciones. Tras la muerte de mi padre, se esforzó por reconstruir su vida evitando convertirse en una carga para nosotros. Aprendió a manejar sus finanzas, se unió a organizaciones sin fines de lucro, hizo nuevos amigos y se esforzó por cuidar su salud en una sociedad donde eso no era lo habitual para una viuda. Solía desafiarse a sí misma para salir de su zona de confort. En lugar de depender de nosotros, profundizó en su fe para llenar el vacío que dejó mi padre. Podía sentir su amor profundo por mi hermana y por mí, y permití que ese amor me inundara, me llenara. Ese día, en el despacho de Kristen, sentí que había vislumbrado la magnitud del amor de mi madre hacia mí.

Recordé una historia de la mitología india: una joven princesa se casa con un rey ciego y, en señal de lealtad hacia él, lleva una venda en los ojos desde el momento del matrimonio. Más tarde, cuando su hijo guerrero entra en la batalla más importante de su vida, su madre le pide que venga a recibir su bendición después de bañarse en el río, completamente desnudo. Él sale del río envolviéndose la cintura con sus ropas de seda. La madre se retira la venda de los ojos para bendecirlo y protegerlo con su mirada, liberando toda la energía acumulada de sus años de sacrificio; la única parte que él protege de su mirada es donde permanece vulnerable: alrededor de las caderas y la ingle. Al final, resulta herido en los muslos y muere en la batalla. Esta historia mitológica me recuerda la investigación de George Vaillant, que destaca los beneficios para la salud de quienes reciben amor de sus padres. Esta es otra razón por la cual, si te sientes frustrado porque crees que tus padres deberían comprenderte por completo, puedes intentar ser menos crítico y no dar por sentado lo que hacen por ti. Quizá no seas capaz de ver todo lo que te brindan.

Mi madre no era una mujer de grandes demostraciones de afecto, como terminar las llamadas con un "¡te quiero!" de la forma en que yo utilizaba esa frase para finalizar conversaciones de manera casual. Su amor era silencioso y duradero, y me había cimentado, guiado y protegido, permitiéndome viajar lejos de casa, formar mi propia familia y amar a mis hijos. Cuando abrazo a mi hija, los brazaletes que rodean mi muñeca me recuerdan lo que es amar y ser amado.

Anngwyn St. Just, Ph. D., facilitadora de constelaciones familiares y traumatóloga social, señala en su blog *Trauma and the Human Condition*, basándose en su experiencia clínica, que aquellos que tienen una fuerte conexión positiva con ambos progenitores, toda la familia de origen y las raíces culturales, tienen más resiliencia y capacidad para adaptarse y prevalecer en condiciones muy duras. Si tienes o tuviste una buena relación con tus padres y familiares, es una buena noticia. Si no, con las esencias y trabajando con tu campo energético, hay esperanza para superar estos retos, pero en ningún caso eres impotente.

Para experimentar la alegría, la salud vibrante, la resiliencia y las relaciones satisfactorias, debes intentar reparar en tu interior las relaciones rotas con tus padres. Como dice Mark Wolynn en su libro *Este dolor no es mío: Identifica y resuelve los traumas familiares heredados*: "No importa si están muertos, vivos o en la cárcel", porque lo que estás haciendo y reparando es una conexión interna, no externa. Si están vivos, no puedes apegarte a verlos cambiar solo porque tus sentimientos estén cambiando. Sin embargo, cuando decides decir: "Esto pasó, pero no me define", puedes iniciar el proceso de sanación, cuidarte y, en última instancia, honrarte a ti mismo. Al liberarte de las expectativas y "aceptar" internamente a tus padres, te liberas del victimismo y vuelves a tu propio centro. También es posible que te liberes del resentimiento que puede mantenerte atascado en viejos patrones familiares. Te vuelves menos reactivo y encuentras tu valor interior, lo que afectará a todas tus relaciones, no solo a las parentales. Y lo que es más importante, si has sufrido un trauma personal, te animo a que busques apoyo externo y calificado para ese viaje.

Al reconocer que puedes sanar las heridas paternales y maternales que llevas dentro, puedes romper los patrones familiares que te impiden vivir la vida que deseas. Y, en última instancia, como escribe Patricia Mercier en su libro *La biblia de los chakras*: "Cuando el chakra del corazón está totalmente abierto al amor, quieres que otros seres compartan el amor y la paz del conocimiento infinito".

Reescribir tus historias parentales y cambiar tu respuesta del victimismo a la autocompasión, el amor propio y la autoestima puede ayudarte a sanar. Sin embargo, este es un ejercicio desafiante para la voluntad y el intelecto porque requiere un ablandamiento del corazón, en especial hacia uno mismo. Las esencias enumeradas al final de este capítulo te ayudarán a cambiar el dolor que sientes; podrás recurrir a ellas cada vez que necesites apoyo.

Ejercicios del diario

1. Escribe sobre las siguientes preguntas: ¿cuidas emocionalmente a tu padre o a tu madre? ¿Intentas agradar a la gente, hacer felices o cuidar de los demás? ¿Incluso en el trabajo?

2. ¿Qué tal se te da poner límites? ¿Te ocupas de tus propias necesidades emocionales o esperas que los demás se ocupen de ellas por ti?

Ejercicio de visualización

Este ejercicio amplía la práctica de visualización del capítulo anterior. Si te sientes preparado, puedes intentarlo. ¿Puedes pensar en tu padre como un bebé al que le dieron la vida? ¿Conocía el amor? Tal vez sí, tal vez no. ¿Se sentía seguro? ¿Llegó a sentirse merecedor de amor y seguridad? Ahora visualiza a ese ser que era solo un niño pequeño hace tantos años, recibiendo amor y compasión, recibiendo los recursos que necesitaba para prosperar. Imagina que haces lo mismo con tu madre: imagina a tu madre o a tu padre recibiendo amor incondicional, energía parental y cualquier otro recurso que pudieran haber necesitado pero que les faltara en sus vidas. Amor, apoyo, aliento, amabilidad, consejos cariñosos y orientación. Observa cómo cambian una vez que disponen de estos recursos. Si estás preparado, ahora imagina que, con el apoyo de estos recursos, tu madre pone su mano sobre tu hombro izquierdo y tu padre hace lo mismo sobre tu hombro derecho. Detrás de ellos, imagina la energía amorosa de la madre universal y del padre universal que los nutre a ellos y a ti. Da un paso adelante, visualizando cómo esta energía divina los guía a ellos, a ti y a tu camino hacia adelante.

Ejercicio de altar

¿Podrías crear un altar para honrar a tu madre o a tu padre, incluso si aún están vivos? Tal vez podría consistir en una colección de imágenes, una lista de los dichos o consejos que te dieron, sus flores favoritas o algunas de sus pertenencias que poseas. ¿Hay algún regalo de tus padres que tenga un significado especial para ti? ¿Sientes que te ofrecen alguna forma de protección o "buena suerte"? Si estos objetos son pequeños, también puedes colocarlos en tu altar. Enciende una vela frente a sus fotografías y reflexiona sobre lo que has recibido. Llena un poco de agua con esencias florales de sauce y acebo y coloca la mezcla en el altar. También podrías tomar estas esencias florales durante el tiempo que decidas crear este altar.

Si no deseas crear uno para tus padres, podrías hacerlo para un abuelo u otro pariente, amigo de la familia, profesor o cualquier persona que te haya apoyado y sientas que influye en tu campo energético familiar.

Libera tus desencadenantes paternales

Si te sientes criticado, invalidado, herido, amargado o enfadado cuando interactúas con tus padres, elige una emoción que sientas como dominante, y selecciona la esencia correspondiente consultando el glosario al final del libro o eligiendo una de la lista a continuación y utilízala durante las próximas tres semanas, prestando atención a cómo te sientes. Cada una de esas capas de emoción puede comenzar a cambiar. No son los acontecimientos o las circunstancias los que te hacen sentir la emoción, sino tus sentimientos sobre el acontecimiento, la persona o la circunstancia. En otras palabras, no es tu progenitor quien te "hace" sentir invalidado o criticado, sino que eres tú quien, sin saberlo, te sientes así después de haber sido provocado por el comportamiento de tu progenitor. Puedes cambiar tu respuesta habitual liberándote de tus juicios, creencias o expectativas. La esencia floral que elijas comenzará a cambiar los juicios y creencias correspondientes. Los mismos acontecimientos o circunstancias ya no desencadenarán las mismas reacciones, o si lo hacen, es probable que el sentimiento sea menos intenso.

A medida que trabajes con las esencias, te darás cuenta de que también experimentas sentimientos similares en tus relaciones con otras personas. Por ejemplo, si te sientes criticado en tus relaciones con tus padres, es probable que te sientas criticado en tus relaciones con otras personas, e incluso con aquellas que tienen cierta autoridad sobre ti, como la persona a la que rindes cuentas o para la que trabajas. Anota estas emociones en tu diario, que lleva la cuenta de tus reacciones durante las próximas semanas.

Esencias florales

Milenrama rosa: ayuda a mantener los límites energéticos y a ser compasivo sin fusionarse por completo con las emociones de otra persona.

Estabilizador postraumático: una mezcla de bellas esencias calmantes, aunque tiene un fuerte sabor a alcohol debido al brandy utilizado como conservante. Diluye cuatro pulverizaciones en agua o, si lo prefieres, en un frasco dosificador.

Castaño dulce: levanta la carga cuando sientes que has llegado al límite de tu resistencia y no puedes más.

Lirio mariposa: una esencia maternal para sanar la herida materna.

Bebé de ojos azules: una esencia para sanar la herida paterna.

Estrella de Belén: para calmar el dolor interior. A menudo se le denomina esencia maternal. Si aparecen lágrimas cuando la tomes, es porque están abriendo tu corazón y te ayudarán a soltar una pena.

Roble: ideal para las personas que sirven a los demás más allá de los límites de su resistencia, ya que esto supone un gran coste personal. Servir constantemente a los demás de esta manera conduce al agotamiento, en especial si la motivación es el sentido del deber. Esta esencia te ayuda a encontrar tus límites y a abrirte para poder recibir ayuda.

Haya: ayuda a tolerar los hábitos, defectos, manierismos e idiosincrasias de tus padres en lugar de sentirte provocado por ellos.

Véase el glosario para más detalles sobre las esencias; también para más información de cómo crear la fórmula de los límites, además de la fórmula del amor propio y la autoestima.

NUEVE

Todos pertenecemos a una familia

Uno de los estudios más destacados sobre el estrés transgeneracional se puso a prueba con ratones. En 2013, investigadores del Yerkes National Primate Research Center de la Universidad de Emory expusieron a ratones machos jóvenes al olor de los cerezos en flor mientras recibían descargas eléctricas. Esta experiencia generó una respuesta condicionada en los ratones: desarrollaron un miedo particular a ese olor. Por sorpresa, sus crías de segunda y tercera generación mostraron la misma respuesta, a pesar de nunca haber sido expuestas al olor. Este fenómeno se observó incluso cuando las generaciones posteriores no tenían contacto con los ratones originales que habían experimentado el trauma.

Aunque se han realizado varios estudios en animales sobre la transmisión transgeneracional del trauma, aún no existen estudios similares que evidencien cómo el estrés se transmite a la descendencia en humanos; es decir, cómo afecta a la expresión de los genes u otros procesos biológicos heredados. No obstante, se ha observado que los factores estresantes del entorno, como el hambre, la obesidad, el tabaquismo, el alcohol y la exposición al estrés, tienen efectos biológicos y de comportamiento en la descendencia de las personas que los experimentaron. Por ejemplo, en un artículo titulado

"Intergenerational Transmission of Trauma Effects: Putative Role of Epigenetic Mechanisms" publicado en *World Psychiatry* (el 17 de octubre de 2018), Rachel Yehuda y Amy Lehrner describen cómo los hijos y nietos de hombres que estuvieron expuestos a la hambruna tenían tasas más altas de obesidad y mortalidad que las generaciones posteriores de hombres que no experimentaron estas condiciones. Al igual que los ratones que heredaron el miedo al olor de los cerezos en flor, nosotros también absorberíamos las energías no resueltas de nuestros antepasados, reflejándose en las emociones que experimentamos: sus frustraciones, tristezas y enojos. Nos encontramos con los mismos bloqueos y desafíos que ellos enfrentaron e incluso nos vemos afectados por sus problemas económicos y de salud. A través de estas emociones y la repetición de patrones, seguimos estando conectados, incluso más allá de la muerte. Debido a su vínculo con nosotros y al plano material terrenal, nuestros antepasados se convierten en los principales obstáculos que impiden la manifestación de nuestros sueños y deseos.

El hijo de Paul, uno de mis clientes, tenía pesadillas recurrentes en las que una mujer se ahorcaba con su propio pañuelo al engancharse en una máquina. En el sueño, el hijo de Paul intentaba liberarla sin éxito y, al final, era encarcelado por asesinarla por estrangulamiento.

Paul sospechaba que podría haber una conexión entre las pesadillas recurrentes de su hijo y una historia familiar sobre un tío abuelo que murió en la horca por un crimen que no cometió.

"Lo que en verdad es inquietante", confesó Paul, "es que mi hijo no sabe nada acerca de mi tío abuelo, ya que murió antes de que él naciera. Es un doloroso secreto familiar del que nadie habla y, sin embargo, mi hijo no soporta usar prendas de cuello alto, corbatas, bufandas o cualquier otra cosa que le oprima la garganta.

Conversamos sobre cómo el sueño cobraba sentido desde la perspectiva de los patrones familiares y el karma. Mark Wolynn, en su libro *Este dolor no es mío*, describe este fenómeno como la "identificación" de una persona con antepasados que han sido borrados de la consciencia familiar. Los secretos que circulan en nuestra familia, aunque nunca los conozcamos conscientemente, nos atraviesan. Los asumimos a nivel energético, comportándonos y sintiéndonos como si fuéramos el herido o el que hirió. Es posible que el hijo de Paul estuviera experimentando la energía de la herida transgeneracional en su vida consciente, sintiendo la necesidad de mantener el cuello libre de cualquier presión, como si quisiera evitar la sensación de la soga del verdugo que colgó a su tío abuelo. Al mismo tiempo, su sueño lo identificaba como el autor del estrangulamiento de alguien.

Al sugerirle a Paul esta explicación como posibilidad, se mostró receptivo. Para sanar esta herida kármica en el campo energético ancestral que afectaba a su hijo, lo animé a hablar con él sobre su tío abuelo y le sugerí realizar un ritual, que bien podría ser solo, con su hijo u otros familiares, para honrar a su tío y perdonar a quienes le hicieron daño. De lo contrario, un miembro de su familia podría permanecer energéticamente conectado a las emociones no sanadas. Este podría ser el hijo de Paul u otra persona.

Paul honró a su tío abuelo reconociendo su lugar en la familia y el sacrificio de su vida. También procuró perdonar a quienes lo ahorcaron y a sus descendientes, rezando por esas almas difuntas y encendiéndoles velas. Los sueños del hijo cesaron y este pudo empezar a usar prendas de vestir alrededor de su cuello, incluso subiendo la cremallera de una chaqueta o un forro polar por completo.

Cuando se habla de alguien "poseído" por el espíritu de un difunto, se podría estar haciendo referencia a un fenómeno similar al que Mark Wolynn reconoce como la identificación: que es experimentar síntomas y comportamientos de nuestros antepasados. Podríamos decir que nuestra energía se ha enredado con la de un antepasado, como lo demuestra la historia de Paul. El recuerdo del ahorcamiento se transmitió a su hijo de forma similar a como los ratones pueden transmitir el recuerdo del olor de los cerezos en flor asociados a un estado de conmoción. Sin importar el mecanismo, estas transmisiones de la memoria son reales. Trabajando con esta posibilidad, podemos sanar patrones familiares que nos afectan a nosotros y a nuestros familiares, ayudándonos a nosotros mismos y a las generaciones futuras.

¿Por qué ocurre esto?

En el trabajo con constelaciones familiares, aprendí que el campo energético familiar es vasto y se rige por ciertos principios, uno de ellos es que todo el mundo pertenece a una familia. A primera vista, la pertenencia implica que todos tenemos derecho a formar parte de nuestra familia. Sin embargo, la pertenencia es más compleja que eso, y la familia es un concepto más amplio que el grupo inmediato que imaginamos. Los vivos y los muertos también pertenecen, al igual que aquellos a los que nuestro linaje ha perjudicado o que a su vez han perjudicado a nuestra familia.

¿Qué significa para todos "pertenecer" a la familia? Todo el mundo tiene un lugar legítimo en la familia y, si se excluye a alguien, se perjudica al sistema familiar. A menudo la vida nos desafía, nos llama a dar un paso hacia nuestro yo superior, pero a veces no somos capaces de encontrar dentro de nosotros los recursos para afrontar el reto y sucumbimos ante las presiones externas. Ponemos en peligro los principios familiares para encajar en la sociedad. Un ejemplo de exclusión podría ser el caso de una joven en una sociedad tradicional que queda embarazada fuera del matrimonio antes de ser independiente, en lo legal y económico. Una familia puede desterrarla para siempre, mientras que otra puede obligarla a dar a luz en secreto y dar al bebé en adopción, sin volver a hablar del niño ni del embarazo. Ambos casos violan el principio de que todo el mundo pertenece a la familia, reflejando la idea de que la familia es una unidad diseñada para nutrir, proteger y proporcionar seguridad y amor a través de la inclusión.

Un embarazo fuera del matrimonio puede entrar en conflicto con las normas culturales y sociales tradicionales de muchos países. Cuando se viola el principio de pertenencia y se excluye a un miembro, un niño nacido en generaciones posteriores dentro del sistema de energía familiar puede experimentar las emociones o el destino del miembro excluido, como vimos en el caso del hijo de Paul. En cierto modo, creemos que guardar silencio hará que el pasado desaparezca; sin embargo, este silencio puede hacer que estos secretos resurjan en forma de síntomas que experimentamos.

A medida que trabajas con tu campo energético familiar, te darás cuenta de que conoces cada vez más las normas de tu familia y de cómo estas entran en conflicto con los principios del amor, la inclusión, el respeto y la honra de las diferencias. Esto puede ser un proceso difícil y doloroso; puedes empezar a reconocer el poder del miedo y otras emociones que mantienen vivos los patrones familiares generación tras generación, sintiendo el peso del reto que supone desprenderse de ellos. Sin embargo, con ello habrás comenzado la tarea de reparar tu campo energético familiar.

Pertenecer también significa reconocer que algunas personas pueden formar parte de nuestra familia, aunque creamos que han hecho algo malo, e incluso aunque nuestro contacto con ellas sea limitado o inexistente. Esta es la polaridad del campo energético familiar por la que tenemos que navegar: identificarnos con las energías no resueltas de los miembros que causan la repetición inconsciente de patrones y luego expandirlas y liberarlas conscientemente a través de la comprensión, el perdón y la compasión. En este proceso, aceptas que la energía y las experiencias de generaciones anteriores afectan a los miembros actuales de la familia.

Para trabajar con el campo energético familiar no es necesario que estés en contacto con los miembros de tu familia. Sin embargo, es posible que este proceso haga aflorar emociones difíciles: puedes trabajar energéticamente a través de altares y liberando las emociones que circulan en tu campo energético familiar, como los celos, el deseo de control, el miedo a la intimidad, la manipulación o la lucha por el poder, la posición o el dinero en las relaciones. Aunque estas emociones existen en muchos campos energéticos familiares, pueden aparecer como un evento recurrente o en patrones de relación en ciertas familias.

Trabajar con el campo energético familiar puede ser difícil porque tu campo de visión empieza a cambiar. Cuando esto ocurre, se te da una visión de tu situación, lo que te permite la libertad de elegir quién quieres ser. Este es el punto de partida de un viaje interior, ya que puedes ver las cosas bajo una nueva luz, lo que te concede la posibilidad de liberarte de tu historia. Este cambio de percepción te permite pasar de reaccionar de forma automática a los desencadenantes a responder con atención. Ves una situación tal y como es, y ves a las personas tal y como son, así como tus propios puntos fuertes y débiles. Esta repentina percepción puede provocar una profunda angustia, sobre todo si ves la verdad sobre una situación que has estado ignorando o tolerando durante mucho tiempo. Darte cuenta de cómo te moldean las personas, las ideas o tu familia de origen puede conducir a lo que se ha llamado una "crisis de sanación". A menudo, esto forma parte del viaje de soltar todo lo que ya no te sirve para poder hace espacio para que emerja tu auténtico yo. Las esencias florales pueden ayudarte a cambiar y atravesar las emociones que pueden surgir en este proceso (consulta la lista al final de este capítulo y revisa el glosario para más detalles).

Nuestros legados ocultos

Además de los actos de bondad y lealtad, el campo energético familiar alberga la energía no resuelta de secretos inconfesables, heridas dolorosas o tragedias, incluidas transgresiones vergonzosas. Nos afectan no solo las personas que nos han hecho daño o que hemos olvidado, sino también aquellos a quienes nuestras familias pueden haber lastimado.

Mi amiga Ann regresó del funeral de un familiar, donde conoció a una tía política quien le habló de la pobreza y penurias que sufría esa rama de la familia, creyendo que eran el resultado de una maldición familiar. De niña, Ann había notado que su padre guardaba una pequeña medalla en una cajita. Al preguntar por ella, su padre le contó que antes un obrero vivía con la familia, ayudando en la granja y las tareas domésticas. Cuando inició la Primera Guerra Mundial, se fue a luchar y recibió la medalla al valor y, al regresar, el hombre siguió trabajando para la familia de Ann, por no tener otro lugar al que ir.

En el funeral, Ann escuchó el resto de la historia: cuando la familia atravesó tiempos difíciles y murió el abuelo de Ann, a su abuela le costó sacar adelante la pequeña granja. Sus hijos mayores se marcharon para trabajar en otro sitio, enviándole pequeñas sumas de dinero para vivir, pero no era suficiente. El trabajador ya era un anciano y la abuela decidió buscar la manera de no seguir manteniéndolo: hizo que le enviaran una carta "falsa" desde una ciudad lejana, afirmando que tenía familia que lo buscaba y, con gran expectación, el trabajador partió en busca de ellos, solo para descubrir que había sido engañado. Amargado y herido, nunca perdonó a la familia de Ann, incluso maldiciéndolos antes de morir, desconsolado por la traición.

Le pedí a Ann que encontrara la medalla y creara un altar, pidiendo al hombre fallecido que perdonara a su familia por el sufrimiento que le habían causado. Ubicó la medalla en el altar, encendió una vela y rezó por la paz de su alma. Le agradeció todo lo que había hecho por su familia y le pidió perdón. Dos días después, Ann recibió una llamada de una amiga cercana, quien mientras estaba redecorando su sala de estar, había encontrado un anillo muy preciado que Ann había perdido tiempo atrás. Para Ann, la reaparición de este tesoro perdido fue un reconocimiento: un cambio había ocurrido en el mundo invisible. Recuerdos, llamadas telefónicas o fotografías a menudo parecen coincidencias, pero, después de haber visto esto tan a menudo, es casi como una señal del campo de energía familiar de un cambio curativo.

La tierra de los vivos y la tierra de los muertos no están separadas. Los autores de crímenes y las víctimas, vivos o muertos, los antepasados difuntos, los niños que murieron jóvenes... todos afectan al campo energético familiar en el presente. Reconocer, respetar y llorar a los muertos es esencial. Cuando ellos están en paz, los vivos también experimentan paz. Actuar para sanar el sistema familiar, incluso si no fuiste el causante del daño, es un acto de profundo amor y gracia.

Los elefantes en la habitación

El campo energético ancestral no siempre está dispuesto a revelar sus secretos. Algunos incidentes pueden ser demasiado dolorosos para hablar de ellos, o pudiéramos querer proteger a nuestros hijos de ese dolor.

En mi experiencia, los secretos se revelan cuando están listos para ser sanados, incluso a través de sueños o destellos de perspicacia o intuición. Nosotros, como receptores de esos secretos, podemos sentirnos conmocionados cuando se revelan, y nuestras vidas pueden dar un vuelco. Cuando salgan a la luz secretos familiares u otros incidentes, utiliza tu altar para liberar el enredo que tú o tu familia puedan estar experimentando. El enredo, como he dicho antes, es experimentar emociones o una repetición de experiencias que no son propias.

Una de mis clientes, Lisa, y sus hermanos descubrieron inesperadamente que su hermano menor era en realidad su hermanastro: años antes, su madre había tenido una aventura y había quedado embarazada. Lisa y sus otros hermanos no entendían por qué su madre era tan dura con ellos, pero siempre defendía a este hermano, poniéndose de su parte. Lisa sabía que su madre era adoptada, aunque nadie en la familia hablaba de ello. A pesar de que la madre de Lisa nunca dio al niño en adopción, su secreto afectó a todos los miembros del sistema familiar, desde la forma en que los niños percibían a su madre hasta la forma en que ella se relacionaba con ellos. Con las relaciones entre hermanos y con su madre fracturadas, Lisa había venido a verme. Además de darle esencias florales para liberar la rabia hacia su madre por la forma en que la había tratado, en agudo contraste con el trato hacia su hermanastro, también le pedí que honrara a sus abuelos maternos biológicos con un altar ritual. Como no tenía fotografías ni sabía sus nombres, Lisa los honró encendiendo velas y colocando flores en su altar en su memoria. Al hacerlo, experimentó un profundo cambio y una sensación de paz interior, un sentimiento de pertenencia a un sistema familiar. Utilizar tanto esencias florales como altares para honrar a tus antepasados puede cambiar la forma en que tus historias paternas viven dentro de ti.

Otras personas también pueden convertirse en miembros de nuestro sistema familiar, como los hijos adoptivos y los padrastros y madrastras. Si alguno de los padres tuvo un amor anterior o si la relación anterior terminó en animosidad, muerte o cualquier otro tipo de incompletitud, estas personas también pertenecen a la familia.

Por ejemplo, aunque adoptemos a un niño o seamos adoptados, nuestros padres biológicos forman parte de nuestro campo familiar. No podemos fingir que nunca existieron, aunque esta parezca ser la opción más amable hacia nuestros padres adoptivos, a pesar de que nos moleste haber sido "abandonados" o temamos enfrentarnos a la posibilidad de que no nos quisieran. Es mejor honrarles aceptando que, si hubieran podido mantenernos o cuidarnos, lo habrían hecho. Si eres el padre o la madre de un niño adoptado, tal vez podrías expresar gratitud por el regalo del niño. Fíjate en cómo viven estos padres en los ojos del niño, o en su pelo; explícale al niño que sus padres deben haber sido hermosos para haber creado un ser único. Los padres fueron niños pequeños que lucharon igual que este niño. Tanto los padres biológicos como los adoptivos forman parte del campo energético familiar, aunque los biológicos no se reconozcan. Sin embargo, aunque sea un reto crear espacio para los miembros que no deseamos incluir, reconocerlos energéticamente permite que el campo vuelva a estar en paz.

Hacer espacio para todos

Creo que el principio de incluir a tantas personas diferentes en nuestro campo energético familiar nos enseña sobre compasión y nos ayuda a expandir nuestros corazones. La sobrina mayor de Susan, mi cliente, era una niña en situación de riesgo que fue adoptada. Con su pelo rizado, sus ojos grandes y expresivos y su risa contagiosa, todo el mundo se enamoró de ella cuando llegó a la familia con apenas tres años. Justo antes de la boda de esta sobrina, la madre de Susan, Alice, fue hospitalizada por un bulto en el pecho que, según una biopsia, resultó ser un tumor maligno. Sin embargo, el tratamiento para el cáncer de mama significaba que Alice se perdería la boda. Decidida a estar allí, Alice se dio de alta en el hospital; el tratamiento tendría que esperar. Al fin y al cabo, ella era la primera nieta de esta gran familia unida. El amor es el pegamento que crea el sentimiento de "pertenencia" a una familia, y Susan creía que el amor de su madre por esta niña era el punto de inflexión. Esa semana, Susan y sus hermanos insistieron en que otro especialista volviera a leer los resultados de la biopsia. Al final, el tumor era benigno y Alice no volvió al hospital. Hasta el día de hoy, Susan y sus hermanos están eternamente agradecidos a su sobrina adoptiva, porque no solo se sintieron aliviados de que el tumor fuera benigno, sino que además siempre habrían creído que ellos mismos tenían predisposición genética al cáncer de mama. En honor a esta sobrina, sus familias apoyan a los niños de riesgo de distintas maneras; creen que es lo menos que pueden hacer.

Ser familia o comportarse como tal es una elección que hacemos. Crear espacio para todos los miembros de nuestra familia amplía nuestra conexión con los demás. Respetar la idea de que "todo el mundo pertenece" nos permite ampliar nuestro campo de visión y sentir una profunda gratitud por los incidentes de la vida que quizá nos perderíamos.

Cuando cambias tu energía, también puedes cambiar la de los que te precedieron y, sin saberlo, estarás reparando el tejido del campo energético de tu familia. Cuando conocí a mi amiga Gauri, llevaba muchos años practicando yoga *kundalini,* con una práctica diaria bastante intensa de yoga, meditación y canto de versos sagrados. Un día, mientras hacía su práctica por la mañana después de despertarse, sintió que alguien respiraba en la habitación. La respiración venía de detrás de ella, pero cada vez que se daba la vuelta, no había nadie. Al cabo de varios días, poco a poco fue percibiendo un sentimiento de gratitud a su alrededor. Empezó a oír las palabras "¡Gracias! ¡Gracias!" y se dio cuenta de que los espíritus de sus antepasados la rodeaban. Le daban las gracias por su práctica y por el cambio en su energía. Su cambio energético también les permitía moverse a frecuencias más altas. En las tradiciones nativas americanas e indias, cuando nosotros cambiamos, cambiamos a aquellos que vinieron antes de nosotros, hasta siete generaciones antes, así como también a siete generaciones después. La historia de Gauri se ha quedado conmigo todos estos años, como evidencia de nuestro poder para cambiar nuestro campo de energía ancestral.

Ejercicios del diario

1. Secretos en tu familia

¿Hay secretos en tu familia que tú sepas o no? ¿Tienes tú algún secreto? ¿Cómo crees que afecta tu forma de relacionarte con los demás o cómo son las cosas en tu familia? ¿De quién es el secreto que guardas? ¿Qué crees que hay de cierto en el secreto? ¿Qué pasaría si vieras el secreto desde la perspectiva de otra persona de tu familia? ¿Cuál es el precio del secreto que todos guardan? Si hay secretos que son demasiado difíciles de soportar, busca una piedra que contenga la energía del secreto y colócala en la naturaleza, tal vez bajo un árbol o a los pies de una estatua de jardín, o arrójala a un río. También puedes escribir el secreto en un papel y quemarlo.

2. Sacar los secretos a la luz

Los secretos tardan en revelarse. Una forma de identificar un secreto familiar, o incluso una perspectiva diferente de una historia familiar, es hacer una versión del ejercicio sugerido por Julia Cameron en su libro *El camino del artista*. Escribe cada mañana en tu diario algo sobre tus historias familiares, sin juzgarte ni censurarte. Algunas ideas pueden ser:

- Escribe sobre tus parientes más cercanos. ¿Hay historias específicas que resuman a cada uno?
- Escribe sobre matrimonios o relaciones en tu familia extendida.

- Escribe sobre tradiciones, rituales o comportamientos comunes en tu familia. Puedes empezar con: "En mi familia, nosotros...".

3. Historias específicas

¿Hay alguien en tu familia cuyas acciones hayan resonado en ustedes durante generaciones? ¿Estas acciones trajeron deshonor o vergüenza a la familia y todavía afectan a todos? ¿Puedes reescribir la historia que todos mantienen? ¿Es posible ver esta historia con compasión, buscando la historia de fondo que condujo a ella en lugar de la vergüenza? La compasión libera la vergüenza y el miedo al rechazo si los demás se enteran. ¿Tienes miedo de que tus hijos la repitan? ¿Puedes aprender las lecciones del campo energético familiar a través de esta persona?

4. Quién pertenece a tu campo energético

¿Se te ocurren personas que podrías incluir en tu campo energético familiar? Estas son algunas personas en las que pensar: alguien que hizo algo por tu familia que nunca ha sido reconocido o apreciado como es debido, o alguien de tu propia familia que hizo algo que no ha sido honrado como debe ser. Si queremos estar en paz, tenemos que honrar al niño que se quedó con sus familiares cuando los padres huyeron de un país golpeado por la guerra o aquel al que no se le creyó cuando contó que habían abusado sexualmente de él. Aquellos a los que hemos hecho daño con o sin intención. Piensa en alguien a quien hayas hecho daño o de quien sepas que tu familia ha dañado y en alguien que haya hecho daño a tu familia.

Oración

Al practicar el *tarpanam*, es fundamental que te sumerjas a profundidad en tu campo energético familiar. No excluyas a aquellos de quienes la familia no suele hablar, a los olvidados o a quienes tu familia pudo haber dañado, ya sea de forma intencionada o involuntaria. Buscar la manera de perdonar a aquellos que hayan perjudicado a tu linaje también es fundamental..

Para honrar a un antepasado, expiar daños pasados o simplemente expresar gratitud, considera realizar una ofrenda que contribuya a la sanación. Puedes realizar una donación en especie o económica a un orfanato, refugio para personas sin hogar o animales, banco de alimentos, o incluso ofrecer tu tiempo y tus servicios como voluntario.

Altares

Enciende una vela y pide perdón en nombre de tu antepasado o de tu familia por cualquier daño causado. Puedes hacerlo más de una vez si así lo sientes. También puedes optar por realizar una donación como forma de reparación por el daño causado.

Si alguien ha lastimado a tu familia, puede que el perdón te parezca algo que aún no estás listo para dar. Sin embargo, te puede ser útil pensar en el perdón como un simple reconocimiento de la necesidad de perdonar. Como dice el proverbio nativo americano, sanar no significa que el pasado nunca haya ocurrido, sino que ya no nos controla.

A veces, cuando enfrentas ciertas emociones o pensamientos, puedes escribirlos en papel y colocarlos en el altar, pidiendo que sean liberados o puedes utilizar piedras u objetos como cristales para representar esas emociones. Al sostenerlos, centrarte y conectarte a tierra, es posible que recibas un mensaje o una visión reveladora. Para acceder a este espacio de energía expansiva, asegúrate de que tu altar esté conectado a tierra con frecuencias sagradas superiores. La energía ancestral puede cambiar en un día o incluso más, por lo que es importante seguir tu intuición y permitir que la sabiduría de tu linaje te guíe. Al final, la sabiduría de tu linaje también te ayudará; sentirás el cambio en tu interior.

Conversaciones familiares

Si tienes hijos, sobrinos u otros familiares jóvenes, comparte con ellos las historias de tus antepasados y familiares, junto con las lecciones, sabiduría y principios que has aprendido. Enséñales a encontrar héroes en su propio linaje y a reescribir las historias ancestrales desde una perspectiva de resiliencia, compasión y amor. Esto permitirá que todos los miembros de la familia sean incluidos, reconocidos y honrados, y te ayudará a soltar el pasado para crear la vida y las relaciones que deseas con el apoyo de tu campo energético familiar.

Esencias florales

Castaño dulce: ayuda si sientes el peso de un secreto que guardas.

Acebo: crea expansión y compasión en tu corazón.

Castaño rojo: ayuda cuando te consume la ansiedad y el miedo por tus seres queridos.

Brote de castaño: para aprender lecciones de tu linaje.

Avena silvestre: ayuda a que la claridad y la dirección vengan de nuestro reino interior y no del mundo exterior. Es la esencia que hay que utilizar cuando no se está seguro del camino a seguir.

Manzano silvestre: ayuda a liberar sentimientos de odio hacia uno mismo, vergüenza y sensación de suciedad desde lo más profundo de nuestro ser.

Pino: ayuda cuando los sentimientos de culpa son desproporciona-dos en relación con lo que ha sucedido en el pasado, incluso si no fuiste el autor del daño. La esencia de pino puede ayudar a que esos sentimientos desaparezcan.

Véase el glosario para más detalles sobre estas esencias.

PARTE IV

El viaje
a casa

— DIEZ —

El camino
de vuelta a ti

Hasta ahora, hemos hablado de levantar la carga de los patrones familiares reconociendo su existencia, para luego liberarlos al honrar a nuestros antepasados a través de altares y oraciones. Al cambiar tus emociones con la ayuda de las esencias florales, has estado aprendiendo cómo mantener esas historias ancestrales dentro de ti con compasión y cambiar la forma en que su energía vive en ti y se manifiesta en tu vida. Soltar el victimismo y encontrar gratitud por el regalo de tu vida no es fácil. Una parte importante de ese viaje es restaurar esa conexión contigo mismo y, cuando la restableces, recuperas tu autoestima y el amor propio. Vuelves a casa contigo mismo.

En esta parte del libro, trazaremos el camino para restablecer tu conexión contigo mismo. Eres la flor de tu árbol genealógico, y tu vida consiste en encontrar la capacidad de florecer. Cuando construyas esa conexión contigo mismo y regreses a tu esencia, podrás florecer a plenitud. Como vimos en la historia de Gauri en el capítulo anterior, al restablecer la conexión contigo mismo, también transformas tu campo energético ancestral. Este es el círculo expansivo de la vida.

El karma y la gracia

Aunque la ley del karma siempre está presente, también existe la gracia, que se manifiesta a través de la sincronicidad. Sin importar qué tan desafiantes sean las cosas, todos hemos experimentado momentos en los que todo parece terminar encajando milagrosamente y de forma inesperada. Es algo que va más allá de la suerte o la coincidencia, y te hace sentir bendecido y agradecido. Estos eventos inesperados tienen un profundo significado y son difíciles de explicar en términos lógicos; son la sincronicidad. Esta te permite ver que vives en un universo benevolente y que la vida no solo te está sucediendo, sino que está sucediendo para ti. Cuando era niña y me enfrentaba a un contratiempo, mi madre siempre me decía: "¡Seguro que es lo mejor!". Aunque detestaba que me dijera eso, ahora comprendo que me animaba a confiar en un destino superior, incluso cuando las señales de mi camino planificado se desvanecían. La sincronicidad te permite ver cómo te están guiando.

A veces, es fácil observar cómo te orientan; puedes estar planeando algo y aparecen pequeñas señales que te redirigen o refuerzan lo que estás pensando. Puede ser una canción en la radio con una letra que de repente te impacta, un mensaje escrito en una pared o en la parte trasera de un camión, o incluso el avistamiento o encuentro con un animal que te hace detenerte. Todo esto crea la sensación de que algo mágico está ocurriendo. Hoy en día, aprecio más estas señales.

En ocasiones, la guía y la confirmación provienen del mundo animal. La primera de mis numerosas experiencias de sincronicidad con halcones ocurrió cuando me dirigía a un taller y vi uno en un árbol. Aunque nunca les había prestado atención, durante el taller se generó un debate sobre el simbolismo del halcón en relación con la perspicacia y la visión. A partir de ese momento, los halcones reaparecieron con frecuencia en mi vida, en mi búsqueda de percepciones y respuestas. He notado que las reflexiones más profundas en mi vida siempre van acompañadas de la aparición de un halcón poco después o incluso de inmediato, como para reafirmar que voy por el buen camino. Mientras trabajaba en este libro, salí a pasear por mi vecindario y un halcón estaba sentado en la acera con una ardilla que acababa de cazar; me miró fijamente y no hizo ademán de volar. Sabía que era algo más que una coincidencia: el símbolo del halcón en mi vida me estaba transmitiendo un mensaje. Aquel encuentro me inquietó, pero también me reafirmó en la necesidad de confiar en mí misma y dar un paso adelante.

El simbolismo animal ha sido una parte integral de la cultura india y las tradiciones de los nativos americanos desde tiempos inmemoriales. Incluso para aquellos que no se familiarizan con este tema, ciertas criaturas pueden representar ideas universales, como la paloma que es símbolo de paz o el perro como símbolo de lealtad. En culturas específicas, los cuervos se consideran guardianes del campo ancestral y de las leyes sagradas. En los círculos de constelaciones familiares, a veces cuervos o grupos de cuervos aparecen al final de una sesión, en el momento de la sanación. Aunque podría considerarse una coincidencia, en ese momento me pareció significativo; su aparición se sintió como un mensaje de gratitud del mundo ancestral. Cuando un animal específico se cruza en tu camino, puede despertar tu consciencia de una manera que apoye, fortalezca e incluso sane tu espíritu. Esto se conoce como "medicina animal". En mi caso, recibí lo que denominaba "medicina de halcón".

Aunque la sincronicidad es una de las formas en que el universo nos muestra su gracia, es posible que no la reconozcamos al instante. A veces, solo con el tiempo podemos unir los eventos inesperados de nuestra vida y ver cómo se entrelazan como un collar de perlas. Un ejemplo de esto es mi decisión impulsiva de estudiar homeopatía, que me llevó a conocer a Colette, como describí en el capítulo 3, y su presencia cuando entré en Urgencias. Todos estos eventos, en conjunto, fueron marcadores en el camino hacia una nueva trayectoria vital. Sin embargo, tuve que ir tres veces a Urgencias antes de estar dispuesta a cambiar de actitud, probar algo nuevo y abrirme a recibir ayuda en la forma inesperada de la herbología china; supongo que era un poco obstinada. Los desafíos externos te impulsan a abrir tu mente a las posibilidades y te ayudan a ver que tal vez tu vida no está destinada a seguir tus mejores planes, sino que hay un plan mayor trazado para ti. Al observar estas coincidencias en retrospectiva, encuentras una coherencia a medida que conectas los puntos. Las semillas del futuro se plantaron en los contratiempos del pasado. Mi decisión impulsiva de estudiar homeopatía surgió varios años antes, cuando mi hijo pequeño sufría múltiples infecciones de oído y resfriados. Contemplar la red de interconexión de los eventos que llevaron al momento de percepción profunda me hizo sentir milagrosa. Al abrirme al universo, no necesité buscar milagros fuera: ocurrían dentro de mi consciencia. Empecé a ver conexiones más profundas entre eventos y momentos cotidianos. Las vueltas y revueltas de la vida, que me moldeaban hacia lo que debía llegar a ser, eran como una gran conspiración que pretendía guiarme por el camino en el que debía estar.

Cuando empiezas a creer en la sincronicidad, comienzas a libertarte de la resistencia y comenzamos a fluir con la vida. Te abres a recibir orientación y dirección, a confiar en un plan más amplio para tu vida y a poner tu fe en algo más grande que tú mismo. Colette me dio una lección de vida aquel día en Urgencias cuando me preguntó si quería enfocar mi vida de otra manera. Dejar ir mi resistencia al cambio fue el comienzo de mi viaje hacia un mundo diferente, iniciado con ella a través de un grupo de estudio para un curso que nunca estudié.

Al mirar hacia atrás, comprendo a profundidad el poder de la sincronicidad y la entrega. Juntas, crean la voluntad de creer en las posibilidades, incluso cuando la incertidumbre nubla el camino.

Implican confiar en los contratiempos, los retrasos y las coincidencias, abrirse al cambio y creer que el universo te apoya, guiándote
hacia tu destino. Es en este punto que la imaginación comienza a
florecer, pintando posibilidades para tu vida. Como dijo el filósofo
danés Søren Kierkegaard: "La vida solo puede ser entendida mirando
hacia atrás, pero tiene que ser vivida hacia delante".

Si tuviera que darle un nombre a la frase de "todo sucede para
bien", sería este tipo de rendición que reconoce que un poder mayor
conoce mis necesidades y mi camino mejor que yo. Cuanto más consciente era de ello, más podía confiar en el universo.

Observar la sincronicidad ha profundizado mi fe; ya no necesito
saber adónde me lleva el camino cuando las señales son confusas,
aunque eso no siempre me impide querer saber. También me siento
más cómoda con los contratiempos, sabiendo que si las cosas no
salen como yo quiero, hay una razón detrás: una forma mejor o simplemente algo que tengo que aprender. Puedo confiar en mí misma,
sabiendo que los errores y los retos forman parte de mi crecimiento.
Este cambio de actitud me ha ayudado a tolerar la incertidumbre
y a confiar en que el universo me dará ideas y orientación cuando
las necesite. Como escribe el autor, conferencista y defensor de la
medicina alternativa Deepak Chopra, en *Sincrodestino: Descifra el
significado oculto de las coincidencias en tu vida y crea los milagros
que has soñado,* a medida que te encuentras con "más y más sincronicidades", el proceso se acelera hasta un punto en el que en verdad
lo experimentas como milagroso. La terapia de constelaciones familiares también reconoce la sincronicidad como parte del proceso.
Los representantes elegidos por el cliente comparten un elemento
de su historia en sus vidas; la participación en el proceso les permite
sanar una historia o creencia a la que se han estado aferrando. A
veces, esta conexión es evidente, mientras que otras veces no lo es
hasta mucho más tarde.

La fe te lleva más allá de la sincronicidad

La sincronicidad es un componente básico de la fe, que te enseña a entregarte con mayor facilidad. Pero la fe te lleva más allá de la sincronicidad y te da esperanza, porque pueden pasar años hasta que en verdad veas el cuadro completo. La fe te sostiene durante los largos lapsos que transcurren antes de que puedas unir los puntos y darle sentido al camino de tu vida o empezar a ver los resultados y los cambios que quieres ver.

La fe amplía tu campo de percepción, te trae al presente y te libera de la ansiedad del futuro. No requiere la existencia de la religión, aunque la religión es, por supuesto, compatible con la fe. Cuando dices que debes dar un "salto de fe", en realidad significa dar ese salto más allá de lo que puede ser observable o incluso conocido por ti; te sostiene con esperanza y optimismo cuando se producen reveses y fracasos, cuando parece no tener fin tu sufrimiento. Si las tormentas de la vida son inevitables, la fe te ayuda a aguantarlas. A medida que construyes tu fe, puedes abrirte a recibir tu vida, aceptar sus retos y, a pesar de ellos, sentir que te cuidan, que un mundo invisible te sostiene con infinita ternura.

La esperanza es el polvo de estrellas mágico que nos impulsa a seguir adelante, el don de la fe que nos permite ser pacientes con la brecha entre nuestras expectativas y la realidad. Nos permite esperar con calma, ya sea en los altibajos del día a día o en la búsqueda de objetivos a largo plazo. Es la comprensión de que el tiempo es necesario para el aprendizaje y el cambio, y nos da la fuerza para persistir a pesar de las dificultades. La esperanza es un pilar fundamental de la vida, indisolublemente unida a la fe y, de hecho, es el amor más duro que podemos cargar nosotros mismos

En la astrología india, el tránsito del planeta Saturno, o Sani, se considera "maléfico" porque trae consigo una serie de desafíos. Pérdida de trabajo, divorcio, accidentes: la vida puede presentar una avalancha de dificultades que nos dejan sintiéndonos desamparados. Sin embargo, cuando Saturno transita por nuestras cartas astrales, nos encontramos en la zona de aprendizaje más profunda de la vida. Su influencia, que dura casi ocho años, nos da tiempo para madurar y fortalecernos, o para amargarnos. En el lenguaje astrológico, Saturno es el mayor maestro, el planeta del karma y la responsabilidad. Aunque nunca me atrajo la astrología, sí aprendí que esperar los retos en lugar de negar su posibilidad es una habilidad espiritual esencial. Desarrollar optimismo y paciencia nos permite afrontar las dificultades con mayor fortaleza. La astrología india, omnipresente en la cultura del país, prepara a la gente para las dificultades de la vida. Las recetas de los astrólogos a menudo implicaban recitar oraciones específicas para cada desafío. Las largas colas en los templos de Sani o Hánuman son un testimonio de la fe inquebrantable del pueblo indio. La fe da esperanza.

¿Por qué visitan los templos de Sani o Hánuman? La historia cuenta que Hánuman era muy devoto a su maestro, el legendario y arquetípico héroe oriental Rama, un ser que mantuvo la calma ante la adversidad. Cuando Sani puso su pie sobre Hánuman, este no se inmutó. Por mucho que empujó, no pudo doblegar la voluntad ni el espíritu de Hánuman. Es por eso que muchos visitan el templo de Hánuman en la India, en honor a este arquetipo de energía indomable. El espíritu de esperanza, fe y devoción nos ayuda a mantener la conexión con nosotros mismos y con la vida, incluso cuando los desafíos nos abruman.

El reto de construir la fe

He escuchado que es fácil ser religioso, pero difícil ser espiritual. Para mí, la religión consiste en creer en un poder superior, mientras que la espiritualidad consiste en experimentar esa conexión. No se trata de cambiar a los demás o hacerles creer en algo, sino de transformarnos a nosotros mismos. Aunque las tradiciones religiosas pueden diferir, las experiencias en el camino místico o espiritual son muy similares, sin importar la religión. En cada paso de ese viaje, construimos esa conexión con nosotros mismos, con nuestra alma o nuestro yo superior. Cuando nos cansamos de la religión, es fácil tirar por la borda lo bueno con lo malo, desechando la creencia en un poder superior y, con ella, esa conexión profunda con nuestro ser.

En los momentos de cansancio y búsqueda de significado, podemos abrirnos a la conexión con algo más grande que nosotros mismos. Este acto nos conecta con nuestro interior y con la esperanza. A veces, experimentamos una serie de frustraciones que parecen seguir un patrón común. Por ejemplo, puedo estar permitiendo que alguien irrespete mis límites repetidamente, o reacciono de forma desproporcionada a una situación. En esos momentos, no siempre nos damos cuenta de lo que sucede, solo sentimos la ira o la frustración; no podemos identificar las emociones subyacentes ni comprender lo que está pasando. Sin embargo, la reflexión nos permite descubrir que, a través de estos patrones y emociones, el universo intenta llamar nuestra atención. Es entonces cuando nos damos cuenta y necesitamos ir a nuestro interior, para comprender las partes de nosotros mismos que estamos intentando integrar para alcanzar la coherencia. Nos hacemos preguntas como: "¿Qué necesito ver? ¿Qué necesito aprender? ¿Qué necesito entender? ¿A qué me resisto?". Las respuestas no siempre llegan de inmediato, pero cuanto más abiertos estemos a recibirlas, más receptivos seremos a la guía del universo. Cuando experimenté esta serie de frustraciones comprendí que no estaba siendo honesta sobre la ayuda adicional que necesitaba para gestionar mi tiempo. Saber que todo forma parte de mi viaje me permite mantener la esperanza y el optimismo. Las respuestas a mis preguntas son el catalizador de una conexión más profunda conmigo misma, que me permite confiar en la vida y aceptarla y, desde ese espacio, es más fácil aceptar a los demás.

Cuando te sientes frustrado, triste, ansioso o irritable, y has renunciado a la religión organizada, quizá sea el momento de abrir esa conexión con el mundo invisible y contigo mismo. Puede que sientas que las cosas no van como tú quieres, que tus relaciones son deficientes y que lo que deseas parece fuera de tu alcance. Aunque no tuve que pensar en construir mi fe, a veces era difícil mantenerla en los momentos difíciles. Pero, como era lo único que conocía, me apoyé más en ella. Si estás empezando, hay muchas formas de construir tu fe. Puedes detenerte ante tu altar con gratitud. Puedes comenzar notando pequeñas bendiciones. Si has dejado de rezar, tal vez puedas retomar esas conversaciones o escribir en tu diario a un poder superior o pedir protección para aquellos a quienes amas. Incluso podrías volver a tu religión o a los textos religiosos con nuevos ojos. Si te resistes a creer en algo más bondadoso y grande que cuida de ti, puedes explorar esa resistencia para comprender su origen y su momento de aparición.

Los retos, las frustraciones y los contratiempos forman parte de tu crecimiento para confiar en que puedes recoger los pedazos de ti mismo y recuperar el poder que en el pasado pudiste haber cedido a otros. Si quieres profundizar en tu fe, la sincronicidad es un ingrediente mágico porque, al notarla, mantienes viva la llama de la esperanza, para ti mismo y para tu vida en la tierra, y la gratitud por este regalo de la vida. Como diría mi maestro, puedes ver la magnificencia de la creación en una brizna de hierba. La fe, la sincronicidad y la esperanza están unidas.

Si comienzas a buscar la sincronicidad, empiezas a vivir con expectativas, pero, cuando simplemente empieces a experimentar la sincronicidad sin buscarla, estarás viviendo en el flujo. Es una forma de cambiar tu consciencia a un estado expansivo. Percibir la sincronicidad aumenta tu capacidad para afrontar los retos de la vida. Es como ver la vida a través de un microscopio y un telescopio al mismo tiempo. No se trata de forzar los acontecimientos para que se ajusten o justifiquen un punto de vista que sostienes, sino que, cuando experimentas la sincronicidad, terminas experimentando una sensación de magia y asombro, y sientes un reencantamiento de tu vida cotidiana. La sincronicidad, tal y como yo la veo, es una sociedad con el universo y, al asociarte, estás creando el destino en conjunto con él. Con fe y esperanza, comienzas el viaje para recuperar el poder que puedes haber regalado inconscientemente.

Ejercicios del diario

1. Reflexiona sobre las decisiones que has tomado en función de los retos a los que te has enfrentado en tu vida. Esas decisiones marcan puntos de inflexión en tu trayectoria. ¿Te llevaron por caminos inesperados? ¿Dónde te encuentras hoy gracias a esas decisiones? ¿Cómo te han moldeado en lo que eres ahora? ¿Qué lecciones has extraído de esas elecciones? ¿Cómo han influenciado tu perspectiva o filosofía de vida? Además, considera las decisiones que has tomado en función de los dones que has recibido en tu vida, ya sean familiares, económicos, de oportunidad, de fe, de habilidades o de talento. ¿Qué papel juegan estos dones en tu vida? ¿Los valoras lo suficiente o los das por sentados? A veces, puede resultar difícil apreciar lo que se tiene cuando no se ha experimentado la vida sin esos dones. Observa de qué forma estos regalos han contribuido a tu desarrollo y

te han permitido disfrutar de las bendiciones, tanto pequeñas como grandes, en tu vida.

2. ¿Hasta qué punto te consideras optimista? ¿Visualizas los desafíos como oportunidades para crecer, o te culpas por no alcanzar el éxito? ¿Te sientes abrumado por los retos? El optimismo es una habilidad que se adquiere al reconocer los beneficios que pueden surgir de los desafíos que enfrentamos.

Ejercicio de simbología animal

Los animales que aparecen de manera inesperada pueden generar una sensación de asombro en tu vida. ¿Sientes atracción por ciertos animales en particular? ¿Coleccionas figuras de ellos, como conejos o elefantes? ¿Alguna vez te has preguntado por qué te sientes atraído por un animal en particular? Te invito a investigar el simbolismo de ese animal y a observar cómo aparece en tu vida. Al prestar atención a uno o varios animales, establecerás una conexión con el mundo natural que te rodea y te sentirás reconfortado y cuidado.

Ejercicio de sincronicidad

Para reconocer la sincronicidad, solo necesitas darte cuenta. Observa lo que sucede en tu día a día con desapego y sin juzgarlo y, si algo no se desarrolla como esperabas, no lo etiquetes como bueno o malo, simplemente acéptalo y observa cómo se desarrollan las cosas sin expectativas, ya sea a corto o largo plazo. Al darte cuenta, te permites notar pequeñas conexiones, regalos y bendiciones; así es como comienzas a percibir la magia de la vida. También puedes enfocarte en una persona en tu vida, una habilidad o un talento que poseas, y reflexionar sobre cómo surgieron. ¿Cómo llegó esa persona a tu vida? ¿Qué coincidencias jugaron un papel? ¿Cómo desarrollaste tu habilidad o talento? ¿Qué circunstancias influyeron en ello?

Esencias florales: una fórmula para el optimismo

Aulaga: para la esperanza cuando pareces desesperarte ante las cosas y te sientes impotente.

Genciana: para levantarte ante los contratiempos y el desánimo.

Alerce: para que obtengas la confianza que necesitas para arriesgarte y probar cosas nuevas.

Castaño dulce: para cuando sientes que tu sufrimiento no tiene fin y que estás al límite; cuando "no puedes más".

Olmo: para cuando te sientes abrumado por las cosas que debes hacer.

Rosa silvestre: para la apatía y la pérdida de interés en la vida.

Sauce: para la amargura si te sientes una víctima.

Impaciencia: para la paciencia que se necesita para aceptar el ritmo de la vida.

Véase el glosario para más detalles de estas esencias.

— ONCE —

Conectar con la madre Tierra

La tierra es nuestra verdadera madre, porque nos brinda agua, alimentos, aire, hierbas y flores sanadoras. Incluso las esencias florales representan la forma en que la naturaleza cura nuestras emociones. Nuestros restos, ya sean incinerados o enterrados, nunca abandonan verdaderamente la tierra. Su matriz energética alberga recuerdos inconmensurables y tácitos de la raza humana.

Al igual que somos capaces de recibir el amor de nuestros padres y de los demás, y confiamos que el amor y el apoyo del universo, nos devolverá a nosotros mismos, también debemos ser capaces de recibir la energía amorosa de la tierra, que nos devuelve a nuestro cuerpo y a estar en sintonía con ella. Aunque cambiar nuestra relación interna con nuestros padres puede resultar difícil, te animo a intentar conectar con la energía nutritiva de la tierra.

Nuestros antepasados honraban su conexión con la tierra: los estilos de vida más simples los conectaban con ella, con su energía eléctrica natural, nutritiva y suave. Sin embargo, al igual que nuestra conexión con nuestros antepasados, nuestra conexión con ella puede perderse y como resultado, podemos encontrarnos "perdidos, aislados y solos", como dijo el filósofo budista Thich Nhat Hanh.

Según la Agencia de la ONU para los Refugiados (ACNUR) en 2020 había casi veintiséis millones de refugiados en el mundo, casi la mitad de ellos eran menores de dieciocho años, y casi ochenta millones de personas se habían visto obligadas a huir de sus hogares. Con estas cifras tan desoladoras, cabe preguntarse quién puede sentirse en "casa" en la tierra. Mirándolo desde otra perspectiva, con índices alarmantes de obesidad, la gente de hoy también lucha por sentirse "en casa" en su cuerpo. Y si uno siente que ha nacido en la familia equivocada, puede entender por qué puede ser difícil encontrar un lugar al que llamar hogar. Para muchos de nosotros, volver a casa y sentirnos seguros y en casa en la tierra y en nuestros cuerpos puede suponer un largo viaje. Como inmigrante, la sensación de desplazamiento que sentí fue muy inquietante. Pero, al igual que cuando conectas con tus antepasados, cuando conectas con la energía de la tierra puedes empezar a sanarte y a sentirte "en casa" estés en donde estés.

Durante mi infancia en la India, mi padre solía mandarnos fuera por la mañana.

"¡Vayan y caminen descalzos sobre la hierba! Es bueno para los ojos", nos decía.

En las calurosas mañanas de verano, la hierba, mojada por el rocío de la mañana, se sentía fresca bajo nuestros pies y cuando entrábamos en casa, los pies se secaban rápidamente en el porche de mármol. Cuando no íbamos descalzos, me gustaba más llevar mis sandalias *kolhapuri*, hechas a mano en cuero en el pueblo de Kolhapur, más que las de goma; en verano, las llevábamos puestas a toda hora. En ese momento no lo sabíamos, pero al caminar descalzos por la hierba, y calzarnos con sandalias de cuero, conectábamos con la energía de la tierra.

En la India, la sabiduría inherente y aceptada propone que la tierra nutre, más aún si estás en un camino espiritual.

Mi conexión con la tierra no terminó cuando me fui a vivir a Estados Unidos. Hace poco fuimos al Parque Nacional de Yosemite acompañados por dos jóvenes guías que habían venido a trabajar al parque como estudiantes, uno de Rhode Island y el otro de Iowa, pero ambos se habían quedado incluso después de dejar la escuela porque su amor por la tierra y el bosque era muy profundo. Sentían que habían vuelto "a casa".

Olimos la corteza de los árboles: pino y cedro.

"Mamá, la corteza huele a caramelo", me dijo mi hija.

Inhalé la dulce fragancia y tocamos los árboles. Era maravilloso estar juntos en familia, en la naturaleza y en armonía; mi organismo se calmó. Nos sentamos junto al arroyo y observamos cómo fluía el agua; podríamos habernos quedado allí para siempre. Unas secuoyas gigantes se alzaban sobre nosotros; éramos insignificantes a su lado. Y seguirían allí cuando nos hubiéramos ido, pero en su presencia, se sentía sagrado y maravilloso estar vivo.

De pie en una meseta de Yosemite, de repente recordé la historia de mi amigo Teji, un ávido montañista y médico de profesión. Con esta combinación ganadora, a menudo era solicitado por montañistas que requerían de un médico para sus ascensiones a gran altitud.

Hace muchos años, en una de estas expediciones al Himalaya, Teji y los hombres con los que escalaba se ataron unos a otros para cruzar un glaciar. Agobiados por el peso de sus equipos y ropas en aquellas gélidas temperaturas, tuvieron que caminar muy despacio para evitar las mortales grietas. En la distancia, pudieron ver algo que se acercaba a ellos.

No podía ser un animal, no a esta altitud. Teji pensó en el yeti. ¿Qué podría estar moviéndose hacia ellos?

Al acercarse, vieron que era un hombre. Vestido con un taparrabos, con el torso desnudo y descalzo, atravesó el glaciar, les sonrió, levantó la mano en señal de bendición y siguió caminando.

"En ese momento", nos dijo Teji más tarde, "sentí el peso de todo lo que llevaba. Mi ropa, el pico y todo lo demás".

Siempre me ha fascinado esta historia. Sabía que los yoguis tienen fama de haber vivido en las montañas y bosques de la India durante miles de años, pero era la primera vez que oía que alguien que yo conociera se encontrara con un yogui de verdad, que viviera en armonía con la tierra, que se nutriera de ella, que no le afectara ni el frío ni el calor.

Miré el delicado río plateado del valle, que fluía entre los picos a ambos lados. La luz del sol centelleaba en el agua y me asombré de cómo esta cinta plateada y brillante nutría y protegía una extensión de tierra tan vasta, dando sustento a millones de personas.

"¿Alguien ha vivido alguna vez en el parque?", pregunté a nuestro guía.

"Sí, un hombre vivió aquí. A veces pedía a los escaladores un poco de sal, para que la gente supiera de él".

"¿Qué le pasó?".

"Los guardas forestales lo encontraron y lo obligaron a irse. Supe que ahora es un vagabundo en las calles de San Francisco".

Después de volver a casa, pensé más en esto. Puede que legalmente ya no podamos ser nómadas, pero el principio de vivir cerca de la tierra y vivir con ligereza sigue siendo válido. A menudo hacía que mis hijos jugaran descalzos en el jardín para enseñarles a conectarse con la tierra como me habían enseñado a mí.

¿Qué significa estar enraizado?

En términos espirituales, la sensación de estar conectado a la tierra, de estar presente y equilibrado, suele denominarse estar enraizado. Cuando conoces a alguien que tiene los pies en la tierra, parece reflexivo, práctico, capaz de manejar una crisis y sus asuntos cotidianos. Los masajistas y las personas que trabajan en el campo de la sanación suelen conectarse a tierra para evitar que su energía se enrede con la de sus clientes. En los talleres de constelaciones familiares, se hacía mucho hincapié en mantener intacto el campo energético y evitar que se enredara con la energía ancestral.

Hay varias formas de "enraizarse", proteger tu propio campo energético y tranquilizarte conectando con la energía de la tierra. Puedes sentarte en la naturaleza, caminar descalzo sobre la hierba, tomar baños de sales de Epsom o magnesio, utilizar esencias florales "enraizantes", hacer yoga o utilizar visualizaciones que te ayuden a conectar con la energía de la tierra. Cuando estás conectado a tierra, el centro de tu energía está dentro de ti, a pesar de los retos que te rodean.

Una mañana, cuando me disponía a llevar a mi hija a la escuela, ella me miró y me dijo: "Mamá, creo que no tienes los pies en la tierra". La expresión de su cara era muy seria.

"¡Lo sé!", me sentía sorprendida. Había dormido poco durante varias noches, llevaba varias semanas sobrecargada de trabajo y ¡era lunes por la mañana! Tenía problemas para recordar lo que se suponía que tenía que hacer y no conseguía terminar de preparar su desayuno. Subí las escaleras y no me acordaba de lo que había subido a hacer. No encontraba mis anteojos; dejé las llaves en algún sitio y no recordaba dónde.

"No quiero subir al auto contigo hasta que toques tierra", me dijo.

"Creo que voy a estar bien", dije. "¡Vámonos! Vas a llegar tarde". Estaba cansada, estresada y no podía concentrarme.

Esa tarde, la recogí de la escuela, entré en la pequeña carretera que desembocaba en el tráfico continuo y me detuve ante la señal de ceda el paso. Miré para ver si se calmaba el tráfico; había otro auto delante de mí que también estaba esperando. El tráfico se calmó y aceleré y ¡zaz! Oí el rechinar de un parachoques contra otro y sentí una sacudida en el cuerpo.

"¡Mamá! ¡No estás enraizada! ¿Te enraizaste?", gritó mi hija.

"¡Creo que no!". Me llevé las manos a las orejas y a la cara, horrorizada por lo que había hecho. Aunque me sentía mejor después de consumir cafeína, había sido un día muy ajetreado y no me había tomado tiempo para centrarme ni conectarme a tierra.

Nadie resultó herido y los daños en el otro auto fueron pocos. Sin embargo, cuando no hacía contacto con la tierra, ¡hasta mi hija pequeña se daba cuenta! Empiezas a reconocer los síntomas. Aquel incidente me recordó que debía poner en práctica lo que le estaba enseñando.

Podemos desconectarnos de la tierra por el estrés, la ansiedad o la falta de sueño. Asimismo, estar siempre expuestos a dispositivos digitales y electrónicos también puede alejarnos de nosotros mismos y de la energía de la tierra. La fuerza gravitatoria de la Tierra nos permite habitar en su superficie, permitiendo que nuestro espíritu resida en un cuerpo humano. Cuando estamos enraizados, también devolvemos a la tierra las emociones tóxicas o de desecho, pero, cuando no lo estamos, no podemos expulsarlas. Piensa en alguna ocasión en la que hayas dado un paseo mientras meditabas sobre un asunto que te preocupaba y en cómo te sentiste al regresar. Cuando te sumerges en la naturaleza, observas la puesta de sol o el cielo, contemplas a los pájaros volando, tocas los árboles o llevas flores a tu hogar, estás construyendo conscientemente una conexión con la tierra. Cuando haces esto activamente, te abres hacia la gratitud y hacia la posibilidad de recibir.

A lo largo de la historia y en diversas culturas, la tierra se ha considerado una energía nutritiva femenina: la madre Tierra frente al padre Cielo. Sin embargo, a medida que avanzamos gracias a la ciencia, hemos perdido el término "madre Tierra" y, con ello, hemos roto el vínculo con la reverencia y asombro.

Los astronautas que han ido al espacio a menudo experimentan un cambio en su percepción respecto a la belleza y la fragilidad de la tierra. Hablan de su asombro al darse cuenta de que la tierra está viva de verdad, tan viva como todos nosotros. Describen su asombro no solo al contemplar el espacio, la luna y otros planetas, sino al ver su propio planeta desde una nueva perspectiva.

El astronauta Ron Garan dijo: "Cuando miramos a la tierra desde el espacio, vemos un planeta asombroso, cuya belleza no se puede describir; parece un organismo vivo que respira. Pero, al mismo tiempo, parece tan frágil. (…) es en verdad aleccionador (…) darse cuenta de que una pequeña capa delgada como el papel es, básicamente, lo único que protege a cada ser vivo de la muerte, de la dureza del espacio".

Enviamos a la gente al espacio para explorar la luna, las nebulosas y otras galaxias, pero lo que estos valientes aventureros nos están diciendo es más simple que eso: realmente descubrimos el valor de nuestro hogar, la tierra. Estos emotivos testimonios de los astronautas nos recuerdan que la Tierra es delicada, cálida, conmovedoramente sola, pequeña e irremplazable. Nos instan amarla y apreciarla en lugar de maltratarla.

Al cambiar nuestra lealtad consciente hacia la madre Tierra, nos abrimos a la posibilidad de ser nutridos por ella.

El poder sanador del agua

Recuerdo haber ido a la India y visto las oraciones vespertinas o *aarti* junto al río Ganges. La gente encendía sus pequeñas lámparas de aceite y cantaban al agua, con las campanas, los cánticos, el cielo y el agua oscureciéndose. Los *pushkars*, rituales anuales de amor y gratitud que honran la conexión energética con la tierra, se celebran a lo largo de las orillas de los doce ríos de la India en rotación, y los aldeanos se acercan a tocar el agua que fluye con rapidez y luego se tocan la frente en señal de reverencia. La veneración por el agua se encuentra en casi todas las tradiciones nativas. En todo el mundo hay fuentes sagradas de agua tan diversas como el manantial que brota de la gruta de Lourdes, el Cenote Sagrado de México, el lago Atitlán de Guatemala, el lago Mansarovar del Tíbet, los pozos sagrados de las islas británicas y los ríos y manantiales de Estados Unidos que eran sagrados para los nativos americanos.

En su libro *Los mensajes ocultos del agua*, Masaru Emoto, Ph. D., describe su teoría más revolucionaria: el agua tiene consciencia. Para demostrarlo congeló el agua tras exponerla a la palabra, escrita o hablada, y a la música y, a continuación, Emoto captó los cambios en la estructura cristalina del agua con un potente microscopio y con fotografías de alta velocidad. Su estudio del agua demostró que los pensamientos, los sentimientos e incluso la música afectan a la realidad. El agua que había sido expuesta a palabras cariñosas mostraba patrones hermosos, complejos y brillantes como copos de nieve. En cambio, el agua expuesta a palabras duras, escritas o habladas, no cristalizaba como tampoco lo hacía el agua contaminada, que presentaba formas incompletas o asimétricas y carecía de brillo.

Su trabajo me mostró el poder de las palabras. Las palabras duras se abren paso a través de las generaciones, se hacen visibles en las constelaciones o en mi trabajo con los clientes y nos impiden alcanzar nuestro potencial al socavarnos por dentro. Pero el trabajo de Emoto también nos da una idea del poder latente en nuestro interior, un poder que puede utilizarse para la sanación y la paz, si elegimos nuestros pensamientos e intenciones. Al igual que la teoría de Emoto de que el agua, cuando se le reza, cambia su estructura cristalina por muy contaminada que esté, las oraciones de gratitud a nuestros antepasados pueden cambiar nuestros campos energéticos familiares. Al igual que la madre naturaleza, la gratitud es una energía expansiva. Cuando miras a través de los ojos de la gratitud, ves oportunidades en tus retos y esta también puede facilitar que honres a tus padres por lo que fueron capaces de darte, en lugar de por lo que no pudieron.

En la sociedad moderna, la ruptura de la estructura familiar, las dificultades inesperadas, las pérdidas económicas o el divorcio pueden dejar vulnerables a los hijos y a los padres supervivientes. Puede resultar difícil acceder a sentimientos de abundancia, fortaleza y seguridad económica o física, emociones que conducen a una reducción del estrés y la ansiedad. En estas situaciones, puede ser difícil para una persona recurrir a la energía positiva de lo que se ha llamado una "consciencia de prosperidad".

Para acceder a sentimientos de seguridad y suficiencia, hay que ir hacia dentro. Puede parecer una contradicción, pero estos sentimientos tienen menos que ver con las posesiones materiales y más con una actitud de agradecimiento, ya que te ayudan a acceder a la energía de la abundancia. Cuando te sientes agradecido, puedes incluso ser generoso con lo que tienes, por poco que sea, y confiar en el flujo de la vida.

Hace varios años, mi familia y yo visitamos el templo de Guan Yin, la diosa budista de la compasión, en Penang, Malasia. Guan Yin sostiene cuentas de oración en una mano y, en la otra, un pequeño frasco que contiene el néctar de la compasión. Al salir del templo, nos encontramos con una fila de mendigos a los lados del camino, algunos eran ancianos, otros estaban enfermos, pero también había jóvenes. Mientras caminábamos, mi hijo le dio algo de dinero a una anciana que pedía monedas. De inmediato, mi hija siguió su ejemplo y le ofreció a la misma anciana más dinero. La anciana, con una sonrisa desdentada, le hizo un gesto a mi hija para que le diera el dinero a un anciano con el que ya se había cruzado. Mi hija regresó y puso las monedas en el pequeño cuenco de hojalata del hombre. Mientras las monedas tintineaban y repiqueteaban contra el metal, me di cuenta de que, de la forma más amable, la mujer nos había enseñado tanto a mí como a mi hija que "suficiente" es simplemente un estado de ánimo.

Cuando sientes que tienes suficiente, puedes ser generoso y confiar en el flujo de la vida y la abundancia. Esta mendiga podría haber presionado a mi hija para que le diera más dinero pero, en lugar de eso, la impulsó a considerar la posibilidad de ser generosa dándole el dinero al otro hombre. El difunto terapeuta Boszormenyi-Nagy descubrió que quienes podían mostrar generosidad hacia los demás experimentaban un aumento de su autoestima, libertad interior y bienestar físico. A medida que vives con más ligereza, puedes ir poco a poco sintiendo no solo que eres suficiente, sino que tienes suficiente.

Ejercicio de meditación mientras caminas

Sal a caminar treinta minutos por tu vecindario como si fuera una peregrinación, confiando en tus instintos y en tu intuición para que te guíen en este viaje. Camina más despacio de lo habitual y fíjate a qué camino te llevan, ¿a la izquierda o a la derecha? Fíjate en el color del cielo, en la naturaleza de las nubes, en la forma de los árboles, en la anchura de sus troncos, en la textura y los sutiles matices de la corteza, en la forma en que pueden pelarse y crear dibujos. ¿Te dan ganas de tocarlos? Observa la luz moteada que hace que algunas hojas luzcan más brillantes que otras, creando diferentes tonos de verde. Fíjate en si los árboles tienen bayas o vainas de semillas, en las hojas, que son tan diferentes entre ellas, y en las elegantes líneas de las ramas. Fíjate en las flores, si las hay, incluso en las humildes, decididas y feroces plantas que crecen entre las grietas de la acera. Fíjate en las sombras del suelo, oscuras y claras, en los animales que corretean, en los pájaros que vuelan y en los sonidos que acompañan a toda esta actividad. Fíjate en las personas que veas y si decides saludarlas. A veces, incluso las ventanas de madera entabladas, las paredes encaladas y los bloques de cemento pueden tener detalles sutiles y texturas tan bellas como cualquier cuadro abstracto. Sé abierto, curioso y aventurero, empápate de todos los detalles que puedas. Deja de juzgar y comprueba si puedes apreciar todo lo que ves a tu alrededor: la naturaleza que te rodea y todo lo que encuentres.

Cuando vuelvas, escribe tus impresiones en tu diario, incluyendo la manera en cómo te sientes.

Ejercicio para conectarte con el agua

El agua, como símbolo, se utiliza a menudo para representar las profundidades acuáticas de tus emociones y también está conectada con el principio de fluir. Agua de roca es una esencia "floral", no derivada de flores, aunque es parte de la colección de esencias florales de Bach, que libera la rigidez en tus pensamientos e ideas; como cuando tienes estándares tan altos que te paralizan y te llevan a la procrastinación por miedo al fracaso (ve el capítulo 5 para más información o revisa el glosario al final del libro). Aunque puedes tomar la esencia por vía oral, también puedes llenar una bañera con agua y poner veinte gotas de la esencia en ella. Energiza el agua moviendo la mano dentro de ella, en forma de bucle infinito, que representa el ritmo o la fluidez. Sumérgete y deja que el agua te calme.

También puedes pegar palabras positivas en tus botellas de agua potable, como **gratitud**, **armonía**, **equilibrio**, o símbolos como los de los arcángeles. Si utilizas una botella de color azul oscuro, puedes solarizar el agua colocándola a la luz del sol durante media hora y observar si notas algún cambio cuando bebas esta agua. Yo tengo varias botellas de este tipo, y noto que esta agua siempre me hidrata más que cualquier otra que beba.

Esencias florales

Hojarazo: para la procrastinación y cuando tu energía parece estar "estancada". El acto de vaciar armarios y deshacerse de cosas suele ser una forma de indicarle al universo que estás haciendo espacio para algo nuevo; sugiere que estás preparado para invitar al cambio. Siempre me sorprende la forma en que puedo abordar mi lista de tareas pendientes con un poco de hojarazo. A veces, puede que descubras, como yo, que no estaba en mi lista, sino en mi mente.

Madreselva: para ayudarte a dejar atrás el pasado y el acaparamiento. Combínala con hojarazo para dejar atrás la procrastinación, las posesiones y el pasado.

Verde enraizador: para construir tu conexión con la tierra, ayudándote a tener percepción de ella y a nutrirte de ella.

Véase el glosario para más detalles sobre estas esencias.

— DOCE —

Deja florecer
tu vida

¿Qué acción sencilla puedes tomar para ti mismo que también alivie la carga de cualquier legado familiar que lleves? Del mismo modo que un cambio de dirección puede trazar un rumbo totalmente nuevo para un crucero gigantesco, un pequeño cambio persistente puede crear cambios drásticos en tu vida y en la dinámica familiar que llevas. He notado que esa acción es asumir la responsabilidad de tu vida y honrarla.

En lugar de tomártelo como algo personal cuando te das cuenta de que has nacido en el seno de una familia que ha sufrido durante generaciones, puedes aprovechar tu oportunidad para propiciar la sanación sin importar quién o qué infligió el primer trauma que puso en marcha tus patrones familiares. De hecho, es posible que nunca sepas qué puso en marcha el patrón.

Para superar las limitaciones impuestas a tu vida por el campo energético familiar, no solo tienes que honrar a tus antepasados sino, lo que es más importante, tienes que asumir la responsabilidad de tu vida y honrarte a ti mismo.

¿Qué significa honrar tu vida o a ti mismo?

Responsabilizarte de ti mismo implica liberarte del victimismo y de las historias que te atan al pasado y que te impiden crear la vida que deseas. Honrarte a ti mismo te permite enfrentar tus sentimientos, interpretar los mensajes que te ofrecen y reconocer el poder que tienes para sanar las heridas del pasado. Esto implica tener compasión por tu propio viaje y apreciar los aprendizajes que surgen de los desafíos superados. Reconocer que la vida va más allá de las limitaciones impuestas por las historias pasadas te permite incluso sentir compasión por los demás.

Al optar por asumir la responsabilidad de tu vida, independientemente de las circunstancias, y hacerlo con persistencia, fe, optimismo y coraje, recuperas tu autoestima. Al hablar desde este lugar, tus palabras se manifiestan sin violencia, pero con amabilidad y respeto; tu voz deja de ser un campo de batalla entre las emociones que sientes y las que expresas. Como evidenció el compromiso de Gauri con su práctica de yoga y meditación en el capítulo 9, incluso sanas tus raíces cuando te comunicas contigo mismo; te liberas del peso del linaje que arrastras.

Cambiar de perspectiva

La energía atrapada, representada por tus antiguas creencias, pensamientos repetitivos y emociones abrumadoras, puede seguir dando vueltas en tu interior como una cabra atada a un palo. Debajo de las olas de emociones, puedes empezar a vislumbrar el lecho marino de creencias que te mantienen atrapado en esta situación. Las preguntas son tu puerta de salida, y en ellas están las semillas de las respuestas que buscas. Al ser persistente en tu búsqueda, permites que la inteligencia y la gracia entren en el sistema desde fuera, interrumpiendo así la energía que da vueltas una y otra vez. El sistema se expandirá para albergar estas preguntas abiertas, y las soluciones o respuestas que necesitas te permitirán superar tu situación limitante.

Por ejemplo, cuando dejé Chicago y me trasladé a Boston, me ofrecieron un puesto en una universidad, con una carga de trabajo similar a la que tenía antes, aunque para entonces me estaba alejando del mundo académico. La oferta era tentadora, y me planteé si quería aceptar el trabajo.

"¿Quieres atarte a un ancla o a un cohete?", me preguntó Robin, una de mis amistades.

"Un cohete", fue mi respuesta rápida.

"Entonces, ¿esta oportunidad es un ancla o un cohete?".

"Se siente como un ancla", le dije. Me sentía agobiada y encajonada por la idea de hacer el mismo trabajo que venía realizando. Me di cuenta de que la desconexión entre el corazón y la mente en mi trabajo me hacía sentir insatisfecha. La pregunta de Robin me ayudó a tomar una decisión.

Las preguntas te abren al acto de observar a profundidad. A través de ellas, expresas tu disposición a observar la situación sin juzgarla. Cuando observas algo, una persona, una situación o incluso un acontecimiento, desde una perspectiva diferente, puedes verlo desde un nuevo ángulo, quizá incluso desde múltiples ángulos.

Habiendo tomado esa decisión, entré en ese espacio liminal en el que me despojé de un título laboral, pero en el que aún no me pertenecía a mí misma. Ya no estaba en ese contenedor bien definido en el que podía decir a los demás exactamente a qué me dedicaba en el ámbito profesional. Me costaba explicar qué eran las esencias florales, por no hablar de las constelaciones familiares. El paso de mi antigua realidad a una nueva se producía poco a poco; tenía que ser paciente.

A pesar de haber abandonado una trayectoria profesional convencional, aún mantenía otra capa de creencias que había comprado:

estaba atrapada en una rueda de hámster interminable de ocupaciones para sentirme productiva y valiosa, tales como el voluntariado, la maternidad, los recados y otras actividades que consideraba importantes y útiles. Sin embargo, cuanto más me daba cuenta de las fuerzas que actuaban sobre mí, más veía cómo podía cambiar mi perspectiva y frenar la rueda. Pude identificar las creencias que me mantenían bloqueada y comencé a elegir lo que quería hacer y cómo quería emplear mi tiempo. Comencé a hacerme preguntas: ¿estaba realizando actividades porque eran lo que los demás esperaban de mí, o eran actividades que quería hacer por mí misma? ¿Me juzgaba a mí misma en función de las expectativas de los demás? ¿Tenía límites sanos?

Durante breves períodos de tiempo, sentí como si despertara de un estado casi inconsciente. Si podía entender las historias que me habían moldeado, sentía que podía elegir salir de la rueda y ser leal a mi alma y, al mismo tiempo, honrar a mi familia y mi herencia. Sin embargo, en toda elección existía el riesgo del rechazo, sobre todo si seguía mi propio camino. Es la forma en que nuestra alma, como un pájaro enjaulado, pide ser liberada, pero parte de liberar tu alma es encontrar el valor para volar.

Las preguntas ayudan a iniciar el camino hacia la posibilidad, a recuperar el poder y a dejar atrás el victimismo; ellas son la clave de las ideas o respuestas que buscas. Es fácil decir lo que no quieres, una relación horrible, un trabajo poco gratificante y sin futuro, etc., y mucho más difícil decir lo que sí quieres. ¿Qué quedaría si todo lo que no te gusta desapareciera? Las preguntas, ya sea que te las hagan a ti o te las hagas a ti mismo, pueden ayudarte a avanzar si te abres a recibir percepciones en lugar de caer en el miedo. Los ejercicios al final de este capítulo plantean algunas preguntas que pudieran resultarte útiles.

Si deseas que algo cambie, debes cambiar tu percepción de ello. Mi experiencia personal me ha enseñado que, al aceptar tu realidad, por incómoda que sea, comienzas a desarrollar la percepción de que puedes cambiarla. Así, la realidad que observas también se transforma porque ya no te resistes a ella. Solo entonces podrás abrir las puertas a la posibilidad creativa y a tu propia transformación.

A medida que empiezas a observar y aprender, aumentas tu autoestima al reconocer tu capacidad para enfrentar desafíos, desarrollar resiliencia, defenderte en pequeños aspectos y trabajar con tus historias ancestrales. Cuanto más conectado estés contigo mismo, más podrás mirarte con amor y comprender tu historia con coherencia. En este viaje, aprenderás a honrar tus necesidades, sueños y deseos, y a tratarte con compasión. Frente a tu historia y las circunstancias de tu vida, tu mayor apoyo, fuerza y confianza surgirán desde tu interior, guiándote y propulsándote hacia adelante. Esto provendrá de conocer las opciones disponibles y confiar en que basarás tus decisiones en los valores que rigen tu vida. Una vez que claves tu estaca en el suelo, las sincronicidades comenzarán a mostrarte el camino para alinear tu ser con tu alma y con el universo. Es posible que enfrentes dudas y desafíos, pero, si perseveras, tu fe en ti mismo y en el universo se fortalecerá.

Autocuidado y autocompasión

La tierra es un plano emocional y kármico. La lucha por sentirse indigno y no querido es el desafío emocional fundamental del ser humano, que surge de una profunda necesidad de ser aceptado tal como uno es, sin importar el historial de logros o la falta de ellos. Según el psicólogo Abraham Maslow, el deseo de pertenencia es una necesidad primaria; sin embargo, con frecuencia te sientes como un extraño. La presión para conformarse puede llevarte a ignorar tus sentimientos. Pertenecer implica reprimir esa parte de ti que ve las cosas de manera diferente, lo que crea una lucha constante entre el impulso de individualizarte y la tendencia a adherirte a las expectativas del grupo. Este conflicto es más evidente en tus relaciones, ya sean familiares u otras y se manifiesta en forma de ira, frustración, desesperanza, ansiedad y dudas sobre uno mismo, lo que en última instancia limita tu potencial.

Entonces, ¿cómo puedes honrar tus sueños, deseos, aspiraciones, sentimientos y la necesidad de individualizarte y pertenecer al mismo tiempo? Cuando te sientas herido por las palabras o acciones de alguien, puede ser útil hacerte la siguiente pregunta: "¿Cuál es el agujero o vacío dentro de mí que desencadena esta reacción en mi interior?". Las heridas ocultas son como hielo congelado en tu interior que empiezan a resquebrajarse cuando percibes amenazas. Pero, al observar tus reacciones sin juzgarlas y reconocer estos sentimientos de inadecuación y tu necesidad de pertenencia y conexión, podrás ver las sombras que les ocultas a los demás y te ocultas a ti mismo. En su mayoría, se trata de una búsqueda externa de validación y expectativas que otros nunca podrán satisfacer. En lugar de ello, intenta darte a ti mismo esos sentimientos de amor, aprecio, reconocimiento y apoyo, tratándote con amabilidad, sobre todo en momentos difíciles; reconoce lo que estás experimentando y date un descanso extra o simplemente tiempo para "no hacer nada".

Cuando escuchas un mensaje interior sobre el vacío que intentas llenar, puedes intentar liberar tu reacción automática. Cuanto más te ocupes de tus sentimientos con atención y amabilidad, más podrás aceptarte y darte el amor y la compasión que necesitas. Tener una relación nutritiva con los demás depende en gran medida de tu capacidad para tener una relación de apoyo contigo mismo.

Por ejemplo, varios estudios han demostrado que, aunque a las mujeres la sociedad las prepara para que cuiden a los miembros de sus familias, incluyendo los esposos, hijos, padres, amigos y comunidades, en realidad no se les enseña a cuidarse a ellas mismas. Las investigaciones indican que las mujeres tienden a tener niveles de autocompasión un poco inferiores a los de los hombres, aunque suelen ser más cariñosas, empáticas y generosas con los demás. Es importante encontrar un equilibrio entre atender las necesidades de los demás y las nuestras propias. Si no te consideras digno, te resultará difícil poner límites y practicar el autocuidado. Para los niños que han sufrido abusos físicos o emocionales o que tienen padres muy críticos, la autocompasión suele ser complicada.

Dos estudios diferentes analizaron el comportamiento de las personas autocompasivas en sus relaciones, así como su resistencia y optimismo ante los contratiempos. Uno de estos estudios fue el realizado por Margaret Paul y Tasha Beretvas de la Universidad de Texas en Austin, que descubrió que las personas autocompasivas eran consideradas por sus parejas como personas más amables y bondadosas, así como también eran capaces de dar más libertad a sus parejas, respetaban sus opiniones y, en general, sus relaciones eran más seguras y satisfactorias. Por otro lado, las personas autocríticas tendían a ser más agresivas y controladoras en sus relaciones. El segundo estudio fue el realizado por David Sbarra de la Universidad de Arizona, que demostró que la autocompasión también ayudaba a las personas a adaptarse mejor al divorcio.

Como podrás ver, no eres el único que se beneficia de la autocompasión. Kristin Neff, autora del libro *Sé amable contigo mismo,* ha observado que la autocompasión te permite darte el apoyo necesario para satisfacer directamente muchas de tus propias necesidades, y entonces también podrás dar a tu pareja y a los demás el apoyo emocional que necesitan. Cuando te permites ser "suficiente", al mismo tiempo puedes silenciar a tu crítico interior y permitir que los demás también sean "suficientes".

Bendiciones para florecer

La culpa es una emoción clave que a menudo puede impedirte honrarte, ponerte límites y ser compasivo contigo mismo. Se ha dicho con frecuencia que una madre es tan feliz como su hijo más infeliz, lo que demuestra la interconexión de las emociones en una familia. Como viste en el capítulo 7, las lealtades inconscientes a la infelicidad de los padres, a sus deseos no vividos, a sus patrones negativos de relación, a sus creencias sin apoyo, a su falta de éxito profesional, etc., pueden manifestarse como lealtad a los comportamientos y emociones que tú tienes. Un hijo puede sentirse culpable por tener más o menos éxito que su padre. La riqueza heredada también puede provocar a veces sentimientos de culpa si un progenitor tuvo que trabajar duro y sacrificarse para conseguirla; si una madre tuvo que luchar para llegar a fin de mes y tuvo poco tiempo para las relaciones personales o el autocuidado, una hija pudiera sentirse culpable por tomarse tiempo para un masaje, una visita al *spa* o pasar tiempo con amigos. Las constelaciones familiares me mostraron lo perjudicial que puede ser el sentimiento de culpa para un padre o un hijo que se ha quedado atrás por los refugiados huyen, por ejemplo. La culpa puede impedirte que te cuides y practiques el autocuidado.

En la India, el acto de tocar los pies de los ancianos, descrito en el capítulo 3, es un ritual que se usa para honrar la necesidad de separarse, al tiempo que liberaba la necesidad consciente o inconsciente de tener permiso para ser un individuo. Gran parte del significado profundo de ese ritual se ha perdido en la India actual; sin embargo, es una forma de pedir bendiciones en lugar de permiso cuando uno persigue sus sueños o va en contra de las expectativas de los padres, sobre todo si la relación está cargada de tensiones. Los pequeños negocios familiares de la India suelen tener colgada en la pared una fotografía del fundador difunto, de los abuelos o de los padres y, si se llega a una tienda a última hora de la mañana, cuando acaban de abrir, se puede observar que estas fotografías tienen guirnaldas frescas y quizá algún incienso ardiendo debajo. El fundador de un popular y próspero restaurante de mi vecindario en la India le pedía a su madre que tocara las ollas y sartenes en las que se cocinaría la comida del día, como forma de reconocer la importancia de las bendiciones ancestrales para el éxito de su negocio.

Si aceptas la idea que es subyacente a estos rituales, la necesidad de individualizarse, puedes pedir bendiciones ancestrales o paternas en lugar de permiso. Adapta este ritual encendiendo una vela ante las fotografías de tus antepasados o padres, pidiéndoles bendiciones para tu vida. No importa si tus padres o abuelos están vivos o ya murieron, pero recibir bendiciones, aunque sea energéticamente, en lugar de desear o esperar de forma inconsciente un permiso, te ayuda a liberar culpas enterradas y te permite avanzar. También puede liberar lealtades inconscientes que podrían estar impidiéndote desarrollar todo tu potencial.

Es así como podrás verte a ti mismo como merecedor de alcanzar tus sueños, recibir amor y tener relaciones sanas con los demás. También empezarás a ver cómo los demás proyectan en ti lo que quieren, y puedes establecer límites sanos que te permitan cuidar de ti mismo. Cuanto más elijas acciones que te apoyen, más te verás merecedor de tu propio amor y aceptación.

Llenar el vacío interior

Tu capacidad para soportar los retos que te presenta la vida sigue aumentando a medida que haces el trabajo de reconocer a todos los que pertenecen a la familia y de sanar las heridas y corregir los errores, por muy antiguos que sean sus orígenes. Trabajando con tu campo energético familiar, te darás cuenta de que no estás solo. Por otra parte, puede que llegues a un punto en el que ya no te identifiques con los prejuicios y las creencias negativas que forman parte de la pertenencia a una familia, raza, partido político o cultura. En última instancia, puedes optar por simplemente pertenecer a la raza humana sin dejar de honrar a tus antepasados. El verdadero reto es elegir no hacerse la vista gorda ante los defectos de tu familia o tribu, sino ser capaz de aceptarlos y honrarlos por lo que son y, al mismo tiempo, honrarte a ti mismo también, situarte en el espacio del no juicio, la aceptación y el reconocimiento.

Tú eres la flor de tu árbol genealógico. Y, al igual que estas florecen en todo tipo de condiciones, como desiertos áridos, al borde de cascadas, tras incendios devastadores, en grietas de la acera, tú también puedes florecer en cualquier sitio. Sin embargo, este proceso es un viaje y no se produce de la noche a la mañana. Me di cuenta de que necesitaba aprender a reverenciar y compadecer el vasto lienzo de la vida y, para crear relaciones positivas, tenía que conectar con mis antepasados y mi herencia. Tu linaje vive dentro de ti; cuando hayas aceptado tu historia y las circunstancias de tu propia vida, te sentirás más auténtico y completo, habrá una coherencia en tu interior y en tu relación con el mundo. Volver a casa, a tus raíces y a ti mismo, te dará el poder que necesitas para crear la vida que deseas. Cuando te perteneces a ti mismo, puedes encontrar tu lugar en el mundo y apreciar tu humanidad compartida y la red de relaciones que pueden llenarte y nutrirte.

El *samadhi*, que es el estado de dicha de los yoguis, está asociado con sentimientos como la paz, la armonía, la satisfacción, el amor, la gratitud, la alegría y una consciencia de unidad: tu interconexión con el mundo y con los demás. Es interesante que a menudo se nos enseña a buscar la felicidad, no la alegría o la dicha, porque no sé si alguna vez he oído describir el *samadhi* como "feliz". La idea de que en algún momento de mi vida aprendería esa fórmula mágica que me permitiría ser feliz para siempre puede que haya sido una ilusión. Sin embargo, ahora aparecen con más frecuencia en mi vida emociones de alegría, gratitud, paz, bondad y satisfacción. Puedo ver conexiones que antes no veía, y permito que estas historias me lleguen con compasión y percepción, lo que me permite entrar en la vida y en la red de relaciones humanas con el corazón abierto. Estoy agradecida por el regalo de mi vida.

Ejercicios del diario

1. A través de la terapia de constelaciones familiares, aprendí a hacerme una pregunta clave que tú también debes hacerte cuando te enfrentas a problemas o elecciones:

   ¿Qué está pidiendo ser visto?

   Es decir, ¿qué leyes del campo energético familiar han sido violadas y qué sentimientos, o individuos, necesitan ser reconocidos, recordados u honrados para que la sanación sea posible?

   A menudo, cuando me planteo esta pregunta, descubro que hay otras preguntas relacionadas que pueden servir de guía. Se trata de preguntas reflexivas y clarificadoras que pueden ayudarte a comprender mejor tu situación, por ejemplo:

   ¿Qué tengo que estar dispuesto a ver?
   ¿Qué tengo que estar dispuesto a hacer de otra manera?
   ¿Qué necesito estar dispuesto a comprender?
   ¿Qué necesito estar dispuesto a aprender en esta situación?
   ¿A qué me estoy resistiendo en esta situación?

   Si estás luchando con una situación particular, te invito a reflexionar y escribir las respuestas a estas preguntas en tu diario. Incluso puedes escribir una pregunta en un trozo de papel y colocarlo en tu altar; puede que te sorprendas de la información que recibirás.

Cuando buscas respuestas, abres la puerta para que la energía atrapada pueda salir del sistema familiar.

2. ¿Tiendes a sobrevalorar las críticas y a infravalorar los elogios? ¿Eres capaz de ser amable contigo mismo o de cuidarte? Cuando practicas el autocuidado, ¿te sientes culpable y despreocupado por la atención que te estás prestando? Para abrirte a la recepción, empieza a darte cuenta de cómo la bloqueas. "Siéntate" con esta incomodidad emocional mientras vuelves a aprender que está bien recibir. Anota las formas en que recibes aliento, apoyo y comentarios positivos, ya sea en tu diario o guardándolos en una cajita bonita en algún lugar visible, como tu escritorio, mesa de noche o tocador. Si recibes un cumplido, acéptalo sin rechazarlo ni corresponderlo, solo da las gracias. Identifica tus emociones si puedes, o simplemente respira al notar el malestar tras un incidente de este tipo. El camino hacia la apertura para recibir comienza con estos pequeños cambios.

    Puede que incluso te des cuenta de que reprimes los elogios genuinos, el ánimo, el apoyo y el aprecio a los demás. ¿Tiendes a criticar las ideas de los demás?

    Pudieras incluso hacer una lista de las cosas que aprecias de ti mismo: tus rasgos físicos, tu carácter, tus logros, tu actitud, tus talentos, tus habilidades y la forma en que haces cosas por los demás. El único límite de tu lista es tu imaginación; auméntala con regularidad y consúltala a menudo o incluso a diario al iniciar este proceso.

3. Para sentirte merecedor de amor y afecto, considera la posibilidad de utilizar las esencias florales sugeridas en este capítulo. Elige una esencia y escribe en tu diario cómo te sientes contigo mismo durante un período de tres semanas, o combina algunas de ellas, dependiendo de cuáles resuenen contigo.

Ejercicio de mapa mental

A menudo, la información llega sin esperarla, como un susurro en el viento. Puede que tengas que entrenarte para buscar y recibir intuiciones sobre tu situación. El ejercicio que te propongo a continuación es una herramienta que puede ayudarte a captar el pensamiento que se te pasa por la cabeza, representando asociaciones y conexiones con objetos con el fin de obtener una mejor visión sobre una situación. Puedes usar cristales, plumas, piedras o cualquier otro objeto que te llame la atención y que tengas en casa.

Reserva un poco de tiempo para hacer este ejercicio. Si quieres, puedes encender una vela o poner música suave para relajarte y abrir la mente. Incluso puedes hacerlo en la naturaleza utilizando objetos como bellotas, hojas secas o piedrecitas.

Empieza por pensar en el problema que te preocupa. Intenta formular la pregunta que se te plantea y tal vez tu intención para el resultado que deseas. Confía en que no hay preguntas correctas o incorrectas, la pregunta que se presenta es la que está en tu mente. En cualquier superficie plana, o en un trozo de tela en el piso, o en el suelo mismo, vas a colocar objetos para representarte a ti mismo, las emociones, como tristeza, enfado, etc., y los acontecimientos, personas y circunstancias.

Primero, coloca un objeto para ti y otro objeto para la intención que tienes o el resultado que deseas. Fíjate dónde se ubican estos dos objetos, qué tan lejos o cerca están uno del otro. A continuación, considera el reto al que te enfrentas. ¿Es una persona? ¿Una emoción? Colócalo donde creas que debe estar. ¿Qué otros objetos necesitas para aclarar tu situación? Añade una representación para cada una de las emociones que sientas y para otras personas que afecten la situación. ¿Qué tal tu madre, tu padre, tus abuelos, tu pareja o tu jefe? Añade estos objetos de uno en uno, de forma lenta y deliberada. Observa cualquier información que recibas sobre el problema al que te enfrentas. Cada vez que añadas un objeto, sigue comprobándolo tomando el objeto que estás utilizando para representarte a ti mismo. ¿Qué información obtienes? Si lo deseas, puedes anotar lo que percibas. Trabaja de forma instintiva, confiando intuitivamente en que estás colocando los objetos en los lugares adecuados, a la distancia correcta y eligiendo los objetos precisos para cada representación. No hay una forma correcta o incorrecta de hacerlo. Escribe los nombres de estas emociones, creencias, personas o acontecimientos en pequeñas notas adhesivas o trozos de papel si crees que necesitas recordar lo que representa cada objeto.

A medida que añades objetos a tu mapa mental físico, evalúa si necesitas mover objetos que habías colocado antes. Incluso podrías volver a tomar los objetos originales y moverlos a medida que añades nuevos; es posible que algunos objetos se acerquen y otros se alejen. Fíjate en el simbolismo de los elementos que has elegido, por ejemplo, quizá hayas elegido un cronómetro para representar una relación. ¿Qué podría significar?

Fíjate en las asociaciones entre los objetos que estás representando, y quizá veas lo que antes se te había pasado por alto. ¿Necesitas hilo, un cordel o cuentas, llaveros o cualquier otra cosa que te permita conectar diferentes objetos entre sí?

¿Qué resultado te gustaría obtener? ¿Hay objetos que representen personas o emociones que puedan conducir a un resultado creativo o a una posibilidad que no exista hoy en este escenario? Colócalos ahí. Mira dónde están. ¿Con qué están conectados? Anota tus ideas para poder consultarlas más adelante.

Puedes dejar tu "mapa mental" fuera durante unos días para volver a él cuando tengas tiempo, y luego retirarlo cuando sientas que has obtenido una mayor comprensión. Puedes quemar un poco de salvia sobre los objetos para "limpiarlos" y dejarlos listos para otro momento.

Esencias florales

Nogal: te da fuerza para romper con la influencia limitadora de experiencias pasadas y personalidades fuertes, ayudándote en los cambios al darte valor para seguir la llamada de tu destino.

Avena silvestre: la claridad y la dirección vienen de nuestro reino interior, no del mundo exterior. La avena silvestre es la esencia floral para cuando no estás seguro de tu camino y no sabes lo que deberías hacer. Te ofrece una guía interior.

Roble: te ayuda a encontrar tus límites y a abrirte a recibir ayuda.

Pino: te ayuda con la autoestima y la aceptación. Los sentimientos de culpa pueden ser desproporcionados en relación con lo que ha sucedido en el pasado o con lo que sientes que tienes que hacer y no puedes decir que no. Estos sentimientos pueden ser el resultado de tu infancia o de tu educación religiosa. Pero, con la ayuda del pino, puedes olvidarlos.

Fórmula de amor propio y autoestima

Llena un frasco dosificador de 30 ml, que tenga cuentagotas, con agua de manantial y una cucharadita de brandy. Si quieres crear una fórmula sin alcohol, utiliza glicerina como conservante. Añade dos gotas de cada una de las siguientes esencias.

Manzano silvestre: si eres autocrítico, esta esencia te ayudará a enamorarte de ti mismo y a dejar atrás los sentimientos de vergüenza.

Botón de oro: te permite creer en tu luz y hacerla brillar, sin cuestionarte sobre si es lo bastante brillante o grande.

Alerce: te libera de la duda y la autocensura que surge cuando sientes que no estás a la altura de la tarea y que careces de la formación o la capacidad adecuadas. Te permite creer en ti mismo, arriesgarte y probar algo nuevo o diferente. Ayuda a reforzar la autoestima.

Avena silvestre: te ayuda con la orientación interna y a dar pasos hacia el éxito.

Mímulo: te da valor para enfrentarte a tus miedos, reduce tu ansiedad y te ayuda a superar la timidez. Combinada con las demás esencias, también te da valor para decir tu verdad..

Mímulo rosa: sana el sentimiento de vergüenza profunda, culpa e indignidad, dándote el valor para tender la mano y asumir el riesgo emocional de ser visto y permitirte relacionarte con los demás.

Lirio de agua: aporta claridad sobre la identidad sexual, ayuda con la aceptación sexual y con la integración de las cualidades masculinas y femeninas en una expresión armoniosa. Si sientes que lo necesitas, puedes añadir dos gotas a tu fórmula.

Véase el glosario para más detalles sobre estas esencias.

— TRECE —

Los cuatro pilares

Existen cuatro pilares que sostienen el centro sagrado o santuario dentro de ti: tus antepasados, la tierra, tu fe y tú. Las acciones que realizas para honrar a tu linaje, conectar con la tierra, responsabilizarte de ti mismo y profundizar en tu fe mantienen encendido el fuego de este santuario. Trabajar con estos cuatro pilares te permite cambiar la forma en que el pasado vive en tu interior para poder estar presente y abierto a la posibilidad, así como liberarte de la ansiedad y el miedo al futuro y crear la vida que deseas.

He observado constelaciones familiares con participantes de diferentes partes del mundo, credos, orientaciones sexuales y géneros y me parece fascinante que, sin importar la religión, el campo energético familiar siempre busca la sanación. El precio que se cobra por quebrantar los principios del campo energético familiar es el mismo para toda la raza humana. El camino hacia la armonía pasa por el respeto, la gratitud, la compasión y la comprensión. El origen de la tragedia se encuentra en algún lugar del pasado, su energía incrustada en el campo energético de tu familia. Por razones que tal vez nunca conozcas, ocurrieron cosas terribles y, al ser un humano, tú tampoco estás exento; puede que el dolor de tragedias tan profundas nunca te abandone. Frente a la tristeza, el dolor y el horror infligidos por el campo energético de la familia cuando intenta hacer sentir su presencia, ¿dónde reside la esperanza y la sanación?

Todo sufrimiento contiene en sí mismo semillas que abran la posibilidad de obtener conocimiento y crecimiento. Tu dolor personal puede despertarte a un punto de transformación que te lleve a desintegrar patrones del pasado y te ponga en un viaje que transforme, no solo tu campo energético familiar, sino el mundo que te rodea. Una vez, me encontré preguntándome: "¿Cuánto dolor puede caber en nuestro corazón?". Y la respuesta llegó con rapidez como si viniera en las alas de los ángeles: "Tanto como sea necesario para que nuestros corazones aprendan a sentir compasión". La experiencia del dolor forma parte de nuestra humanidad compartida. Y aunque en algún nivel siempre lo sostendrás, en la metamorfosis de esa pena está la puerta de entrada a la compasión por el sufrimiento ajeno. En algún momento, un agujero de luz puede perforar el manto de oscuridad que te rodea, y dejarás de preguntarte "¿por qué?", para empezar a preguntarte "¿y ahora qué?". A través de este proceso, empiezas a cambiar creencias y comportamientos invisibles que te han mantenido encerrado en una lealtad inconsciente a tu sistema familiar.

El precio de pertenecer

El campo energético familiar es un poderoso campo de fuerza. Pertenecer al sistema familiar es como caminar al borde de un precipicio empinado; siempre estás sopesando lo bueno y lo malo que se ha hecho a los miembros de tu sistema y por ellos. Del mismo modo que pagas un precio por excluir a los demás, también pagas un precio por pertenecer. El precio que pagas por pertenecer es identificarte estrechamente con los valores y creencias de esa familia: el dinero, las relaciones, la educación, el trabajo o los roles de hombres y mujeres. También puedes adoptar creencias negativas sobre otras minorías étnicas, religiosas o raciales para permanecer aliado de forma inconsciente con el sistema familiar.

Te abres paso hacia el mundo al que has llegado y con el que se espera que te conformes, a través de la seguridad del vientre materno. Sabiéndolo, o no, tu vida está influida, si no regida, por la herencia de la que procedes y el contenedor social y cultural dentro del que vives tu vida. Al igual que las normas familiares en las que crees, también suscribes normas sociales, políticas y económicas. Puede que seas tan leal, de manera inconsciente, a estas creencias que participes en actos de exclusión, e incluso de violencia, hacia los demás para seguir formando parte de tu sistema familiar. Por lo tanto, lo que se considera un comportamiento moral o ético puede contradecir esta lealtad "tribal" y acabas haciendo daño a los demás, violando la confianza y el respeto. Las formas más extremas de tales actos son el genocidio u otro tipo de violencia contra otro grupo. Aunque es bastante reprobable desde el punto de vista moral, la participación en estos crímenes de odio y violencia contra otros puede hacer que la gente se sienta que pertenece más a su "tribu". Algunos pueden incluso unirse a otras tribus, como bandas o grupos radicales, si se sienten atraídos inconscientemente por la idea de pertenencia o si sus sistemas familiares esperan este tipo de lealtades de ellos.

También es posible que pases por encima de obstáculos impuestos por la sociedad. Algunos tenemos más éxito que otros, pero en algún momento de nuestras vidas nos preguntamos cómo nos hemos limitado a nosotros mismos. Puede que entonces empieces a ver cómo tu cultura te ha moldeado inconscientemente e incluso puede que te haya hecho perder de vista quién eres y qué es lo que en realidad quieres.

Cuando cambias la vista por la percepción y la perspicacia, puedes alejarte de las lealtades inconscientes que mantienes, aquellos comportamientos y creencias que no te permiten ser fiel a ti mismo, para poder escuchar la llamada de tu alma. Cuando cuestionas lo que creías seguro y familiar, tu mundo se ampliará. Aunque el viaje pueda resultar desalentador, podrás empezar a convertirte en lo que eres capaz de llegar a ser. Este espacio liminal de cambio es desafiante sobre todo porque necesitas confiar cuando puede que no seas capaz de ver el camino que tienes por delante.

El viaje de la visión a la intuición fue largo para mí y no ha terminado; puede que nunca termine. Ojalá pudiera decir que nunca me he topado con el tiempo turbulento, tormentas u otros retos; sin embargo, todavía caen rayos y entonces sé que tengo algo más que aprender. Los bajones no son tan profundos ni duran tanto y, en lo más interno de mi ser, sé con certeza que en algún momento la tormenta pasará, el sol brillará y vientos suaves seguirán elevándome. Hacer preguntas, aprender, sanar y crecer son círculos perpetuos y en constante expansión que me permiten adentrarme en mi poder y responder a la llamada de mi destino.

Si estuvieras en contra de la opinión de tu familia o de tu tribu y decidieras perseguir tus sueños, podrías ser excluido del grupo, una experiencia que sería extremadamente dolorosa. El miedo a romper estas relaciones y a ser abandonado por tu familia es tan poderoso que mantiene a muchos atados al *statu quo*. Piensa en los niños que sufren por tener inclinaciones profesionales muy diferentes, por expresar sus preferencias sexuales o identidades de género o por no cumplir las expectativas de sus padres. A menudo les atormenta la culpa o la vergüenza por la tensión entre lo que perciben como interés individual y familiar o colectivo, entre la independencia y la interdependencia.

Sin embargo, en última instancia, al conectar con el flujo de vida y amor de tus padres, abuelos y linaje, con sus dones y desafíos, empiezas a oír el ritmo del tambor que resuena en tu corazón. Veo a la gente transformarse cuando trabajan con sus campos energéticos familiares al ver sus historias familiares bajo una nueva luz, y encuentran su propósito único porque están liberándose del victimismo. A medida que cambian, amplían su sanación para ayudar a otros: abren clínicas y programas de formación en lugares lejanos, crean jardines comunitarios para la sanación en sus pueblos, imparten talleres para ayudar a la gente a sacar su genio interior, enseñan "atención plena" o mindfulness, traducen antiguos textos budistas... la lista es asombrosa, interminable y creativa. Una historia de saqueo conduce al cuidado de la tierra; una historia de atrocidades contra otra raza lleva a trabajar con los indígenas. Hay algo inconsciente en este proceso: cuando no te ves a ti mismo como una víctima, empiezas a recuperar tu autoestima e inicias el viaje hacia la paz y la armonía.

Para poder sanarme y encontrar mi propósito, tuve que honrar todo lo que había repudiado de mi cultura y tradiciones. Me llevó tiempo llegar a ser competente como nueva practicante de esencias florales. Tardé años en asentarme en mi trabajo de sanación. Los grandes cambios en la vida exigen tiempo, atención y energía para superar los contratiempos, el rechazo y el miedo al fracaso. A menudo me preguntaba qué estaba haciendo en realidad al dejar un empleo claramente definido por algo incomprensible, pero los cambios que veía surgir en mi vida me centraban y enraizaban, y el progreso en el tratamiento de mis clientes era gratificante. Mis relaciones florecieron. Cuando miro atrás, me pregunto si tal vez no soy más que un guardián de la llama espiritual que me ha sido transmitida de generación en generación. Quizá para eso vine a Estados Unidos: para reavivar esa llama y transmitirla.

El camino de la transformación

No solo atraes hacia ti tu campo energético familiar, sino también distintas relaciones: relaciones amorosas, amigos, colegas; todas ellas te ayudan a sanar y a crear transformación. Desde el encuentro más casual hasta las relaciones íntimas que entablas, todas las relaciones tienen un valor espiritual, porque despiertan tus puntos ciegos y revelan las sombras que necesitas sanar, forzándote a enfrentarte a lo que aún necesita trabajo. Puedes elegir ver y, como resultado, decidir recorrer un camino de sanación.

Cuando te sientes víctima, solo reconoces las pautas y el comportamiento que otras personas o circunstancias te imponen; rara vez notas las pautas emocionales y de comportamiento que tú mismo repites una y otra vez. En situaciones en las que te sientes víctima, puede que te hagas preguntas que te restan poder, como "¿por qué siempre me pasa esto a mí?". Puede que incluso busques reparaciones por parte de quienes sientes que te han hecho daño: "¿Cuándo se darán cuenta de lo que han hecho y se disculparán?". Este tipo de preguntas pueden hacer que te sientas estancado, incapaz de imaginar la posibilidad de algo diferente que podrías crear para ti mismo. La rutina de la víctima está muy arraigada. Cuando mantienes un punto de vista tan profundo que no ves la posibilidad creativa, es como tener líneas de falla que atraviesan tu vista; seguro conoces frases como "el amor es ciego" o "la rabia me cegó". Los patrones seguirán repitiéndose en tu vida hasta que puedas ver el mensaje oculto que hay detrás de ellos. En mi vida, siempre me ha disgustado la incertidumbre: cambiar de continente, de ciudad y de carrera fue desconcertante y desorientador. Esta no era la vida que había planeado para mí, y no podía separar mis propios deseos de la realidad de mi vida; la ilusión que tenía era que mi vida tenía que ser de una determinada manera para que yo fuera feliz y que yo no tenía la culpa de las circunstancias de mi vida.

Sin embargo, al estar dispuesto a admitir que existen dragones dentro de ti, puedes empezar a prestar atención a tus sentimientos y emociones o a las señales físicas que te envía tu cuerpo. Es entonces cuando podrás empezar a liberarte de viejos dolores emocionales.

El avance se produce cuando empiezas a cuestionar el sistema, el patrón o el entorno en el que te sientes atrapado, ya sea por iniciativa propia o por las circunstancias. En ese momento te das cuenta de tu situación. Hace falta valor para aceptar la realidad, por incómoda que sea, en lugar de vivir en la comodidad de una ilusión que has mantenido durante mucho tiempo. Sin embargo, he aprendido que este proceso de cambio, por mucho que pueda doler, hace que pases de ser una víctima a convertirte en un observador y, al final, en el creador de tu vida. El proceso se repite sin cesar y es en realidad la presencia de la gracia en tu vida.

Conectar con el flujo del amor y la vida

El último reto es estar agradecido por tu vida y recibir y expresar amor, independientemente de lo que la vida te presente. Tu viaje exterior, incluidos los patrones kármicos que heredas, puede verse como una fuerza que te empuja hacia dentro para sanar tus patrones emocionales. Como redacté en el capítulo 5, trabajar con las esencias florales se ha comparado a menudo con "pelar una cebolla": primero se tratan las capas más externas de la emoción y, una vez que se "pelan" estas capas, se pasa a los problemas arraigados a mayor profundidad. Del mismo modo que las emociones se desprenden para revelar capas más profundas, los patrones transgeneracionales siguen saliendo a la luz para ser liberados. Cada vez que esto ocurre, te da la oportunidad de comprender el origen del patrón emocional y ver cómo afecta al sistema familiar.

Cuando se caen las escamas de tus ojos y de repente puedes "ver" lo que antes no veías, puedes sentir mucha angustia y dolor, porque la verdad puede resultar dolorosa. Cuando cuestionas las ideas que has mantenido durante tanto tiempo y te ves obligado a ver la realidad tal y como es, estás siendo llamado a ampliar tu campo de visión. Esto se debe a que, como escribe Jerry Kantor en su libro *Interpreting Chronic Illness,* tus ojos interpretan "el caos de la luz en imágenes brillantes, creativas y significativas", lo que te permite convertirte en un participante activo de tu vida en lugar de en una víctima pasiva.

Es este cambio de percepción el que te permite pasar de reaccionar automáticamente a los desencadenantes a responder de forma consciente. Este cambio crea la posibilidad de elegir una nueva forma de ser y también de reescribir la historia que mantienes. A medida que aprendes la lección, o "captas el mensaje" del patrón que desencadena la emoción, tu campo de visión se amplía hacia la comprensión, el conocimiento, la gratitud, la compasión y el entendimiento. Este es el aspecto espiritual de la sanación. Y en última instancia, cuando escuchas el mensaje de las emociones dentro de ti, reconoces y recuerdas a tus antepasados y te honras a ti mismo, tu vida cambia de forma positiva.

Aunque empezarán a revelarse otros patrones, tu capacidad para retenerlos y crear cambios aumenta. Para sentirte plenamente vivo, necesitas experimentar tanto emociones negativas como positivas. Si sigues intentando evitar situaciones que te causan dolor emocional, limitarás tus experiencias vitales.

El perdón, la gratitud y la compasión pueden considerarse como las emociones meta o paraguas que generan sentimientos de paz, satisfacción y armonía. Cuando sientes compasión por los demás, el corazón se suaviza y se abre enormemente. Te vuelves más gentil y amable, incluso contigo mismo. Muchos grandes maestros han dicho que si no puedes amarte a ti mismo, no podrás amar a los demás. En el centro de la sanación del desamor, el duelo y el amor hacia ti mismo, está el cuidado de las emociones y el aprendizaje de la autocompasión. Igual que no es fácil sentir compasión por los demás, también es difícil sentirla por uno mismo. Ser humano es una lucha; ser humano es ser imperfecto, pero si eres capaz de liberarte de la culpa, la vergüenza, la ira o la amargura y encontrar la autocompasión, abrirás la puerta a amarte y aceptarte a ti mismo. Este proceso te permite ver más allá de tu lealtad inconsciente a tu campo energético familiar y tratarte a ti mismo y a tus relaciones con respeto. En ausencia de esta percepción, pudieras estar atado por la lealtad a comportamientos violentos o negativos, sean cuales sean sus raíces, o incluso por la repetición de patrones familiares que te atan a tu familia de origen.

De la visión a la intuición

Al reconocer y abordar lo que necesita sanación en ti mismo, estás ayudando tanto a los miembros de tu familia actual como a los que te han precedido. Cuando haces un lugar en tu corazón para todos los que pertenecen a la familia, la sanación que traes y el amor y la gracia que extiendes se desbordan. ¿A quién debes hacerle un espacio? No solo al tío que se emborracha y es maleducado en las fiestas, a la mujer que se unió a la familia por matrimonio y le cae mal a todo el mundo, la segunda esposa, o al primo malo que excluyes; esos son los obvios. También debes hacerles espacio a los que excluyes sin querer, a los que te han hecho daño y a los que tú has hecho daño. Mientras te dejas tocar por la energía de tu sistema familiar, nunca te sentirás impotente.

Es entonces cuando se producirá la verdadera sanación.

Mientras terminas de leer este libro, te encuentras al frente de tu linaje, en la cúspide de todo lo que es posible, dada tu historia familiar. Has nacido para aportar al mundo tus dones únicos a través del linaje que te da forma. Hay un hueco o vacío en el mundo que solo tú podrás llenar cuando te hayas reclamado a ti mismo. Muchos pueden dejar este mundo lastrados por sus historias familiares, sin llegar nunca a superarlas; pero ahora se te presenta la oportunidad de aceptar y permitir que todas las piezas de tu linaje formen parte de ti, para que puedas crecer más allá de ellas y sentir compasión por la raza humana. Tus antepasados pueden ayudarte a transformar la carga de tus historias y a reclamar tu destino.

Apéndices

Preguntas frecuentes sobre las esencias florales

¿Cómo puedo crear mi frasco de esencias florales?

Llena un frasco dosificador de 30 ml, que tenga cuentagotas, con agua de manantial y una cucharadita de brandy. Si quieres crear una fórmula sin alcohol, utiliza glicerina como conservante. Añade dos gotas de cada una de las esencias que desees, sin utilizar más de siete a la vez.

¿Puedo utilizar esencias florales sin tener que crear un frasco dosificador personalizado?

Sí se puede. Solo añade dos gotas de cualquier esencia a un vaso con 8 a 10 onzas, de 237 a 296 ml, de agua o cualquier otro líquido o coloca dos gotas directamente en tu boca, aunque yo considero que el sabor es demasiado fuerte si tomo la esencia de esa forma. Si estás usando la fórmula de las cinco flores o el Rescue Remedy, añade cuatro gotas. Para obtener los mejores resultados, tómalo a sorbos en intervalos de unos cinco minutos y a lo largo de una hora o a lo largo del día. Dado que un frasco de dosis personalizada dura algo más de tres semanas, si añades dos gotas al líquido de tu elección, hazlo durante un período de tiempo, días o semanas, hasta que sientas el cambio en tu interior.

¿Cuántas veces al día debo tomar mi esencia personalizada?

Si preparas tu propia mezcla personalizada, deberás ponerla en un frasco dosificador con cuentagotas. Toma cuatro gotas, cuatro veces al día, la primera vez cuando te levantes y la última cuando vayas a dormir. Las otras dos tomas deberán ir entre las antes mencionadas.

¿Cómo debo tomar las esencias?

Puedes tomar cada dosis directamente del frasco con el cuentagotas, pero ten cuidado: no dejes que el cuentagotas toque tu boca ya que esto podría contaminar la infusión. También puedes añadir con cuidado las gotas a cualquier líquido, como té, café, jugo, agua o incluso sopa.

¿Hay algún conservante en la infusión?

Los terapeutas que trabaja con esencias florales mezclan tus esencias florales personalizadas con agua pura de manantial y la introducen en el frasco dosificador. Añadimos una cucharadita de brandy como conservante para evitar que el agua se estropee. Si prefieres que tu dosis no contenga nada de alcohol, coméntalo con tu terapeuta, quien podrá añadir glicerina vegetal como conservante para mantener en buen estado el agua pura de manantial. Si tú mismo preparas tu botella, puedes añadirle alcohol o glicerina.

¿Cómo debo almacenar la infusión?

Mantén la botella alejada de la luz solar directa y, de ser posible, de computadoras y teléfonos celulares.

¿Puedo tomar esencias florales mientras consumo otros medicamentos?

Por lo general, puedes tomar esencias florales incluso si estás tomando medicamentos recetados para dolencias físicas o emocionales. Las esencias son de naturaleza vibracional y se eligen en función de cuestiones mentales y emocionales más que de afecciones físicas. Tampoco están pensadas para tratar afecciones mentales o emocionales graves o un problema médico físico, en cuyos casos, deberás consultar a un médico cualificado. Si estás tomando medicamentos, es prudente consultar siempre con tu médico, quien puede controlar tu estado físico. Y, por favor, no interrumpas nunca ninguna medicación sin supervisión médica.

¿Cómo sé que la esencia floral está surtiendo efecto?

Cada esencia floral actúa de forma sutil y suave, por lo que puede que no percibas una diferencia emocional rápida. Pero en dos o tres semanas, los clientes suelen sentirse más tranquilos, menos cansados y más centrados. En ese punto, muchas personas también experimentan cambios positivos notables en su comportamiento ante acontecimientos que antes les resultaban molestos. Así, se dan cuenta de que su salud emocional está mejorando.

¿Por cuánto tiempo puedo tomar las esencias?

Esta respuesta depende por completo de ti. Al final de tres consultas, algunos clientes sienten que han superado bien sus retos emocionales. Pero las emociones son como las cebollas: tienen varias capas de piel y, a medida que vamos pelando las capas más externas, nos acercamos al núcleo y encontramos problemas emocionales que antes no habíamos descubierto. Cada mezcla personalizada de esencias florales continuará trabajando en estos niveles más profundos, así que el tiempo que tomes una esencia en particular depende en última instancia de ti. ¿Hasta dónde quieres explorar? Tu esencia floral te brindará apoyo emocional; te dará poder.

APÉNDICE B

Esencias florales y aceites esenciales

¿Cuáles son las diferencias entre las esencias florales y los aceites esenciales? Aquí encontrarás algunas características que te ayudarán a comprender mejor las diferencias.

La cantidad que se necesita

Se suele necesitar un gran número de flores para crear aceites esenciales. Por ejemplo, hacen falta diez mil rosas para crear 5 ml o aproximadamente una cucharadita de aceite esencial.

En cambio, las esencias florales se hacen con apenas unas pocas flores dentro de un recipiente con agua. El agua transporta la huella energética de la flor, y podemos obtener varios frascos de esencias florales a partir de esas pocas flores.

Lo interno versus lo externo

Los aceites esenciales no se consumen y, a menos que sean aceites esenciales de calidad alimentaria, pueden ser tóxicos para el organismo. Incluso una aplicación tópica requiere que los aceites esenciales se diluyan con un aceite base o aceite portador.

En cambio, las esencias florales se consumen y son suaves y seguras, incluso para los niños y los animales domésticos. No tienen efectos secundarios.

Con o sin perfume

Los aceites esenciales, como su nombre indica, son aceites extraídos del tallo, las hojas u otras partes de la planta mediante destilación al vapor u otros métodos y tienen olor o fragancia. Han sido utilizados a lo largo de los siglos, para la elaboración de perfumes.

Las esencias florales no huelen, ya que se elaboran a partir de la huella energética de la flor. Las flores silvestres se recogen y se dejan flotar dentro de un cuenco de cristal o vidrio lleno de agua, que se coloca sobre una roca o sobre la tierra y bajo el sol de las primeras horas de la mañana. Al cabo de unas horas, se retiran las flores, se cuela el agua y se conserva con brandy. Así pues, las esencias florales son infusiones de flores silvestres en agua.

Sobre su funcionamiento

Los aceites esenciales se utilizan a menudo para tratar síntomas físicos y para aliviar el estrés general mediante la difusión de su olor. Estos actúan a través del sistema olfativo y las regiones asociadas del cerebro que rigen nuestra respuesta al estrés.

Por su parte, las esencias florales se dirigen hacia emociones específicas y hacia los pensamientos relacionados con ellas; estas actúan a nivel energético. Por ejemplo, tus juicios pueden abrumarte: los "deberías", los "debes", los "tienes que" y todo tipo de juicios sobre ti mismo, los demás, las situaciones y los acontecimientos. Las esencias florales cambian estos pensamientos y traen calma, claridad y dirección y nos dan confianza interior.

246

Kit de iniciación de esencias florales

He reunido diez esencias para ayudarte a sanar tus raíces y liberar los patrones que te frenan; estas podrían utilizarse como una especie de kit de iniciación. Aunque los treinta y ocho remedios florales de Bach se consideran un sistema completo, he enumerado aquí algunos remedios que parecen surgir con frecuencia al tratar los temas que he tocado durante el desarrollo del libro. No son todos los remedios florales de Bach; una vez que te hayas familiarizado con el uso de las esencias puede que quieras explorar otros que te parezcan más apropiados. En el glosario encontrarás descripciones detalladas de cada una de estas esencias.

Tú mismo puedes armar tu frasco dosificador personalizado, añadiendo dos gotas de cada una de estas esencias o simplemente utilizar cada una de ellas, cada vez. No añadas más de siete a la vez. Te recomiendo que escribas un diario mientras utilizas las esencias para ayudar a mantener un registro de cómo te están ayudando pero, si no puedes hacerlo, no te reproches: las esencias seguirán ayudándote.

A este kit, recomendaría añadir el Rescue Remedy o, como se le llama a veces, la fórmula de las cinco flores. Siempre es bueno tenerlos ambos a mano cuando estás estresado, ansioso o molesto.

Te ayudarán a calmarte y a centrarte. Para apoyo adicional, puedes añadir cuatro gotas, cada vez, al frasco dosificador que prepares. Y, sí, cuenta como una de las siete esencias máximas.

1. **Bebé de ojos azules:** ayuda a sentirte más seguro de ti mismo, receptivo al mundo, a confiar y aceptar a la gente que te rodea. Si no tuviste una conexión positiva y fuerte con tu padre o con una figura paterna, esta esencia puede ayudarte.

2. **Haya:** ayuda a censurar a tu crítico interior y a ser más empático y tolerante con los demás.

3. **Brote de castaño:** ayuda a comprender el significado que se esconde detrás de los patrones habituales y repetitivos de tu vida.

4. **Achicoria:** libera patrones de apego, necesidad, posesividad y manipulación que se transmiten de una generación a otra, de padres a hijos, pero que pueden ser difíciles de ver. La achicoria genera calma interior a medida que te desprendes de las expectativas y dejas de luchar por la valoración, el aprecio, la gratitud o el reconocimiento. Fomenta el amor incondicional.

5. **Acebo:** para la ira, la desconfianza, los celos, la envidia, el sentimiento de traición, el deseo de venganza y todas las emociones que nos mantienen atrapados, aquellas que se disparan cada vez que la incomprensión y la sensación de no ser amado entran en tu vida.

6. **Alerce:** te libera de la duda, la autocensura y el miedo a arriesgarte. El alerce te permite creer en ti mismo, te devuelve esa autoestima que es escurridiza y que a menudo se pierde durante la infancia.

7. **Lirio mariposa:** para cuando la maternidad humana es inadecuada; a través de esta esencia podrás experimentar la presencia de la energía maternal divina o arquetípica.

8. **Pino:** te aporta autoestima y autoaceptación. Los sentimientos de culpa pueden ser desproporcionados a lo que ha ocurrido en el pasado, haciendo que sientas que tienes que hacer más de lo que debes, o que no puedes decir que no. El pino te da la capacidad interior de percibir la situación con precisión y te ayuda a aprender a nutrirte en lugar de culparte.

9. **Nogal:** te da la fuerza para romper con la influencia limitante de experiencias pasadas, las creencias constrictivas y los valores anticuados de una comunidad. Esta esencia puede ayudar a interrumpir el control de una personalidad dominante o enérgica. Es muy valiosa para todas las transiciones de la vida, ya que te ayuda a hacer cambios, dándote el valor para seguir la llamada de tu destino o para terminar o empezar relaciones. Esta fuerza puede ayudarte a cambiar de profesión o a perseguir tus sueños.

10. **Sauce:** te ayuda a dejar atrás el resentimiento cuando estás lleno de amargura y negatividad. El sauce te ayuda a responsabilizarte de ti mismo, a dejar atrás el victimismo, a encontrar la gratitud por la vida y da lugar a sentimientos de perdón, incluso hacia ti mismo.

APÉNDICE D

Cinco fórmulas
de esencias florales

La mayoría de los terapeutas que trabajan con esencias florales no recomiendan las fórmulas porque pueden no llegar a tratar problemas más profundos; la belleza y la fuerza de los remedios de esencias florales residen en su personalización. Sin embargo, he enumerado aquí algunas fórmulas que pueden ayudar a tratar los temas a los que me refiero en el libro basándome en las emociones que he observado que surgen con frecuencia.

Fórmula #1: una fórmula de optimismo

Llena un frasco dosificador de 30 ml, que tenga cuentagotas, con agua de manantial y una cucharadita de brandy. Si deseas crear una fórmula sin alcohol, utiliza glicerina como conservante. Añade dos gotas de cada una de las siguientes esencias:

Aulaga: esta esencia dispersa la desesperanza del momento y restaura la fe y una perspectiva positiva.

Genciana: cuando un contratiempo parece convertirse en una montaña, la genciana lo reduce a la escala de un grano de arena, para que puedas sentir que estás a la altura del desafío.

Castaño dulce: cuando sientes que has llegado al punto de quiebre, te sientes solo y tu angustia se hace insoportable y parece no tener fin. El castaño dulce levanta la carga de este sufrimiento.

Olmo: esta esencia floral crea la capacidad para que no te sientas abrumado por todo. Te devuelve la confianza en tus habilidades cuando te sientes incapaz de afrontar el reto. También te permite abrirte a recibir ayuda.

Mostaza: esta esencia floral te lleva a través de la oscuridad y restaura el equilibrio emocional.

Brezo: cuando estás absorto en tu dolor y en tus preocupaciones, puedes sentirte bastante solo. Esta esencia sana este sentimiento de profundo vacío interior y lo cambia mientras cuidas de otros y eres capaz de ver su sufrimiento. Trae un sentido de fuerza interior.

Fórmula #2: límites

Llena un frasco dosificador de 30 ml, que tenga cuentagotas, con agua de manantial y una cucharadita de brandy. Si deseas crear una fórmula sin alcohol, utiliza glicerina como conservante. Añade dos gotas de cada una de las siguientes esencias.

Nogal: esta esencia te da la fuerza para perseguir tus sueños, terminar o empezar relaciones y hacer cambios en tu carrera. Te permite perseverar a pesar de las objeciones y las burlas de la gente que te rodea.

Milenrama rosa: cuando "das demasiado" e intentas resolver los problemas de los demás, la milenrama rosa te da el apoyo que necesitas, evitando que te vuelvas demasiado "empático".

Centaura: esta esencia libera la necesidad de complacer a los demás y de cuidarlos ignorando o descuidando las propias necesidades. Paradójicamente, este tipo de comportamiento puede frenar el crecimiento de las personas más cercanas a las que nos cuesta decirles que no.

Pino: los sentimientos de culpa pueden ser desproporcionados respecto a lo que ha ocurrido en el pasado o a lo que sientes que tienes que hacer y no puedes rechazar, pero, con la ayuda del pino, ¡podrás dejarlo ir todo!

Achicoria: esta esencia puede ayudarte a volver a tu centro. Cuando sientes una falta de atención y una necesidad de aprecio, validación y reconocimiento, puede ayudar a liberar estos sentimientos. Ayuda cuando te sientes invisible.

Castaño rojo: la ansiedad, la angustia o incluso la preocupación obsesiva por los seres queridos actúan como un drenaje en las relaciones, así como en la paz mental, ya que anticipa una y otra vez problemas para los seres queridos. El castaño rojo transforma esta ansiedad para que puedas confiar en la capacidad de tus seres queridos y afrontar los problemas.

Fórmula #3: amor propio y autoestima

Llena un frasco dosificador de 30 ml, que tenga cuentagotas, con agua de manantial y una cucharadita de brandy. Si deseas crear una fórmula sin alcohol, utiliza glicerina como conservante. Añade dos gotas de cada una de las siguientes esencias.

Manzano silvestre: si eres autocrítico, esta esencia puede liberar la vergüenza y la obsesión por el cuerpo físico. Puede ayudar a restaurar una relación equilibrada con tu cuerpo, y a dejar ir estos sentimientos.

Botón de oro: esta esencia te permite creer en tu luz y brillar, sin preguntarte si eres lo bastante brillante o grande. El botón de oro ayuda a tu alma a reunir la fuerza para vivir según su propio código, yendo más allá de las normas de éxito impuestas por el mundo.

Alerce: esta esencia te permite creer en ti mismo. A menudo combino botón de oro con alerce, porque esta es una esencia floral que te libera de las dudas que tienes sobre ti mismo, de la autocensura y de los sentimientos de no estar a la altura de las tareas debido a tus habilidades, destrezas o entrenamiento. Con estos dos juntos, podrás liberar tu esencia con seguridad.

Mímulo rosa: a veces tenemos miedo a que los demás vean nuestro dolor y las heridas de nuestro pasado, que pueden ser cualquier forma de abuso u otro trauma. Esta flor rosa cura este profundo sentimiento de vergüenza, culpabilidad e indignidad, dándonos el valor para asumir el riesgo emocional de ser vistos, lo que nos permite relacionarnos con los demás.

Pino: los sentimientos de culpa pueden ser desproporcionados respecto a lo que ha ocurrido en el pasado o a lo que sientes que tienes que hacer y no puedes rechazar. El pino restaura la autoestima y la aceptación de uno mismo.

Agua de roca: esta esencia libera bloqueos energéticos en el cuerpo y la mente, sobre todo si te has estado exigiendo mucho a ti mismo, lo que se manifiesta en tu búsqueda de la perfección. Ayuda a entrar en contacto con sentimientos que pudieron haber estado enterrados en lo profundo.

Lirio de agua: si sientes que lo necesitas, puedes añadir dos gotas de lirio de agua. Esta esencia aporta claridad sobre la identidad sexual, permitiendo la autoaceptación sexual y ayudando a integrar las cualidades masculinas y femeninas en una expresión armoniosa del ser.

Fórmula #4: ¿necesitas orientación?

A la hora de tomar decisiones, ¿qué tipo de persona eres? Hay personas que tienden a vacilar entre dos opciones, algo así como Hamlet: "Ser o no ser". Luego hay otros que tienen una respuesta instintiva pero que se sienten más seguros al preguntar a otros qué hacer. Al final, todos toman decisiones con las que no están contentos, donde ninguna de las opciones era buena. Con los años, he empezado a confiar en mis propios instintos y a tomar decisiones. A medida que he ido conociendo mejor mis valores y los factores que me impulsan, puedo depender más de mí misma y también me encuentro esperando a que esa voz interna me diga lo que tengo que hacer. En este gran misterio de la vida, queremos avanzar hacia ese espacio que guía nuestras elecciones y nuestras decisiones, desde un lugar de mayor sabiduría y compasión para buscar lo mejor para nosotros mismos.

Escleranto: los que dudan entre dos opciones necesitan escleranto. Y los que consultan sus opciones con otros, acabando por no confiar en ellos mismos, para seguir consejos de los que luego se arrepienten, necesitan usar ceratostigma.

Ceratostigma: la esencia de esta pequeña flor azul te permite confiar en tu juicio, construir tu discernimiento y conectar con tu guía interior.

Avena silvestre: si te preguntas qué hacer, usa la avena silvestre para orientarte. Ella puede aclarar tus ambiciones, ayudarte a encontrar tu propósito y crear pasos específicos para alcanzar el éxito. ¿No te encantaría tener todo esto? La claridad y la dirección vienen de nuestro reino interior, no del mundo exterior, y esta esencia te traerá esa claridad que viene de ti.

Nogal: esta esencia te da la fuerza para romper con la influencia limitante de experiencias pasadas, las creencias constrictivas y los valores anticuados de una comunidad. También puede ayudar a interrumpir el control de una personalidad o familia dominante o enérgica. Es muy valiosa para todas las transiciones de la vida, ya que te ayuda a hacer cambios, dándote el valor para seguir la llamada de tu destino o para terminar o empezar relaciones. Esta fuerza puede ayudarte a cambiar de profesión o a perseguir tus sueños.

Rosa silvestre: a menudo indico a mis clientes usar rosa silvestre cuando noto que hay apatía o desinterés por las actividades y por la vida, cuando parecen resignados a sus vidas y carecen de voluntad o esfuerzo para mejorar sus circunstancias, encontrar la alegría o acceder a las pasiones que una vez tuvieron. Puede que te encuentres a ti mismo haciendo cosas, pero el cambio es tan sutil que es fácil pasarlo por alto.

Mímulo: este remedio reduce tu ansiedad y te da el valor para enfrentar tus miedos, incluyendo el miedo al fracaso, el miedo al éxito y el miedo a ser rechazado o herido.

Fórmula #5: dejar ir

Hay muchas emociones relacionadas con el duelo y la tristeza, que pueden estar subyacentes en la rabia o la amargura que sientes. Estas esencias pueden ayudarte.

Sauce: esta esencia ayuda cuando has dejado de creer en la justicia de la vida. El sauce te levanta cuando te estás ahogando en la autocompasión y la pena, permitiéndote fluir con todo lo que la vida te ofrece.

Acebo: esta es la esencia para ayudar a calmar la ira, la sospecha, los celos, la envidia y el deseo de venganza, todas esas emociones que nos separan de sentir amor y compasión hacia los demás y nos mantienen encerrados en la negatividad.

Haya: criticar y juzgar duramente a los demás es el resultado de haber crecido o estado en un entorno extremadamente crítico. Estas condiciones nos llevan a cubrir nuestro propio sentimiento de inseguridad e inferioridad proyectándolo en los demás. Reduce la hipersensibilidad al entorno personal y social.

Achicoria: al dejar de lado las expectativas y dejar de luchar por la validación, el aprecio o el reconocimiento, la achicoria te ayudará a crear calma en tu interior. Aporta una libertad que permite a los demás ser libres también.

Vid: el control es una forma de lidiar con el cambio constante que nos depara la vida. Esta esencia libera la necesidad de tener el control, salirte con la tuya y saber cuál es la forma correcta de hacerlo; te permite escuchar otras opiniones y guiar a los demás sin necesidad de controlar o dominar.

Corazón de María: esta esencia nos ayuda a dejar ir a los que amamos. Transforma el dolor para que podamos comprender hasta qué punto nuestra capacidad de amar a los demás se basa también en la de alimentarnos a nosotros mismos. Podemos amar de una forma más libre e incondicional cuando dejamos ir en lugar de aferrarnos.

Madreselva: esta llamativa flor roja en forma de trompeta es una llamada clarificadora al presente, que te permitirá extraer tus energías del pasado. La esencia floral de la madreselva nos permite dejar ir el pasado y la forma en que él se apodera de nuestro corazón a través de recuerdos, y que nos arrastran de nuevo hacia atrás o nos impiden ir a donde debemos.

Glosario

Acebo (Holly): puede no ser casualidad que el acebo se asocie con la Navidad, ya que es la esencia de la compasión y el amor. A menudo estaciono el auto junto a un acebo y, cuando el sol se va escondiendo, oigo que muchos gorriones vuelven a casa para anidar en sus ramas. Invariablemente, necesitaremos la esencia de acebo para la ira, la sospecha, los celos, la envidia, el deseo de venganza, todas las emociones que nos alejan de poder sentir amor y compasión hacia los demás. Es una esencia que insisto tengas a mano, para que cuando empieces a sentir esos sentimientos, y surjan malentendidos, puedas tener la esencia cerca. Te sorprenderá ver cómo se disipan los sentimientos.

Achicoria (Chicory): los patrones que te llevan a aferrarte, a sentir necesidad, posesividad y a hacer uso de la manipulación, se transmiten de una generación a otra, de padres a hijos, pero pueden ser difíciles de ver. "Madre" y "asfixiante" son palabras que a veces se ven juntas. Sin embargo, no es solo una relación maternal la que puede necesitar esta esencia, también lo veo en las relaciones entre parejas o esposos y en otras. Es difícil saberlo porque esta relación se caracteriza por mucho amor y entrega, pero como el amor humano es una ofrenda imperfecta, también puede ser sofocante y exigente, de forma abierta y encubierta. En esta última, las personas que necesitan de la achicoria pueden parecer casi mártires por su exceso de cuidados: creen que saben lo que es mejor para los demás y comparten esas opiniones con sus seres queridos. Quieren que sus amigos y familiares estén cerca, pero, paradójicamente, a menudo pueden criticar o interferir en la vida de sus seres queridos, alejándolos.

Este comportamiento puede esconder una profunda necesidad de validación, aprecio y reconocimiento. Cuando los niños necesitan esta esencia, vemos comportamientos que atraen la atención de los demás de forma negativa, como rabietas, aferramientos, irritabilidad o necesidad. La achicoria nos ayuda a amar respetando la libertad y la individualidad de nuestros seres queridos; nos enseña a amar. Puede que leas esto y digas: "¡Vaya! Conozco a alguien que en verdad necesita esto, pero no lo tomará". Como todos llevamos dentro la sombra de lo que nos disgusta, te sugiero que tomes tú mismo esta esencia. El llamado de esta esencia es a veces tan sutil que es muy fácil pasarlo por alto. La achicoria crea calma interior cuando dejas ir las expectativas y dejas de luchar por validación, apreciación, gratitud, o reconocimiento. Aporta una libertad que permite a los demás ser libres también y amor incondicional a nuestros corazones.

Agua de roca (Rock Water): esta esencia fue el único remedio creado por el doctor Bach que no provenía de una flor, sino de un manantial subterráneo; contiene la esencia del flujo de agua. El agua de roca libera bloqueos energéticos tanto en el cuerpo como en la mente. A menudo recomiendo esta esencia cuando veo que la gente tiene estándares demasiado altos para evaluarse a sí mismos, ya sea en su dieta, en sus hábitos restrictivos, en la falta de voluntad para experimentar placer, o incluso una fuerte abnegación en su camino espiritual. Esto también puede impedirles pedir ayuda cuando la necesitan, ya que se exigen mucho a ellos mismos, lo que se manifiesta en un empeño por alcanzar la perfección. Esta esencia les permite liberarse de la rigidez, para ser más flexibles y entrar en contacto con sentimientos que pueden haber estado enterrados en lo profundo. También es buena para quienes no sienten los resultados de otras esencias florales.

Alerce (Larch): a menudo combino el botón de oro con el alerce, que es la esencia floral que libera de la duda, la autocensura y el miedo que nos impide arriesgarnos. El alerce te permite creer en ti mismo, ayudándote a recuperar la escurridiza autoestima que, a menudo, se pierde durante la infancia. Te permite liberarte del miedo que proyectas sobre una situación: el miedo a fracasar, a rendir por debajo de tus posibilidades, a ser juzgado con dureza, miedos que pueden impedirte incluso intentar algo nuevo. Esta esencia floral te da el coraje para arriesgarte e intentarlo, en lugar de contenerte; te da la confianza interior para expresarte de manera libre y creativa. Puedes liberar esa parte de ti, (que es tu esencia), con confianza.

Árbol de Josué (Joshua Tree): el viaje de nuestra alma consiste en liberarnos de los condicionamientos y despertar a la compasión y la sanación y en el proceso, nuestra alma puede encontrar su propósito y tomar decisiones. La esencia floral del árbol de Josué nos ayuda a liberar patrones familiares endurecidos, ofreciéndonos esperanza y elevándonos hacia una consciencia superior. Sin embargo, no es una esencia que suela usarse al principio del camino, sino a medida que un individuo continúa el viaje con esencias florales. Conduce hacia la capacidad de poder centrarse y hacia una vida dirigida interiormente que te da la fuerza para enfrentarte a circunstancias y relaciones adversas; también hacia una sanación profunda a nivel del alma, por lo que, a veces, es mejor prepararse primero con otras esencias para la capacidad de afrontar tal cambio. Patricia Kaminski y Richard Katz de Flower Essence Services consideran que esta esencia es un poderoso catalizador y sanador para liberar la herencia negativa de nuestros legados familiares y étnicos.

Aulaga (Gorse): esta esencia es para la esperanza, cuando las cosas lucen sombrías y nos sentimos impotentes. La esperanza es el amor que más difícil se nos hace de llevar; es un trabajo duro mantener viva la llama de la esperanza. Esta esencia mantiene la esperanza cuando es difícil ver en la oscuridad, cuando te han dicho que no se puede hacer nada más, cuando estás convencido de que simplemente heredaste esta condición o destino, y el pesimismo tiene rienda suelta. Al igual que las diminutas flores amarillas, la aulaga elimina la desesperanza del momento y restaura la fe y el optimismo, trayendo consigo una perspectiva más soleada, aportando una radiante luz interior a la situación más oscura, permitiéndonos sentir que siempre hay luz al final del proverbial túnel, por muy oscuro que este parezca. Esperanza y fe en nosotros mismos, en la vida y en el universo.

Avena silvestre (Wild Oat): esta esencia es el remedio para la incertidumbre. Si no sabes qué hacer, usa dos gotas de esta esencia para orientarte. Aclara tus ambiciones, encuentra tu propósito y crea pasos específicos para el éxito. ¿No te gustaría poder hacerlo? La claridad y la dirección vienen de nuestro interior, no del mundo exterior. La avena silvestre es la esencia floral ideal cuando estás inseguro de tu camino a seguir, porque es capaz de darte la guía interior, para que puedas moverte en la dirección del deseo de tu alma. Prueba esta esencia durante al menos una semana y, si lo deseas, escribe en tu diario los pensamientos que surjan.

Bebé de ojos azules (Baby Blue Eyes): si no tuviste una conexión fuerte y positiva con tu padre o con una figura paterna, esta esencia puede ayudarte. Un padre puede haber estado ausente en lo emocional o lo físico, o puede haber sido violento. Esta incapacidad de sentirse seguro, a salvo, protegido, o guiado puede manifestarse a través de la incapacidad de confiar en otros, de sentir que el mundo es seguro, y puede resultar en la ruptura de una conexión o confianza hacia un poder superior o mundo espiritual. Aunque también puede dar lugar a tendencias antisociales o delictivas, la pérdida del apoyo paterno también puede conducir a la actitud defensiva y al cinismo. Esta esencia te permite sentirte apoyado, amado y más conectado a una fuerza espiritual mayor, a sentirte confiado, receptivo al mundo, y confiando y aceptando a la gente alrededor de ti. Asimismo, te ayuda a responder con comprensión y aceptación a las figuras masculinas de autoridad.

Botón de oro (Buttercup): la madre Teresa dijo una vez: "No siempre podemos hacer grandes cosas, pero sí podemos hacer cosas pequeñas con gran amor". Eso, aprendí, es la esencia de botón de oro, una pequeña y humilde flor amarilla que esconde un gran poder. Esta esencia te permite creer en tu luz y hacerla brillar, sin preguntarte si es lo bastante brillante o grande. Tu alma reúne la fuerza para vivir según su propio código, sin importar las normas de éxito impuestas por el mundo, sin necesitar validación externa, llena de autoestima.

Brezo (Heather): cuando estás absorto en tu dolor y tus preocupaciones, puedes llegar a sentirte muy solo. Esta soledad se puede manifestar a través de tu necesidad de hablar con otros, por el disgusto de estar solo, y por la sensación de querer llorar. Esta esencia cura este profundo sentimiento de vacío interior y lo cambia dando fuerza desde dentro, lo que lleva a cuidar y ver el sufrimiento de los demás.

Brote de castaño (Chestnut Bud): esta esencia te ayuda a liberarte de los patrones repetitivos de tu vida. ¿Qué te resistes a ver? ¿Qué te resistes a aprender? ¿Qué te hace repetir las mismas experiencias y los mismos errores? Tu alma está intentando hablarte. Esta es la esencia que te ayuda a aprender la lección o lecciones clave incrustadas en esas experiencias, liberando el karma que te mantiene atado a esos patrones resistentes. Te hace observador, perceptivo y perspicaz, ayudándote a entender la sabiduría y el conocimiento de esas experiencias pasadas. Mientras que la avena silvestre, te da dirección para el futuro, esta esencia te enseña las lecciones del pasado. También es grandiosa para ayudar a los niños a aprender.

Castaño dulce (Sweet Chestnut): cuando escucho frases como "no puedo más", "estoy al borde" o cualquier otra señal de que alguien ha llegado al límite de su resistencia, lo considero como un llamado para usar esta esencia. Esta es la esencia para sentir que has llegado a tu punto de quiebre, cuando tu angustia se hace insoportable y parece no tener fin; el castaño dulce levanta la carga de este sufrimiento. Esta fue la última esencia que el doctor Edward Bach descubrió, y ayuda a sanar lo que se conoce como la "noche oscura del alma". Así como las raíces del castaño, enormes y profundas, dan nacimiento a poderosos troncos y ramas cubiertas de flores, esta esencia responde al grito de ayuda como si viniera de las profundidades de la propia madre Tierra, trayéndote coraje y fe.

Castaño rojo (Red Chestnut): piensa en tu hijo intentando compartirte algo importante, pero dudando sobre si hacerlo o no, por temor a causarte una preocupación. Este tipo de ansiedad o preocupación (incluso obsesiva) termina por drenar las relaciones y afecta la paz mental, ya que constantemente anticipa problemas que pueden afectar a los seres queridos. Esta esencia transforma esta ansiedad en confianza, ayudándote a creer en la capacidad de tus seres queridos para afrontar los problemas por sí mismos.

Centaura menor (Centaury): esta es la esencia ideal si te cuesta decir no a los demás. Siempre dar, sin ocuparnos de nuestras propias necesidades, nos agota y crea resentimiento. Detrás de este comportamiento suele estar el deseo de contentar y complacer a los demás, para poder sentirnos reconocidos y validados.

Cuando nos honramos a nosotros mismos, también podemos cuidar de los demás sin sentirnos agobiados y agotados. Esta esencia te ayuda a decir que no para que dejes de centrarte en complacer a los demás mientras descuidas tus necesidades. La esencia te ayuda a crear límites y serte fiel a ti mismo para que puedas recorrer tu propio camino, a la vez que ayudas a los demás. Cuando sueles complacer a otro se hace más difícil reconocer tus propias necesidades. Paradójicamente, este tipo de comportamiento puede frenar el crecimiento de las personas más cercanas a las que nos cuesta decirles que no.

Cerasífera (Cherry Plum): esta esencia funciona como una respuesta a la llamada de auxilio, frente al estrés y la tensión física o mental, que viene desde lo más profundo de nuestra alma. Incluso, funciona para aquellos quienes atraviesan una profunda depresión y desesperación, que podría llevarlos a contemplar el suicidio (aunque la ayuda profesional también se recomienda en estos casos). Cuando sientes presión y tensión en proporciones considerables, sientes que podrías estallar, tener un ataque de nervios, perder el control o sentir que podrías ponerte violento con alguien o incluso contigo mismo, perder los estribos con estallidos frecuentes, ponerte histérico o destructivo, incluso tirar cosas, y sentir miedo de perder el control. A pesar del estrés extremo, esta esencia restablece el equilibrio y devuelve la fuerza y el sentido de estabilidad, liberando la tensión y el miedo que la acompañan.

Ceratostigma (Cerato): la esencia que se obtiene de esta pequeña flor azul te permitirá confiar en tu juicio, construir tu discernimiento y encontrar tus opiniones. Funciona bien para aquellos que hablan con otros sobre sus decisiones y acaban por no confiar en ellos mismos, siguiendo consejos de los que luego se arrepienten. Esta indecisión y confusión pueden ser agotadoras.

Escleranto (Scleranthus): a la hora de tomar decisiones, ¿qué tipo de persona eres? Hay personas que tienden a vacilar entre dos opciones, algo así como Hamlet: "Ser o no ser". Las personas que dudan entre dos opciones necesitan esta esencia, ya que esta indecisión y confusión pueden llegar a ser agotadoras.

Estabilizador postraumático (Post-trauma Stabilizer): esta combinación de esencias florales centradas en el corazón (árnica, corazón de María, equinácea, jacinto vidrioso, genciana cruz verde, hierba de fuego y la fórmula de las cinco flores) te ayuda a recuperarte de las profundidades de la pena, la desesperación y la derrota, permitiéndote encontrar esperanza, alivio, conexión, sanación y vitalidad. Esta mezcla ayuda si los sueños recurrentes y los recuerdos de traumas pasados siguen resurgiendo o reapareciendo. También ayuda a superar la conmoción o el entumecimiento provocados por las catástrofes, sobre todo si has perdido tu casa o tu comunidad, aunque haya sido hace mucho tiempo. Si se han reprimido las emociones, puede hacer que afloren para procesarlas y liberarlas. Aunque se trata de una hermosa mezcla de esencias calmantes, tiene un fuerte sabor a alcohol debido al brandy utilizado como preservante, así que puedes esparcirlo a tu alrededor o añadirlo a una crema base, mezclarlo y masajearte con él. Yo suelo añadir cuatro pulverizaciones en un frasco dosificador.

Estrella de Belén (Star of Bethlehem): esta flor de seis puntas libera el trauma y el dolor del pasado para que puedas empezar a avanzar. Alivia y reconforta, y es uno de los remedios más importantes del repertorio de esencias florales, ya que aporta equilibrio y calma cuando te has enfrentado a algún tipo de conmoción: accidentes, decepciones, etc. Si estás atrapado en el remolino de aguas blancas de un trauma en el pasado o en el presente y tal vez has preferido adormecerlo, esta esencia puede ayudarte. Es también una de las esencias usadas en el Rescue Remedy o en la fórmula de las cinco flores.

Flor de campana (Angel's Trumpet): la flor blanca que se utiliza para crear esta esencia es larga, tiene forma de trompeta y crece orientada hacia el suelo. Originaria de América del Sur, emite una fragancia al atardecer. Es una esencia que ayuda al alma individual a rendirse al mundo espiritual e incluso a la muerte, a liberar la resistencia de dejar ir, apoyándola al cruzar el umbral entre la vida y la muerte. Suele ser útil en situaciones en las que la muerte es vista como temible y aterradora, pero el alma está lista para dejar el cuerpo físico. Transforma el miedo a la muerte en un "conocimiento consciente de la vida espiritual" (Kaminski y Katz, *Repertorio de esencias florales*, 2004).

Genciana (Gentian): combina la aulaga con esta esencia (una de mis favoritas) para aclarar las dudas que pudieras tener sobre ti mismo, para los contratiempos y para combatir el desánimo. Cuando un contratiempo parece una montaña, esta esencia lo reduce hasta dejarlo del tamaño de un grano de arena. Los pesimistas suelen tardar más en levantarse; la esencia hará parte del trabajo cuesta arriba por ti, ayudándote a sentir que estás a la altura del desafío y dándote la fortaleza para descubrir soluciones. La genciana te permite cambiar de perspectiva, para que puedas hacerte más persistente y, por tanto, resistente. Al usarla, empezarás a sentir que ningún obstáculo es demasiado grande como para no poder superarlo.

Girasol (Sunflower): esta esencia te ayuda a mantener tu centro sin dejarte arrastrar por los dramas que se desarrollan a tu alrededor; con ella, puedes mantener la calma en vez de reaccionar instintivamente. La esencia de girasol nos ayuda a apreciar nuestro propio valor mientras nos permite reconocer los dones y contribuciones de otros a nuestro alrededor. Puedes aprender a sentirte bien contigo mismo sin necesitar atención o validación, ayudándote a equilibrar el amor propio sin orgullo o arrogancia; puedes tan solo ser. Cuando das un paso hacia tu poder, no solo ocupas espacio, ¡lo llenas! En presencia de los girasoles, aprendí que todo crece un poco más. Dejarse ver es la esencia del girasol.

Granada (Pomegranate): siempre me ha fascinado la historia de Perséfone, que fue raptada por Hades y obligada a vivir en el inframundo. Cada año, en otoño, ella se ve obligada a regresar al averno porque selló este destino al comer unas semillas de granada; en primavera, puede regresar a la floreciente madre Tierra. Haciendo malabares entre mundos (literalmente), intentando encontrar el equilibrio entre el hogar, la familia y el yo creativo, esta esencia ayuda a las personas a encontrar el equilibrio y a comprender y ver sus elecciones y, en última instancia, a encontrar la plenitud y la alegría.

Haya (Beech): todos necesitamos a menudo de una buena dosis de esta esencia. La crítica, la intolerancia y el juicio hacia los demás, ya sea por sus hábitos, modales, gestos o idiosincrasias, apuntan a la forma en que proyectamos nuestras expectativas en otros, en lugar de mirar hacia adentro y primero procurar sanarnos a nosotros mismos. Estas duras críticas y juicios sobre los demás suelen provenir de haber crecido o de estar en un entorno extremadamente crítico, lo que nos lleva a cubrir nuestro propio sentimiento de inseguridad e inferioridad proyectándolo en los demás. La esencia de haya te ayuda a aceptar las imperfecciones de los demás y a ser más tolerante con ellos. Al censurar a su crítico interior, fomenta la empatía, te ayuda a ser más tolerante con los demás y a ser indulgente con sus defectos.

Heliantemo (Rock Rose): la palabra clave para describir la necesidad de esta esencia es terror. Siempre que haya terror o pánico en ti o a tu alrededor, esta es la esencia a la que debes acudir. Añade unas gotas en un poco de agua y bébela a sorbos con frecuencia; te ayudará a encontrar coraje en estas circunstancias extremas y a tranquilizarte. Es una de las esencias clave del Rescue Remedy, también conocido como la fórmula de las cinco flores.

Hojarazo (Hornbeam): añade dos gotas si has estado procrastinando. Siempre me sorprende lo que puedo abordar en mi lista de tareas pendientes con un poco de esta esencia. Cuando las tareas cotidianas te parecen pesadas y esa sensación constante del lunes por la mañana te agota, el hojarazo cambia tu energía. A veces, puede que descubras, como yo, que los pendientes no estaban en tu lista sino en tu mente.

Impaciencia (Impatiens): la única esencia floral cuyo nombre está tan ligado a lo que hace: te impide estar irritable para que puedas tener paciencia con el gran calendario de la vida y apreciar lo efímero del momento presente. Esta esencia te animará a tener paciencia con los otros conductores en el tráfico, con el tiempo, con el mundo; te ayuda a entender las sutilezas del tiempo liberando la presión y trayéndote de vuelta al presente. Las personas que necesitan esta esencia tienden a estar siempre ocupadas y prefieren trabajar solas porque no tienen paciencia para soportar la lentitud de los demás, lo que también las hace irritables. Después de tomar esta esencia, se vuelven más pacientes y tolerantes con condiciones que antes los frustrarían o molestarían.

Lirio de agua (Calla Lily): esta esencia aporta claridad sobre la identidad sexual, permitiendo la autoaceptación sexual si estás luchando con la identidad de género. Esta esencia ayuda a integrar las cualidades masculinas y femeninas en un nivel más profundo, ya que todos tenemos partes "masculinas" y "femeninas" dentro de nosotros. Elimina la confusión y crea aceptación y coherencia interior.

Madreselva (Honeysuckle): esta esencia nos permite dejar ir al pasado (la forma en que este se apodera de nuestro corazón a través de los recuerdos y que nos arrastran de nuevo hacia atrás o nos impiden ir a donde debemos). A veces hacer espacio para algo diferente significa hacer espacio físicamente; puede que te sorprenda lo que empiezas a soltar cuando tomas esta esencia. No solo ayuda con la nostalgia, la añoranza y los recuerdos, sino que también nos ayuda a dejar atrás los remordimientos y a estar en paz con el presente.

Manzano silvestre (Crab Apple): cuando nos obsesiona la perfección (o más bien las imperfecciones que nos rodean) en nosotros mismos y en nuestro entorno, recomiendo usar esta esencia. Si nos sentimos avergonzados de nuestro cuerpo físico, puede reestablecer una relación equilibrada con él y ayudarte a desprenderte de sentimientos negativos. Yo iría más lejos y diría que puede hacer que te enamores de ti mismo tal y como eres. Cuando observo en otros una necesidad obsesiva de limpieza, entiendo que es hora del manzano silvestre. Los que necesitan de esta esencia les preocupa sentirse sucios, quizá incluso se bañan varias veces al día, se lavan las manos continuamente, y emplean otras formas para liberar los sentimientos de asco y vergüenza de su núcleo más profundo.

Lirio mariposa (Mariposa Lily): los traumas familiares, los malos tratos, el abandono, la negligencia, las dificultades económicas e incluso los factores culturales pueden provocar la ruptura de una relación positiva con la madre. Puede haber sido difícil recibir amor maternal incondicional por una multiplicidad de razones. Esta esencia te ayuda a aceptar el dolor de este pasado. Cuando la maternidad humana es inadecuada, a través de esta esencia, puedes experimentar la presencia de la energía maternal divina o arquetípica. El lirio mariposa crece de un bulbo, enterrado profundo bajo tierra, lo que le da la capacidad de sobrevivir a los incendios. Del mismo modo, esta esencia te permite sentir esa cálida y amorosa presencia maternal dentro de ti, a pesar de que estás ardido por la herida de la madre. Trae equilibrio a tus energías de familia y crianza, rompiendo patrones de dolor y negligencia.

Milenrama rosa (Pink Yarrow): esta esencia evita que asumas las emociones de otras personas y te vuelvas demasiado "empático". Te ayuda a ser compasivo, pero sin fusionarte por completo con las emociones de otros. Es particularmente útil para las almas muy sensibles, para ayudarles a ser compasivos mientras mantienen sus propios límites emocionales. Cuando "das demasiado" y tratas de resolver los problemas de los demás, la milenrama rosa te dará el apoyo que necesitas para ser servicial y compasivo, pero sin absorber emociones de otros.

Mímulo (Mimulus): observé la diminuta flor del mímulo amarillo que crecía cerca de las aguas claras y rápidas de un arroyo de la Sierra Nevada, una pequeña flor amarilla que crece en la orilla de agua fresca y en movimiento, y parece aferrarse precariamente a la vida; sin embargo, detrás de esa tenue sujeción hay una feroz determinación. Si puedes nombrar tu miedo, el antídoto suele ser la esencia de la flor del mímulo: miedo a las arañas, miedo a volar, miedo a hablar en público. Este es el remedio que aporta valor para enfrentarse a esos pequeños miedos cotidianos y suele ser bueno para la timidez, incluyendo el retraimiento de los niños. Debajo de estos miedos hay uno mayor e inconsciente que tal vez pueda remontarse a una "vacilación en el momento de la encarnación" (Kaminski y Katz, *Repertorio de esencias florales*, 2004). Coraje para enfrentarte a tus miedos (incluyendo el miedo al fracaso, miedo al éxito y miedo a ser rechazado o herido), reducción de la ansiedad y superación la timidez.

Mímulo rosa (Pink Monkeyflower): hay varias flores que curan diferentes patrones de respuesta emocional. Estas flores, comúnmente llamadas "flor-mono", reciben este nombre porque se parecen a la cara de un simio, son casi como una máscara que podemos llevar. A veces tenemos miedo de que los demás vean nuestro dolor, las heridas de nuestro pasado, que pueden ser cualquier forma de abuso o trauma o una experiencia similar. Queremos ocultar este dolor al mundo: el sentimiento de vergüenza, el miedo a que nos "descubran" de alguna manera y nos rechacen. Esta esencia cura este profundo sentimiento de vergüenza, culpa e indignidad, dándonos el valor para extender la mano y asumir el riesgo emocional de ser vistos, a la vez que nos relacionamos con los demás.

Mostaza (Mustard): en mi juventud, durante el recorrido que hacíamos en auto y en invierno hasta casa de mi abuela, pasábamos junto a campos de flores amarillas de mostaza; incluso en un día oscuro, ese campo amarillo era como un inesperado rayo de sol. Si te encuentras deprimido sin razón aparente, esta es la esencia que debes tener a mano. Puede parecer como si la tristeza surgiera de repente, sin relación con las situaciones que te rodean, pero esto puede deberse a experiencias pasadas que yacen sumergidas en tu memoria subconsciente. Esta esencia nos lleva a través de la oscuridad y restablece nuestro equilibrio emocional.

Nogal (Walnut): esta esencia te da la fuerza para romper con la influencia limitante de experiencias pasadas, creencias constrictivas y valores anticuados de una comunidad. Puede ayudarte a romper el control de una personalidad o familia dominante o enérgica; a hacer cambios dándote el coraje de seguir la llamada de tu destino, protegiéndote de ser hipersensible a influencias externas en medio de tales cambios. El nogal te da la fuerza para perseguir tus sueños, terminar o empezar relaciones, hacer cambios de carrera, e incluso con transiciones relacionadas con el nacimiento y la muerte. Esta esencia es el remedio que rompe el vínculo y te libera del "hechizo" del pasado. Te permite perseverar a pesar de las objeciones y burlas de la gente que te rodea. Te da la fuerza para seguir tu propia voz interior.

Olmo (Elm): esta esencia funciona cuando te sientes abrumado. ¿Te sientes a la altura de la tarea que tienes entre manos o te sientes inadecuado, desanimado o agotado por lo que tienes que hacer? Cuando los sentimientos de duda se apoderan de ti con respecto a todo lo que tienes que enfrentar, y tienes problemas enfrentando todo lo que debes lograr, busca esta esencia. Te ayudará a abrirte para recibir ayuda de los demás, un acto que, en sí mismo, representa una fortaleza clave. También te devolverá la fe y la confianza interior en tu capacidad para completar lo que tengas que hacer, dejando ir todo lo que no es vital. Puede que te sientas confiado, pero es lidiar con lo que está "a tu alcance" lo que puede hacer que, por un tiempo, te sientas incapaz de realizar la tarea que tienes entre manos.

Pino (Pine): ¿te sientes culpable cuando dices que no? ¿Sientes que estás defraudando a la gente? ¿Te reprochas a ti mismo? Esta es la esencia del complejo de culpa que nos roba la alegría, ese complejo es uno de los retos a la hora de poner límites. El pino te da autoestima, autoaceptación y autoaprobación. Los sentimientos de culpa pueden ser desproporcionados en relación con lo que ha sucedido en el pasado o con lo que sientes que tienes que hacer y no puedes rechazar. Estos sentimientos de autoculpabilidad pueden ser el resultado de tu infancia o de tu educación religiosa, pero, con esta esencia, ¡puedes dejarlos ir!

Rescue Remedy: es una popular combinación de cinco esencias florales: heliantemo, cerasífera, estrella de Belén, impaciencia y clemátide que es utilizada incluso por varias estrellas de cine. Rescue Remedy te apoya y te da un alivio temporal, pero no proporciona una sanación profunda. Ayuda cuando recibes malas noticias inesperadas, tienes un accidente de auto o discutes con alguien. Coloca cuatro gotas en un vaso con 8 a 10 onzas de agua o en una botella de agua y bébela a sorbos. Al principio tómalo cada tres o cinco minutos durante una hora, y después tan a menudo como quieras hasta que te sientas mejor.

Roble (Oak): este árbol, considerado sagrado por los druidas (los líderes religiosos de los antiguos celtas), se utilizaba para construir barcos y catedrales. Era conocido por su fuerza y resistencia y a menudo, incluso hoy en día, nos referimos al roble como "poderoso". Al igual que este, las personas que necesitan esta esencia son aquellas que sirven a los demás, más allá de los límites de su resistencia. Cuando esta necesidad de servir viene de un sentido de deber y responsabilidad y no desde el disfrute genuino de complacer a otros, el costo personal a pagar puede ser alto y puede llevar al agotamiento. Esta esencia te ayuda a encontrar tus límites y abrirte para recibir ayuda.

Rosa silvestre (Wild Rose): a menudo indico a mis clientes esta esencia, en especial cuando noto que hay apatía o desinterés por las actividades y por la vida, y cuando parecen resignados y carecen de voluntad o esfuerzo para mejorar sus circunstancias, o son incapaces de encontrar la alegría o de acceder a las pasiones que una vez tuvieron. Según el doctor Bach, estas personas "se han rendido a la lucha de la vida sin quejarse", lo que puede ser el resultado de una larga enfermedad o si se ha pasado por una larga racha de desafíos, agotando su vitalidad e interés por el mundo que le rodea. Según Julian Barnard, en su libro *Remedios florales de Bach: Forma y función*, con esta esencia una persona "seguirá trabajando en un problema hasta resolverlo". Esta esencia floral restaura el interés por la vida y la conexión con el cuerpo y el mundo físico. También puedes usar en conjunto rosa silvestre con mostaza o aulaga para restaurar el optimismo, el interés y la alegría en la vida. Aunque te encontrarás haciendo las cosas con entusiasmo, completando las tareas que tienes entre manos, el cambio es tan sutil que será fácil pasarlo por alto.

Sauce (Willow): esta esencia floral nos ayuda a dejar ir el resentimiento y reemplazarlo por la aceptación, el perdón y la gratitud. Cuando sentimos que otros tienen la culpa de nuestra situación o circunstancias, nos llenamos de amargura y negatividad, y es difícil para nosotros avanzar en este estado mental. La esencia del sauce nos levanta cuando sentimos que la vida no es justa, cuando nos ahogamos en la autocompasión y la tristeza. Puede que veamos nuestra vida en función de los logros o éxitos: el trabajo, un ascenso, la casa, nuestra pareja e incluso nuestro peso, lo que nos hace estar resentidos con los demás, que parecen tenerlo todo o, al menos, lo que nosotros queremos tener. El sauce nos ayuda a responsabilizarnos de nosotros mismos, a soltar el victimismo y el resentimiento hacia los demás, y hacia la vida misma, para que podamos fluir con ella.

Verde enraizador (Grounding Green): esta esencia es un verdadero ramo de flores verdes: orquídea del pantano, campanas de Irlanda, manto de dama, rosa verde, genciana y nicotiana glauca, además de aceites esenciales de grado alimenticio como el abeto plateado, abeto Sitka y el madero de cedro. Sirve para construir tu conexión con la tierra, ayudándote a tener percepción de ella, a la vez que te nutres de ella. Te sentirás deseoso de conectar con la madre que te nutre, la propia madre Tierra, y recibir sus dones con el corazón abierto.

Vid (Vine): a menudo, las personas que necesitan esta esencia pueden volverse egoístas e imponer su voluntad a los demás; necesitan tener el control y pueden ser dominantes, autoritarias y controladoras, anulando las opiniones de los otros, siendo orgullosas y exigiendo obediencia total. A veces, esta tendencia puede verse en un padre que domina el hogar con mucha disciplina. Aunque este tipo de personas pueden ser buenas en tareas de liderazgo y organización, estos dones pueden convertirse en control y poder sobre los demás. Esta esencia cambia esta necesidad de controlar a los demás por la de ser más tolerante con otras opiniones, inspirando a los demás, ayudándoles a conocerse a sí mismos y a encontrar su propio camino.

Violeta de agua (Water Violet): esta esencia nos ayuda a entrar en la matriz de las relaciones humanas con calidez, compartiéndonos con los demás. Las personas que necesitan de esta esencia prefieren trabajar solas, no comparten sus sentimientos y pueden ser muy reservadas. Desde un apretón de manos flojo a un lenguaje corporal poco amistoso, hay muchas señales conscientes o inconscientes que pueden hacernos parecer distantes, poco amistosos, orgullosos o reservados. La violeta de agua te ayuda a apreciar las relaciones sociales, a entrar en ellas con calidez y a ofrecer consejo sin involucrarte demasiado en los asuntos de los demás, abriendo tu capacidad de estar con otras personas.

Recursos

Comprar esencias florales

Yo suelo comprar los remedios florales de Bach en línea o en alguna farmacia naturista local de la marca Healing Herbs a través de Flower Essence Services incluyendo el kit de inicio, de 7,5 ml/0,25 fl oz (o los tamaños más grandes de los remedios florales de Bach, como 20 ml/0,7 fl oz) mencionado en el apéndice C y un frasco dosificador para empezar.

Libros

Repertorio de esencias florales de Patricia Kaminski y Richard Katz describe los remedios florales de Bach y los remedios creados en los jardines de Terra Flora. También es una referencia cruzada y exhaustiva de los estados emocionales que se pueden tratar con cada remedio.

Tratamiento con flores de Bach detalla un completo sistema de 38 tratamientos para equilibrar los sentimientos y tratar los estados mentales negativos. *Taller de fores de Bach: El jardín curativo para la salud* es el libro de ejercicio que lo acompaña, escritos por Stefan Ball, director del Centro Bach de Inglaterra.

Edward Bach. Obras Completas y *Bach por Bach: Obras Completas* son obras traducidas al castellano por reconocidos especialistas en las terapias florales, del renombrado doctor Edward Bach. *Palabra de*

Bach, escrito por Bach, es una guía para aquellos que buscan el origen real de sus enfermedades para obtener sanación y libertad. En inglés, *The Essential Writings of Dr. Edward Bach: The Twelve Healers* y *Heal Thyself* explica la filosofía que sustenta el trabajo práctico con los remedios y ofrece orientación, tanto práctica como espiritual, sobre cómo sanarnos a nosotros mismos.

Descarga tu pequeño libro de ejercicios (solo disponible en inglés) que te ayudará a identificar la fuente de tus bloqueos actuales, con imágenes para inspirarte a crear tu propio altar por:

www.healyourancestralroots.com-workbook

Lista de ejercicios

Capítulo uno: ¿Por qué sanar tus raíces?

Ejercicios del diario · 42

Capítulo cuatro: Descubrir los campos energéticos familiares

Ejercicios del diario · 91

Capítulo cinco: Sanar con esencias florales

Ejercicio para identificar tus emociones · 108

Capítulo siete: Reescribir la historia de tus padres

Sanar a través de la visualización · 147

Ejercicios del diario · 147

Esencias florales · 148

Capítulo ocho: Los padres dan y tú recibes

Ejercicios del diario · 166

Ejercicio de visualización · 166

Ejercicio de altar · 167

Libera tus desencadenantes parentales · 167

Esencias florales · 168

Capítulo nueve: Todos pertenecemos a una familia

Ejercicios del diario · 181

Oración · 183

Altares · 183

Conversaciones familiares · 184

Esencias florales · 184

Capítulo diez: El camino de vuelta a ti

Ejercicios del diario   198

Ejercicio de simbología animal   199

Ejercicio de sincronicidad   199

Esencias florales: una fórmula para el optimismo   200

Capítulo once: Conectar con la madre Tierra

Ejercicio de meditación mientras caminas   210

Ejercicio para conectarte con el agua   211

Esencias florales   211

Capítulo doce: Deja florecer tu vida

Ejercicios del diario   223

Ejercicio de mapa mental   225

Esencias florales   227

Agradecimientos

La gracia infinita y el apoyo aparecieron de muchas maneras. Fueron numerosas las personas que me ayudaron a encontrar el camino para seguir, con todos ellos, estoy profundamente agradecida. Son mi tribu del alma.

Estoy en deuda con Richard Katz y Patricia Kaminski, quienes me iniciaron en el viaje de las flores y me permitieron experimentar la maravilla de Terra Flora, y con mis mentoras, Beth O'Boyle y Nancy Buono, quien es educadora de flores de Bach para Norteamérica. Quiero expresarle mi más profundo agradecimiento a Beth por leer este manuscrito y seguir compartiendo su sabiduría y orientación sobre las flores con infinita paciencia. Linda Maratea ha sido una parte inestimable de mi viaje con las flores durante años. También estoy agradecida con Rebecca Dawn por todo lo que me ha permitido aprender de ella.

Las palabras no son suficientes para expresar mi gratitud hacia Archana Mehrish, por leer el manuscrito, brindarme su retroalimentación y por ser mi compañera de viaje en el campo de las esencias florales, la sanación ancestral y, más que eso, por tan solo estar en mi campo familiar.

Dan Booth Cohen y Emily Blefeld me enseñaron tanto sobre las constelaciones familiares, compartiendo su sabiduría y conocimientos con compasión y gracia, ayudándome a confiar en mi intuición y a desplegar mis alas. ¡Gracias por traer tanta magia a mi vida! Lori Wells, Aitabé Fornés, Freedom Cartwright y Jean Papagni: ustedes viven en mi corazón. Soy especialmente afortunada de haber participado en talleres y clases con Susan Ulfelder, del Instituto Hellinger de Washington, DC, y Mark Wolynn. Cada uno de ellos magistrales maestros por derecho propio.

Para pasar del revoltijo de pensamientos en el manuscrito original a un producto final coherente hubo muchas manos casi invisibles involucradas. Mary Carroll Moore: gracias por tu enorme paciencia y apoyo a lo largo de los años, a medida que estas ideas iban tomando forma, me has ayudado a viajar más lejos de lo que jamás hubiera imaginado. Bev West me obligó a pensar en todas las cosas que quería evitar decir. Ahora veo tu mano en muchas cosas. Y, por último, pero no por ello menos importante, mi editora, Jennifer Taylor, gracias por arremangarte y meterte de lleno para hacer de este un manuscrito coherente. Este libro no habría sido una realidad sin ti, me ayudaste a cruzar la línea de meta.

Estoy profundamente agradecida a mis clientes, quienes confiaron en mí lo suficiente como para hacerme parte de sus viajes de sanación. Sin embargo, aunque las historias que aparecen en este libro son reales, los detalles y nombres fueron alterados para que no sean identificables. Algunas de ellas son historias compuestas para facilitar la lectura. Me gustaría dar las gracias a Alia Malek, por su ayuda en la investigación para este libro, y a Queenie Verhoeven por su incansable apoyo administrativo.

Joyce Tattelman: has sido parte integral de mi viaje durante las dos últimas décadas. Kavitha Buggana, Toni Carbone, Colette Donahue, Hilde Fossen, Arun Gowri, Jerry Kantor, Jen Karofsky, Soni Masur, Katherine McHugh, Robin Richardson, Donna Trabucco, Dot Walsh y Kelly Wingo: gracias por tantas conversaciones sinceras y perspicaces que han dado forma a este libro. Maggie Sky, quien me dio cobijo espiritual y espacio de oficina en Roots and Wings cuando lo necesité. Muchas gracias a Jenna Soard, que tu luz brille mientras ayudas a la gente a dar a luz su magia y su propósito en el mundo.

Mi hermoso círculo de amigos en todos los lugares en los que he vivido: nunca sabrán cuánto me han llenado y nutrido cada uno de ustedes. Estoy agradecida de tenerlos en mi vida e, incluso cuando se pierden los hilos de la conexión diaria, los lazos siguen vivos en mí. En cuanto a mis amigos de Boston, ustedes llenan mis días de nutritivos paseos, conversaciones significativas, deliciosas celebraciones y motivos para bailar toda la noche.

Siento que he tenido la suerte de contar en mi vida con Nandini Bhatia, Ajay Chowdhury, Jayanto Chowdhury, Mika Chowdhury, Aarti Dayal, Sharmila Dayal, Kiran Gera, Nam Menon, Babi y Tina Nobis, Kirti Pande, y Ashok, Sadhana y Meghan Pasricha. Siempre estaré en deuda con mi hermana Brinda Prakash, que ha sido mi mayor animadora, mi pilar y mi apoyo, así como con mi divertido y efervescente cuñado Vipul y mi querido sobrino Viraj, quienes significan mucho para mí y así siempre será. A lo largo de todos los altibajos de escribir este libro, mi esposo Ranjay ha estado a mi lado apoyándome y animándome cuando lo único que quería era rendirme. Dondequiera que nos lleve la vida, siempre le estaré agradecida por haber estado a mi lado; nunca habría llegado tan lejos sin ti. Y a mis queridos hijos, Varoun y Shivani, espero que algún día lean este libro y encuentren en él las respuestas que buscan.

Índice analítico

A

aarti, 207

abeto Sitka, 273

acebo, 103, 148, 167, 184, 248, 256–57

aceites esenciales, 9, 19, 96, 98, 113, 115, 245–46, 273

achicoria, 103, 148, 248, 252, 256–58

agua de roca 100, 211, 253, 258

alerce, 104, 200, 227, 248, 253, 259

altar, 49, 112–17, 148, 167, 176–78, 183–84, 189, 197, 223

ejercicio de altar, 167

altares ancestrales, 8, 41, 112–17, 139

amor propio, 9, 165, 169, 189, 227, 252, 266

Anandamayi Ma, 54

arquetipos divinos de la madre y el padre, 145–46

ashram, 53, 55–56, 59

astrólogos, 50–51, 195

atta, 47

aulaga, 97, 200, 250, 259–60, 265, 273

autocompasión, 9, 165, 217, 219, 236, 255, 273

avena silvestre 106, 184, 227–28, 254, 260, 262

B

Bach, Edward, 35, 96–100, 104, 108, 211, 247, 258, 262, 272, 275–76

esencias, 95–109

Ball, Stefan, 98

Barnard, Julian, 100, 272

bebé de ojos azules, 148, 168, 248, 260

Beretvas, Tasha, 219

Blefeld, Emily, 78

Boszormenyi-Nagy, Ivan,131, 210

botón de oro, 103, 227, 252–53, 259, 261

Bowlby, John, 135

brandy, 95, 168, 227, 241–42, 246, 250–52, 264

brote de castaño, 184, 248, 261

buda, 65, 115, 146, 162

budismo, 39, 160

C

campanas de Irlanda, 273
castaño dulce, 148, 168, 184,
    200, 251, 262
castaño rojo, 184, 252, 262
catolicismo, 145
centaura, 97, 251, 262
ceratostigma, 254, 263
chakras, 72, 99, 107, 165
Chopra, Deepak, 193
Cohen, Dan, 79, 142
Confucio, 160
constelaciones familiares, 7, 12,
    36–37, 78–91, 103, 119, 130,
    133, 145, 155, 164, 173,
    191, 193, 205, 215, 220,
    223, 229

D

deidades, 49, 114, 117, 146
Devi, Lila, 100
Día de Muertos, 111
Día de Todos los Santos, 111
diario, 41, 247
diosa budista, 145, 209
diyas, 59
druidas, 272

E

ejercicio de mapa mental, 225
ejercicio de meditación mientras
    caminas, 210
ejercicio de simbología
    animal, 199
Emoto, Masaru, 208

empático, 108, 248, 251, 269
enraizado, 9, 204–6
enredo, 177
equinácea, 264
escleranto, 106, 254, 264
esencia de pino, 185
estrella de Belén, 148, 168,
    264, 272

F

flor de campana, 113, 265
Foor, Daniel, 89, 113
Fórmula #1: una fórmula
    de optimismo, 9, 250
Fórmula #2: límites, 9, 251
Fórmula #3: amor propio
    y autoestima, 9, 252
Fórmula #4: ¿necesitas
    orientación?, 9, 254
Fórmula #5: dejar ir, 9, 255
fórmula de las cinco flores, 241,
    247, 264–65, 267

G

genciana, 200, 250,
    264–65, 273
girasol, 70, 104,
    265–66
granada, 266, 100
Guan Yin, 115,
    145, 209

H

Hamlet, 254, 264
Hánuman, 46, 195

Hellinger, Bert, 78
hierba de fuego, 264
hojarazo, 211–12, 267
"Holocaust's Long Reach", 84
Homeopathic World, 35
honrar a los antepasados,
111–12, 119, 124

I
impaciencia, 200, 267, 272
iroqueses, 39
islam, 160

J
Jung, Carl, 28, 142

K
Kaminksi, Patricia, 69, 259, 275
Kaminski y Katz, 265, 269
Kantor, Jerry, 160, 235
karma, 7, 9, 45, 88–91, 141, 171,
190, 195, 261
Katz, Richard, 69, 259, 275
Kierkegaard, Søren, 193

L
La biblia de los chakras, 165
lealtades inconscientes, 8, 139,
141, 220–21,
230–31, 237
Lehrner, Amy, 171
lirio de agua, 228, 253, 267
lirio mariposa, 148, 168,
249, 268
lourdes, 100, 208

M
Macaulay, Lord Thomas
Babington, 56
madre Teresa, 261
madre Tierra, 9, 201–11, 262,
266, 273
madreselva, 105, 148, 212,
256, 268
maestros indios, 39, 60, 118, 141
filosofía, 160
maestros, 38, 54, 60
mitología, 163
maldición familiar, 30, 176
manzano silvestre, 103, 184, 227,
252, 268
Maslow, Abraham, 217
Maugham, Somerset, 44
Meaney, Michael J., 134
medicina china, 64, 66–67
Mercier, Patricia, 165
milenrama rosa, 168, 251, 269
mímulo, 35, 102, 104, 228,
255, 269
mímulo rosa, 228, 253, 270
mostaza, 35, 66, 149, 251,
270, 273

N
nativos americanos, 191, 208
Neff, Kristin, 219
nicotiana glauca, 273
nogal, 227, 249, 251, 255, 270

O
orquídea del pantano, 273

P

Paramhansa Yogananda, 54

patrones

emocionales, 29, 37, 43, 85,
91, 138, 235

kármicos, 119, 235

Paul, Margaret, 219

Pert, Candace, 32, 98

pesadillas recurrentes, 171

pitr dosh, 110

plano kármico, 18, 217

pushkars, 207

R

Rakoff, Vivian, 84

Rama, arquetípico héroe
oriental, 195

reina de las fortalezas, 8, 151

Remedios florales de Bach, 100,
247, 272, 275

Rescue Remedy, 106, 241, 247,
265, 267, 272

rin, 128

matr, 128

pitr, 128

S

sadhu, 46–47

Sai Baba de Shirdi, 46

samadhi, 222

Sani, 195

Saturno, 195

sauce, 100, 105, 148, 167, 200,
249, 255, 273

Sbarra, David, 219

Seligman, Martin, 34, 135

sincrodestino, 193

sincronicidad, 9, 28,
190–94, 197–99

ejercicio de sincronicidad, 199

St. Just, Anngwyn, 164

T

Talmud, 160

tarpanam, 8, 119-24, 183

TEPT, 149

terapia de constelaciones
familiares, 12, 36–37,
78–80, 85, 90–91, 133,
145, 193, 223

Terra Flora, 68–71, 80, 95–98,
100, 275

thali, 47, 53, 56

Thich Nhat Hanh, 201

V

Vaillant, George, 151–53, 164

Villoldo, Alberto, 112, 114–16

visualización, 146–47, 166

violeta de agua, 274

W

Wolynn, Mark, 136, 165,
171–72

Y

Yehuda, Rachel, 171

Yerkes National Primate
Research Center, 170

yoga *kundalini,* 180

Yosemite, 203

Z

zulúes, 78

Sobre la autora

Anuradha Dayal-Gulati es una terapeuta energética certificada especializada en sanación ancestral y emocional. Procedente de la India, llegó a Estados Unidos para obtener su doctorado en economía. Después de estar quince años dentro del mundo financiero y académico, dejó este medio para aprender a ayudar a las personas a crear la vida que desean.

Aunque tenía un currículum lleno de logros, títulos y experiencias profesionales, nada de esto le sirvió cuando entró en la "noche oscura del alma". Descubrir las esencias florales, como una forma de cambiar las emociones, y recurrir a su herencia espiritual le dio el poder de ver sus elecciones con claridad y valentía, abandonar su carrera y crear una vida en consonancia con lo que en realidad creía. Su formación en el trabajo de sanación ancestral y sus experiencias con la terapia de constelaciones familiares le permitieron ver los patrones repetitivos que aparecían en su vida y en la de sus clientes, para aprender a liberarlos.

Durante la última década, se ha dedicado a ayudar a sus clientes a liberarse del pasado, recuperar su poder personal y volver a casa, a la armonía y a ellos mismos. Al aprender a sintonizar con su sistema de guía emocional, encuentran la confianza interior para crear la vida que desean. Para Anu Dayal-Gulati, lo que hace no es un trabajo más, ya que considera haber encontrado su vocación.

Vive en Boston con su esposo y sus dos hijos.

Para saber más de la autora, Anuradha Dayal-Gulati,
su trabajo, servicios y talleres visita
healyourancestralroots.com